貂蝉
黄月英
小乔
卞夫人
蔡文姬
甄洛
郭女王
甘夫人
孙尚香
羊献容
褚蒜子
苏若兰

三国两晋美女

历史绝对不简单

宋璐璐 ◎ 著

陕西新华出版传媒集团
三秦出版社

图书在版编目（CIP）数据

三国两晋十二美女 / 宋璐璐著. -- 西安：三秦出版社，2014.5（2022.3重印）

（历史绝对不简单）

ISBN 978-7-5518-0779-1

Ⅰ.①三… Ⅱ.①宋… Ⅲ.①女性—生平事迹—中国—三国时代—通俗读物②女性—生平事迹—中国—晋代—通俗读物 Ⅳ.①K828.5-49

中国版本图书馆CIP数据核字(2014)第097504号

三国两晋十二美女

宋璐璐　著

出版发行	陕西新华出版传媒集团　三秦出版社
社　　址	西安市雁塔区曲江新区登高路1388号
电　　话	（029）81205236
邮政编码	710061
印　　刷	河北浩润印刷有限公司
开　　本	710mm×1000mm　1/16
印　　张	15.25
字　　数	200千字
版　　次	2014年5月第1版 2022年3月第3次印刷
印　　数	6001-11000
标准书号	ISBN 978-7-5518-0779-1
定　　价	48.00元
网　　址	http://www.sqcbs.cn

前　言

从古至今，中华民族历经数千年的风云变化，刀光剑影早已暗淡，鼓角争鸣业已远去，秦皇汉武的霸业亦归入尘土，银台金阙的浮华也日渐沉寂。轻轻地将岁月的尘埃拭去，五千年的历史才会清晰地显现出来。

然而，如果想要了解中国历史，尤其是各个朝代的历史脉络，并不是一件简单的事情。不过，人是历史的主宰，若能了解具有代表性的君王、后妃、名将、谋士等重要人物，那么就能轻松地理清各朝代的历史发展。

春秋战国时期，群雄争霸，百家争鸣，史书翻开了新的一页。不管是春秋霸主齐桓公，还是卧薪尝胆的越王勾践，为了各自的霸业都在不懈地努力着……

两汉时期虽已成为历史，但其对后代的影响，却随着车轮的滚动越发清晰。品读两汉时期十八位杰出帝王的丰功伟绩，体会他们的治国才略与经典人生。

自古以来，帝王需要名将辅佐、谋士的相助，方能成就霸业；而名将与谋士，也需要帝王的慧眼识珠，才能发挥所长，功成名就。在三国这个纷乱的时代，这十二位名将与十二位谋士具有怎样的传奇经历？

三国两晋时期的美女都带有当时战乱割据的特点，貂蝉成了连环计的主角，西施成就了夫差的美名。似乎每个美女都有一段可歌可泣的传奇故事，似乎每一段传奇都由一位美女所铸成。且看这十二美女的人生经历与内心的悲欢离合。

　　唐朝是我国历史的巅峰时期，开创了中国历史的新纪元。在唐朝三百年的统治时期，出现了多位杰出的帝王，让我们穿越时光，走进斑斓的岁月，去品味帝王的传奇经历。

　　宋朝是一个经济富饶、文化繁荣的时代。回首两宋十六帝的传奇人生，感受宋朝皇宫中的雄浑质朴之风、智谋天下之术……

　　有人说明朝是最为黑暗的时代，也有人说它是捉摸不定的时代。不妨将明朝皇帝请出来，让他们为你"讲述"当时的历史剧目……

　　清朝十二帝与清朝十二后妃的人生经历，展现了作为皇帝的治国经略，作为后妃的悲欢离合，同时也显示了清朝荣华兴衰的发展。从他们的身上，你可以看到人生的辉煌，也能够看到人性的阴暗……

　　本丛书共分为《春秋战国十君王》《两汉十八帝》《三国十二名将》《三国十二谋士》《三国两晋十二美女》《大唐二十帝》《两宋十六帝》《明朝十二帝》与《清朝十二后妃》九册，详细地讲述了发生在那个年代的故事……

目 录

第一章　貂蝉——羞花之容的乱世女 1
  美女档案 2
  人物简评 3
  生平故事 3
    扑朔迷离的真相 3
    国难当头　挺身而出 5
    巧妙周旋 7
    容颜闭月 9
    魂归何处 10
    众说纷纭 11
    人中吕布 13

第二章　黄月英——贤良淑德的奇女子 15
  美女档案 16
  人物简评 17
  生平故事 17
    到底是美女还是丑女 17
    神奇的鹅毛扇 19
    机关大师 21
    考验丈夫 25
    婚后的幸福生活 26

关于诸葛亮的小故事 ······················· 28

第三章　小乔——冠绝三国的绝代娇女 ··············· 33

　　美女档案 ··································· 34
　　人物简评 ··································· 35
　　生平故事 ··································· 35
　　　嫁给一个前途无限光明的人 ··············· 35
　　　不幸的命运 ······························· 37
　　　小乔的墓地 ······························· 40
　　　倾国倾城 ································· 41
　　　文学上的记录 ··························· 42
　　　小乔的丈夫 ······························· 44

附　录　徐夫人——智勇节烈的美女"棋手" ············ 49

　　美女档案 ··································· 50
　　人物简评 ··································· 51
　　生平故事 ··································· 51
　　　巧施计策　为夫报仇 ····················· 51
　　　晚年昏庸吴帝——孙权 ··················· 56

第四章　卞夫人——倡家出身的第一贵妇 ············· 59

　　美女档案 ··································· 60
　　人物简评 ··································· 61
　　生平故事 ··································· 61
　　　关键时刻　挺身而出 ····················· 61
　　　心地善良　妻妾和睦 ····················· 64
　　　地位尊荣　如愿以偿 ····················· 67
　　　望梅止渴 ································· 71

附 录　来莺儿——唯一让曹操流泪的美女 ……… 73
　　美女档案 ……………………………………………… 74
　　人物简评 ……………………………………………… 75
　　生平故事 ……………………………………………… 75
　　　乱世之中　幸免于难 ……………………………… 75
　　　为情而死　死而无憾 ……………………………… 76
　　　曹操献刀 …………………………………………… 79

第五章　蔡文姬——文华璀璨的倾城女子 ………… 81
　　美女档案 ……………………………………………… 82
　　人物简评 ……………………………………………… 83
　　生平故事 ……………………………………………… 83
　　　那些美丽的传说 …………………………………… 83
　　　痛失生父 …………………………………………… 85
　　　被匈奴掳走 ………………………………………… 86
　　　保存文化著作 ……………………………………… 88
　　　流传后世的《胡笳十八拍》 ……………………… 92
　　　音乐才华的传承 …………………………………… 98

附 录　谢道韫——出身贵族的咏絮才女 …………… 101
　　美女档案 ……………………………………………… 102
　　人物简评 ……………………………………………… 103
　　生平故事 ……………………………………………… 103
　　　显赫家室　成就才女 ……………………………… 103
　　　谢道韫人生精彩片段 ……………………………… 106

第六章　甄洛——宛若水仙的洛水女神 …… 109

美女档案 …… 110
人物简评 …… 111
生平故事 …… 111
小小年纪　见多识广 …… 111
孝感恪天　婆媳和睦 …… 112
丈夫逼迫　服毒而亡 …… 114
曹植七步成诗 …… 118

第七章　郭女王——隐藏在背后的"军师" …… 121

美女档案 …… 122
人物简评 …… 123
生平故事 …… 123
母仪天下 …… 123
绰约凤兮 …… 125
曹魏丧后 …… 127
强忍不死的皇帝——曹叡 …… 130

附　录　薛灵芸——温婉淳朴的针神娘娘 …… 133

美女档案 …… 134
人物简评 …… 136
生平故事 …… 136
被献魏文帝 …… 136
神针娘娘 …… 139
曹丕三哭 …… 141

第八章　甘夫人——乱世中的悲情佳人 …… 143

美女档案 …… 144

人物简评 ………………………………………………… 145

生平故事 ………………………………………………… 145

 迎娶甘夫人 …………………………………………… 145

 乱军之中数度被甩 …………………………………… 147

 甘夫人、糜夫人终于撒手人寰 ……………………… 149

 刘备借荆州 …………………………………………… 151

第九章　孙尚香——巾帼不让须眉的烈性女 ……… 153

美女档案 ………………………………………………… 154

人物简评 ………………………………………………… 155

生平故事 ………………………………………………… 155

 赔了夫人又折兵 ……………………………………… 155

 截江夺阿斗 …………………………………………… 161

 关于孙刘感情的争论 ………………………………… 164

第十章　羊献容——命运多舛的"多情人" ……… 167

美女档案 ………………………………………………… 168

人物简评 ………………………………………………… 169

生平故事 ………………………………………………… 169

 一朝为后 ……………………………………………… 169

 四次废立 ……………………………………………… 171

 行尸走肉 ……………………………………………… 173

 二次嫁人再做皇后 …………………………………… 174

 人丑心更丑的皇后——贾南风 ……………………… 177

第十一章　褚蒜子——"寡居一生"的后宫之主 … 183

美女档案 ………………………………………………… 184

人物简评 ………………………………………………… 185

生平故事 185
　　显赫家世 185
　　三度垂帘听政 186
　　历史上最窝囊的皇帝——司马曜 191

附录　杨芷——风华绝代的悲情皇后 195
美女档案 196
人物简评 197
生平故事 197
　　姐姐遗言　入宫为后 197
　　父亲擅权　引发宫廷政变 199
　　悲惨结局 201
　　白痴皇帝——司马衷 201

附录　梁绿珠——西晋的桂花花神 205
美女档案 206
人物简评 207
生平故事 207
　　王崇斗富　迎娶绿珠 207
　　苦劝无意　穷奢极欲 209
　　与王恺为敌 210
　　惹杀身之祸 212
　　悲惨下场 212
　　掌权篡位　建立晋朝——司马炎 213

第十二章　苏若兰——才情过人的窦滔妇 215
美女档案 216
人物简评 218

生平故事 …………………………………………… 218
　　璇玑出世　挽回情意 …………………………… 218
　　后人研究"璇玑图" ……………………………… 220

附　录　祝英台——古老东方的朱丽叶 …………… 223
美女档案 …………………………………………… 224
人物简评 …………………………………………… 225
生平故事 …………………………………………… 225
　　不甘平庸　决心求学 …………………………… 225
　　梁祝相遇　暗生情意 …………………………… 227
　　英台拖婚　等待山伯 …………………………… 227
　　结婚当日　双双化蝶 …………………………… 229
　　马文才 …………………………………………… 230

第一章

貂蝉——羞花之容的乱世女

美女档案

☆姓名：貂婵

☆民族：汉族

☆国籍：东汉

☆出生日期：不详

☆逝世日期：不详

☆美女纪念

貂婵的故里在山西省忻州市东南三公里的木芝村，位于从太原去禹王洞的途中。木芝村原来是木耳的盛产地，所以叫"木耳村"，后来因为在村中的槐树下发现了一株千年灵芝，所以改名为"木芝村"。村中早有传闻，说早在貂婵出生前三年，村中的桃杏就不开花了，一直到现在桃杏树依旧难以成活，都说是貂婵有"羞花之貌"的缘故。村里面原来有过街牌楼、前殿、后殿、王允街、貂婵戏台与貂婵墓。只是时过境迁，这些建筑都变成了废墟，墓冢在浩劫之后也被夷为平地。

如今的旅游景点叫作貂婵陵园，是近年乡民在墓地原址上重新修葺的。陵园位于村之西南，占地面积为四千余平方米，周围为红底黄瓦波浪式龙形围墙，在阳光的照射下，发出耀眼的光芒。门檐上悬挂着"貂婵陵园"的匾额，两侧写着"闭月羞花堪为中国骄傲；忍辱步险实令须眉仰止"的金文对联。陵区北院内建拜月亭和凤仪亭，后部建青石墓台，台前有貂婵石碑，在飘带的动态之下，貂婵步履闲雅，身姿曼妙，尽显"闭月羞花"的美貌。

人物简评

貂蝉是一个知恩图报的人，因为她的义父王允养育她长大，对她有非常大的恩情。因此为了报答这份情谊，貂蝉甘愿献身于国家的大事业。她帮助王允实行连环计，离间董卓和吕布之间的感情，最终成功杀掉了国家的叛贼董卓，立下了非常大的功劳。

总的来说，貂蝉是一位既美丽又懂得国家大义的奇女子。

生平故事

貂蝉生活在东汉末年那个兵荒马乱的时期，不过出生与死亡时间都不可考。传说中她是民间的一位非常美丽的绝代佳人，是中国古代著名的四大美女之一，有着"闭月"的美名，意思是月亮都因为她的美丽而感到自惭形秽，不愿意出来了。

扑朔迷离的真相

在中国古代的四大美女当中，貂蝉的身世可谓是扑朔迷离，在正史当中没有记载，只是在民间流传着她的各种故事。尤其是在小说、诗词等文学作品中，关于貂蝉的事情有很多。

貂蝉以她的美丽以及献身国家，挑拨吕布将董卓杀死而被人们记住。这些虽然在正史当中都没有记载，但是人们的传说肯定不会是空穴来风。如果从正史当中仔细研究，还是可以找到一些端倪的。

假如认真看一遍《三国志》以及《后汉书》，便可以找到很多关于董卓、王允以及吕布的事情，而且重要的是，在他们的事迹当中能够看出一点貂蝉存在的痕迹。

在《三国志》与《后汉书》当中，都有不少关于董卓荒淫无度的记述。他不仅凶狠残酷，而且养了不少年轻漂亮的女人，而吕布和他臭味相投，也喜欢金屋藏娇，沉迷于女色。董卓和吕布狼狈为奸，在东汉的京城当中为所欲为，本来应该是相交甚欢，但是却突然反目成仇，这其中的原因值得玩味。试想两个好色的男人本来相处得很好，是什么原因导致他们反目成仇，而且到了势不两立的地步呢？答案最有可能的就是女人。这个女人就是有着倾国倾城的容貌，让男人见了怦然心动的貂蝉。

尽管没有特别详细的记录，但是我们可以看一下正史中关于吕布的记载，可以略知一二。

《后汉书·吕布传》当中是这样说的：

> 卓以布为骑都尉，誓为父子，甚爱信之。稍迁至中郎将，封都亭侯。卓自知凶恣，每怀猜畏，行止常以布自卫。尝小失卓意，卓拔手戟掷之，布拳捷得免。而改容顾谢，卓意亦解。布由是阴怨于卓。卓又使布守中阁，而私于傅婢情通，益不自安。因往见司徒王允，自陈卓几见杀之状。时允与尚书仆射士孙瑞密谋诛卓，因以告布，使为内应。

《三国志·魏书·吕布传》当中的记载则是这样的：

> 卓性刚而偏，忿不思难，尝小失意，拔手戟掷布。布拳捷避之，为卓顾谢，卓意亦解。由是阴怨卓。卓常使布守中阁，布与卓侍婢私通，恐事发觉，心不自安。先是，司徒王允以布州里壮健，厚结纳之。后布诣允，陈卓几见杀状。时允与仆射士孙瑞密谋诛卓，是以告布使为内应……布遂许之，手刃刺卓。

从上面两段史料的记载可以看出，董卓既然和吕布的关系那样好，情如父子一样，又怎么会因为小事而生他的气呢？就算生气也不至于拿着武器投向吕布，要把吕布置之死地吧？要知道董卓还是需要吕布保护的，而且吕布的勇猛天下无双，是一员得力干将，这样杀了岂不可惜？

吕布一定是触到了董卓最不容许让人侵犯的地方，而从董卓好色的情况来看，很有可能就是由于吕布和他婢女私通的事被他知道了，吕布可能也事先有所察觉，才会心中感觉不安。这个婢女很有可能就是貂蝉，而且正是王允献给董卓的，为的就是挑拨董卓与吕布之间的关系。

假如这个婢女不是王允进献给董卓的貂蝉，那么吕布怎么会将自己和一个婢女私通这种见不得人的事情告诉王允呢？这和常理不符。尽管在正史当中找不到貂蝉的记载，然而这很有可能是因为女子在古代的地位低下，而王允设计的这个美人计又很少有人知道的原因。当时大部分人可能认为董卓是吕布杀死的，和貂蝉没有太大的关系，只是偶然和吕布私通了而已，所以才没有记载。

国难当头　挺身而出

据说貂蝉原来的名字叫作任红昌，一开始的时候身份地位非常低下，只不过是生活在山西农村里的一个女子，还有人认为她其实是当时非常有名气的大将吕布的一个部下的妻子，吕布的这个手下却没有太大的本事，名字叫作秦宜禄。

在东汉末年的时候，国内局势已经非常动荡，朝廷在经历了许多叛乱以后，已经没有能力继续统治这个国家了，汉朝逐渐走向了灭亡的道路。而在这个时期，所遭受的第一个重大的劫难，便是西凉的董卓领着军队占领了京城。

董卓在西凉有着至高无上的权威，可以算是威震一方的军阀势力，做事从来都是只凭自己的喜好，是一个不讲道理的野蛮人。在进入京城以后，他更是恣意妄为，将自己当成了皇帝，什么事情都敢做。他不仅将原来的皇帝随便废除，还对后宫的那些妃子以及宫女随意奸淫，还把小皇帝和太后残忍地杀害了。这还不算完，他在京城当中大肆屠杀，纵容军队烧杀抢掠，让当地的老百姓们苦不堪言。

董卓不知道收敛自己的性情，将坏事做尽，像他这么一个无恶不作的大坏蛋，自然会让所有的人都恨之入骨，于是天下的那些英雄豪杰们就全都聚集在一起，商量着将董卓杀掉，为民除害。于是，关东地区的各路诸侯开始举兵进行会盟，商议讨伐董卓。可经过了几番大战之后，关东的各路诸侯最终陷入了内讧纷争的境地，反倒让董卓得以坐收渔翁之利，致使他越来越肆无忌惮。

直到后来他自称太师，出入的时候全部都改用天子的仪仗，而且还对他的兄弟子侄进行了不同程度的分封，对满朝的文武百官则总是一副颐指气使的样子，稍有不顺便加以谋反的罪名将其处死，致使朝中人人惊惧。面对时下的局面，司徒王允一直图谋将国贼董卓除掉。但董卓的义子吕布可是勇冠三军，军中几乎无人能敌，而且对于董卓也是极其忠心，从不离左右进行护驾，让王允根本就找不到下手的机会。王允苦于想不出好的计策，总是食不甘味、寝不安席。

一天夜里，他因睡不着觉就走到后花园中独自垂泪叹息，却没想到突然听到花园中竟然有另外一个人也对月长叹。他定睛一看，原来是美貌多才的歌伎貂蝉。王允很是好奇地问她在大晚上不睡觉跑到园中做什么？貂蝉回答他说，是因为她平日里见王允每日都忧心国事，却又不好问他，因而只能在后院之中独自叹息。最后她还补充了一句，如果能够有用得着自己的地方，她定会万死不辞。

王允听完了她的话，脑袋一转，瞬间就有一个妙计涌上心头。他敲着地板吃惊地说："想不到汉朝天下，竟然握在了你的手中！"他立即将貂蝉带到自己屋中，跪下给她边磕头边说："董卓那个奸贼，凶恶无比，更有吕布那个逆贼助纣为虐，两个人都是人人得而诛之的乱臣贼子。现在我有一计，需要你的帮忙，但是可能会威胁到你的生命，希望你能三思。"貂蝉立即将王允扶起说道："义父断不能跪我，需要我做什么，您但说无妨，我一定会竭尽全力。"

王允听了貂蝉的话，放心了，就把自己的计划原原本本地告诉了貂蝉。他说董卓和吕布两个人都是好色之徒，他准备利用这一点，设计一个连环计。他先将貂蝉许嫁给吕布，然后再让董卓发现貂蝉的美貌，以此来离间他们父子，使吕布杀掉董卓，然后再重扶江山社稷。但是这一计极其凶险，稍有不慎就会丢掉性命，他把这其中的利害关系又跟貂蝉说了一遍，没想到貂蝉还是毫不犹豫地答应了。

巧妙周旋

吕布和董卓这两个人都非常好色，完全不能抵挡住貂蝉的诱惑，所以时间不长，他们就全都落入了王允的算计当中。有一天王允事先做好了准备，就邀请吕布到家中做客，然后好吃好喝地招待他，并且给他引荐了貂蝉。吕布一看到貂蝉，顿时被她的美貌吸引住了，于是王允就趁机将貂蝉许配给了他，让他成了貂蝉的未婚夫。

接着，王允又想办法把董卓也邀请到家里来，让他在无意之中看见貂蝉。董卓一见到貂蝉，顿时被她的美色所吸引。凶残霸道的董卓根本不管王允同不同意，立刻便将貂蝉据为己有，强行霸占了。

吕布听说貂蝉被董卓强行霸占了，顿时感到非常生气，认为董卓是夺走了自己所爱的人，他的这种行为简直连畜生都不如。董卓虽然占有了貂蝉，但是却发现貂蝉和吕布有着不清不楚的关系，所以对吕布也产生了非常不满的情绪。

王允处在这两个人的中心，一会儿鼓动鼓动吕布对董卓的怨恨，一会儿又在董卓面前打打吕布的小报告。再加上貂蝉在这两个人之间的出色表演，导致这两个人之间的猜忌越来越大。吕布以为董卓霸占了自己的未婚妻，而董卓则认为吕布经常调戏自己的女人。

有一次，吕布进入董卓府中向义父问安，恰巧碰到董卓正在睡觉。貂蝉站在床后探出半个身子望向吕布，以手指着自己的心口处，然后又用手指了指董卓，立即就挥泪如雨。吕布看着这样的美人为自己泪如雨下，立即感到了无比的心痛。董卓醒后，朦胧着双眼，看吕布一直注视着自己的床后，转身一看，发现貂蝉正在床后立着。董卓立即大怒，以为吕布调戏貂蝉，他立刻派人将吕布赶了出去，而且命令他从今往后再也不能进入内堂之中。

貂蝉的表演并没有停止，吕布和董卓之间的关系已经在一步步恶化，这样的表演终于在"凤仪亭"事件时达到了高潮。吕布趁董卓不在的机会，偷偷溜到了相府的后堂内与貂蝉私会，貂蝉则将他约到了后园的凤仪亭边。过了一会儿，貂蝉梳妆打扮好之后，便娉婷地走出来了，一见面她便哭着对吕布说自己本身已经被义父许配给了吕布，而且她自从见到吕布之后，心里想念和记挂的人只有吕布，每日茶不思、饭不想地期盼着吕布能够早日来迎娶自己。可是没想到还没等到吕布的迎娶，就被董卓强行霸占了，她本欲对抗，但是董卓权大势大，又怎么会是他的对手呢？貂蝉说得言辞恳切，吕布在这里听得也是犹如一根芒刺扎在心上，非常心痛。

貂蝉看到她的话已经起了作用，于是继续说道："我没有办法抵抗董卓的侵犯，本想一死来摆脱自己不洁的身子，可是又想在死之前见到将军最后一面，所以才苟活至今。近日有幸能够让我见到将军，我今生最大的愿望都实现了，此时死去也可以瞑目。"说着，她就站到了湖边的栏杆处，好似将要跳湖的样子。

吕布见状，立即上前抱住她，向貂蝉明志说："我已经明白你的心思，今生不能娶到你做我的妻子，就不是英雄所为。"说着拿起战戟就要离开。貂蝉拉住吕布说："将军既然这样说，为什么又要走呢？难道你怕你的义父吗？那么我这辈子是不是就永远没有做你妻子的机会了，那我还不如死了算了。"吕布看着她说："你放心，等我想到一个万全之策就回来救你。"说着，拿起战戟头也没回就走了。

董卓进入后堂之中，问貂蝉今日是不是与吕布私通了？貂蝉听了这句话，立即泪如雨下，她扑到董卓的怀里抽泣着说："我本是太师的女人，今天到后花园赏花，吕布突然来了，我看他有些不怀好意，想要立即避开他。没想到他却说是您的义子，我没有什么好避开的。后来他拿着战戟将我逼到了凤仪亭，我恐怕他继续逼迫我做出一些对不起太师的事情，就想要跳河自尽，没想到却被他从后面抱住，就在这生死关头，幸好太师回来了，要不然就连我的性命……那我这辈子恐怕就再也没有机会见到太师您了。"

董卓望着貂蝉说："别哭了，既然吕布喜欢你，我今天将你许配给吕

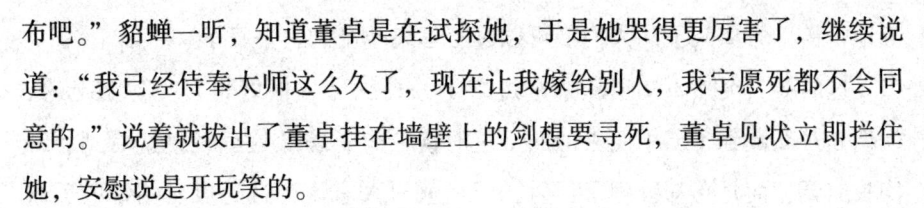

布吧。"貂蝉一听，知道董卓是在试探她，于是她哭得更厉害了，继续说道："我已经侍奉太师这么久了，现在让我嫁给别人，我宁愿死都不会同意的。"说着就拔出了董卓挂在墙壁上的剑想要寻死，董卓见状立即拦住她，安慰说是开玩笑的。

貂蝉看到自己的计划将要成功了，立即倒在董卓的怀里说："太师虽然喜欢我，但还让我住在这里，害得我总是提心吊胆，担心哪天被吕布占了便宜。"董卓想了想，同意了貂蝉的建议，于是就带着她回到了自己的城堡郿坞。

另一方面，吕布见貂蝉被带走了，以为是董卓胁迫貂蝉，又担心永世不能再和貂蝉相见，再加上貂蝉在一边煽风点火，她见时机已经成熟，就对吕布实施了激将法，致使吕布终于忍无可忍地与王允协力杀死了董卓。

容颜闭月

一招巧妙的连环计终于告一段落，貂蝉这位绝世美女也因为其功劳被世人记住了。听着貂蝉的故事，不得不佩服这位古代女子聪明机智。可想而知，身在虎狼穴的貂蝉，面对着杀人不眨眼的魔君董卓和枭将吕布，即使是一位骁勇善战的男子也奈何不得，但她一个手无寸铁的弱女子竟然能够做到这一步，是多么的不易。

貂蝉所做的事取得了巨大的成果，天下那么多的英雄豪杰也做不到的事情，她却轻轻松松就做到了，因此后来的人们不但对她的美丽非常向往，还将她叫作"女中丈夫"。

不过尽管这样，有些人还是忘不掉她利用美色来欺骗吕布与董卓的事情，再加上人们心目中那根深蒂固的"红颜祸水"观念，因此便将貂蝉也当成是一个害人的女子。

但是要说到美貌，作为中国古代的四大美女之一，貂蝉确实是有着无与伦比的绝代容颜。关于她的美丽，后来还一直流传着一个十分动人的传说故事。在一个晴朗的夜里，天空中繁星点点，貂蝉独自一人在后花园里闲逛，忽然抬头看到了天上那轮皎洁的明月，顿时来了兴致，向着明月静静地祈祷，希望天下的人们都可以过上远离战乱的太平日子。

这时候，突然不知道从哪里过来了一片云朵，恰好将月亮遮盖起来，就像是月亮藏到了云里面去似的。这时候一个丫鬟从这里经过，看到貂蝉仰头向天，而月亮却躲到了云后，于是就对大家说，月亮也对貂蝉的美貌折服了，害羞地躲到了云后面。

后来这个故事很快就被人们传开了，人们认为她的美貌足以盖过皎洁的明月，让月亮都不愿意露出脸来，就给貂蝉取了一个"闭月"的名字。尽管貂蝉以美貌著称于世，但是真正能让人们对她的故事世代相传，主要原因还是她勇于献身，利用自己的美貌给国家除去了大害，给国家和人民做出的贡献。

中国古代的四大美女，其中的杨贵妃、王昭君以及西施全都是在历史当中有据可查的真实存在的人物，只有貂蝉是一个非常特殊的美女。貂蝉在正史当中并没有记载，不过在野史和民间的各种传说以及文艺作品当中都有很多貂蝉的事迹存在，因此说起貂蝉，几乎是无人不知、无人不晓的。这种情况就让貂蝉这个人蒙上了一层神秘色彩，变得更加扑朔迷离。

魂归何处

对于貂蝉在经过了"连环计"，诱使吕布诛杀董卓以后，这个人就好像突然之间失踪了，在各种民间的传说中都没有她归去的具体说法。难道貂蝉只是为了实施一个美人连环计，才来到这个世界上的？在这个计策成功以后，她便从人间蒸发了？这显然不可能。

然而貂蝉到底去了哪里呢？就连一向以演义而著称的《三国演义》也没有具体交待貂蝉的去向。有一种说法是，关羽将貂蝉隐藏在了一个叫作"静慈庵"的地方，但是不知怎么回事，被曹操给知道了，于是就让人在暗地里将貂蝉抢过来。貂蝉知道曹操贪恋自己的美色，为了不受曹操的凌辱，就撞到剑上自杀了。还有一种说法是，貂蝉看破红尘，出家当了尼姑，最后寿终正寝。

第三种说法是，曹操接纳了手底下谋士的建议，想要使用吕布杀死董卓的计策，来对付刘备他们这三个难兄难弟，于是就将貂蝉许配给了关羽，但是暗地里却又让貂蝉和刘备私通。关羽却比吕布他们聪明多了，一眼就看穿了曹操的心思，他可不会怜香惜玉，直接将貂蝉在月光下用青龙偃月刀斩作两段。

第四种说法是，关羽因为敬佩貂蝉为国献身的慷慨大义，让妻子将貂蝉送回老家，然后貂蝉就在那里安度晚年，再也没有嫁过人。

关于貂蝉归宿的说法还不止这些，这些年竟然有了第五种说法，那就是貂蝉的陵墓竟然在成都的北边找到了。成都的各家媒体都将这件事报道了出来，还说有一位68岁的老年人对貂蝉的墓碑还进行过收藏。

据他们声称，在1917年的时候，那里就已经挖出来一个非常大的墓，那是修建一个铁路线路的时候发生的事。在墓里面找到了两个巨大的墓碑，其中一个上面写的是篆书，另一个上面写的是隶书。从碑文上面所记述的内容来看，这个墓穴埋葬的就是三国时期的貂蝉。

经过各家媒体的报道，关于貂蝉的墓地在成都这件事，引起了很多人的注意。有的人说，假如依照考古学家们看待事物的那种方式来说，只有实际的物品，才可以当作是证据；而如果要在民俗学以及社会学的观点上说来，认证其实也可以当成是一种证据。

貂蝉的墓穴既然在成都找到过，就说明这并不是人们虚构出来的一个人物，她是在历史上真正出现过的，而且在当时就已经有了不小的名气。但是貂蝉究竟是到了年老的时候进入到四川，还是在去世之后才被人埋葬到了四川，就不得而知了。

有人认为上面的两种情况都有可能发生。而有些野史则说貂蝉后来当了关羽的小妾，假如这种说法是正确的，那么貂蝉出现在四川就不足为奇了，很有可能是跟着关羽一起来到这里的。

众说纷纭

对于貂蝉这个人到底是好是坏，历史上的说法并不一致，可以说是众说纷纭、莫衷一是。

有的人认为貂蝉不守妇道，失节于董卓和吕布之间，而且用美色来引诱男人，是一种非常可耻的行为。貂蝉的所作所为，正应了那句"红颜祸水"的俗语，可见美女都不是什么好人。

而且貂蝉的行为也不值得人们敬佩，她只不过是因为生了一副好皮囊，成为了政治上的工具而已，实际上并没有什么过人之处，如果非要找出一点来，那也只不过是善于哄骗那些没有出息的男人而已。

女人成为政治上的牺牲品，尤其是那些美丽动人的女子，在中国的历史上屡见不鲜，貂蝉既不是第一个，也不会成为最后一个。貂蝉本身的地位是非常卑贱的，只不过是一个任人摆布的歌伎而已，就算是容貌再好，也只不过是王允手中的一颗棋子罢了。而且如果不是王允让她进行诛灭董卓的大计，过不了几年，她就会因为年老色衰，流落到不知什么地方，根本不会被人们所知道，更不可能一直流传到后世。然而即便是这样，她也只不过是男人们手中的一个玩物而已。女人的地位在古代本来就是低下的，这是谁都无法改变的事实。

而有人则认为貂蝉是一个巾帼不让须眉的奇女子，简直不输于大丈夫。

试想一下，一个年纪轻轻的少女，自己什么也不贪图，而且还要献出自己的贞洁，只是为了能为国家除害，这是一种怎样的高尚情怀？而且她能够勇敢地在非常残暴的董卓和反复无常的吕布之间周旋，胆量也是过人的。更难得的是，她竟然可以在这两个男人之间应付自如，将他们玩弄于股掌之间，最后还让吕布将董卓杀死了。这需要有足够的智慧和胆量，由此也能够看出貂蝉是一个既美丽又聪明的女子。

也许是由于从小就过着寄人篱下的生活，貂蝉非常善于察言观色，特别懂得猜测别人的心思，因此可以在与董卓和吕布的相处中完全没有压力。再加上貂蝉天生丽质，有让男人痴狂的资本，因此就变成了一个不动刀枪却杀人于无形的利器。

一些人认为貂蝉是一个秀外慧中、懂得大义的女子，尽管她失身于贼，但是却一点也不能影响她在人们心目中的地位，她的形象反而会因此变得更加高大。当时董卓在京城里无恶不作，让老百姓们苦不堪言，生活在水深火热之中。天下间那么多的英雄豪杰，却不能将董卓除去。而貂蝉作为一介女流，没有动用任何刀兵，就将董卓杀死了。相比之下，那些自认为英雄气概的人，又有哪一个有这样的本事呢？

近代的一位史学家蔡东藩认为，那些说貂蝉失节的人简直就是迂腐到家了，是一种特别错误的见解。如果只是从个人的观点来看，那么守住贞洁当然是非常重要的。但是貂蝉是为了国家才献身的，就又另当别论了。从国家的方面来看，个人的那些名利得失都变得不再重要了，应该变通地去看待。

貂蝉虽然损失了自己的节操，但是却挽救了万千生命于水火之中，这实在是一种造福天下的行为。所以，貂蝉应该受到人们的尊重与爱戴，是一位巾帼英雄。

人中吕布

吕布刚开始的时候凭借着自己过人的武艺，是并州刺史丁原手下的一个骑都尉。后来丁原驻扎于河内，让吕布当了自己的主簿，对吕布十分器重。过了不久，汉灵帝就驾崩了，这时何进下诏命令丁原带领自己的军队到洛阳来，协助他们将把持朝政的宦官集团消灭掉。

恰好何进的密谋被那些宦官们发现了，提前动手将何进杀死了。接着董卓进入京城，诱惑吕布将丁原杀死，还将丁原的军队全都吞并了过来。由于吕布立下了大功，董卓就让他当了骑都尉，还和吕布结成干父子，也是像丁原一样，特别器重吕布。因为吕布在骑射方面的本领非同一般，而且力量非常大，所以人们都叫他"飞将"。过了没多久，董卓就将吕布提升成中郎将，并且封他为都亭侯。

后来由于董卓在京城当中倒行逆施，惹得天怒人怨，于是天下群雄并起，想要剿灭祸国殃民的董卓。这个时候吕布就和这些人的联军打了一仗，不过却被打败了。董卓见事情不妙，就带着天子，将京城迁到了长安那里。

董卓也知道自己的所作所为让天下人都心怀怨恨，想杀他的人不计其数，因此就让勇武过人的吕布来保护他，这样才可以免遭毒手。但是董卓又是一个心胸狭隘的人，曾经有一次因为一点小事，就把手中的戟向吕布扔了过去，要不是吕布接住了，恐怕不死也是个半残。

因此吕布对董卓也心怀不满，后来又因为貂蝉的原因，吕布终于背叛了董卓，将他杀死，也算是为天下人做了一件好事。

第二章

黄月英——贤良淑德的奇女子

美女档案

☆姓名：黄月英

☆民族：汉族

☆国籍：东汉

☆出生日期：不详

☆逝世日期：不详

☆美女纪念

在纪念诸葛亮的武侯祠中，有一尊其夫人黄月英的塑像，从塑像上不难看出，黄月英并非小说中说的那样其丑无比，而是具有倾城之貌，高贵的气质尽显于外，与诸葛亮可谓是佳偶天成，天造地设的一对。

武侯祠是一座四进三院的四合院，古代建筑群依山而建，祠宇依次排列，层层错落，庄严肃穆。山门是以高耸的仿木结构砖雕牌坊构成，祠前的石狮形象生动，雕工极其细致。

人物简评

对于黄月英的相貌，历史上说法不一，有的认为她很丑，有的则认为她很漂亮。对于这些众说纷纭的观点，没有一个确实的依据，但是更多的人还是愿意相信她是一个非常漂亮的美丽佳人。因此黄月英的雕像都是美女的形象，而现在的一些影视剧当中，黄月英也是十分貌美的。况且一个女子如果气质非常好，样子一定也不会很差，所以我们完全有理由相信她是一个风华绝代的美人。

黄月英不仅是个非常漂亮的女子，而且特别有才华，不但见识非常广博，还精通武艺、机关术、兵法等各方面知识，可以说是一位才貌双全的奇女子。不过由于她一门心思都在让自己的丈夫诸葛亮更加显眼，在众人当中的表现更加突出，因此自己本身的才能却并没有太多地显露出来。

可以说她是一个风华绝代、才气无双，又懂得恪守自己本分的人，是个不可多得的贤妻良母。因此一直到今天，还流传着很多关于她的传说，人们还塑造了雕像来纪念她。

生平故事

黄月英是东汉末年荆州沔南白水人，她是那里非常有名的黄承彦的女儿，蜀汉著名军师诸葛亮的妻子，诸葛瞻的生母。

到底是美女还是丑女

对于黄月英到底是美女还是丑女，一直以来人们都有着不同的观点。有的人认为，她的皮肤是黑色的，而头发则是黄色的，长得非常丑，不是一般的丑女能比得上的。当初诸葛亮也不想娶她，但是由于诸葛亮看重了她的才能，认为她会是一个贤惠的好妻子，因此才结成夫妻。

还有一种观点是，黄月英长得非常漂亮，有着沉鱼落雁之容，但是由于别人嫉妒她的美貌，才将她说成是一个丑女。而且黄月英嫁人，一定不能嫁给一个只注重外表的俗人，因此才故意将自己说成是一个丑女，让那些贪恋美色的人主动放弃。

其实黄月英应该是一个风华绝代的美人，首先她既不是少数民族，也不是外国人，说她黄头发、黑皮肤，这也太不靠谱了，明显就是诋毁。否则的话，一个平常的女子，就算丑也丑不到那种程度啊，明显就是人们故意那么说的。或者还有一种可能是黄月英自己将头发涂成黄色，并且还把雪白的皮肤涂成黑色了。否则如果她真长成那个样子，就算她再自信，未出闺阁的时候也不可能主动让别人看到自己，还在别人传言的时候无动于衷。

说黄月英丑，一定是人们的诽谤或者是她自己有意为之。从她后面的博学多才来看，做这么点小小的手脚根本不用费吹灰之力。而且假如她真有那么丑，诸葛亮怎么会终其一生都没有对自己的妻子有任何怨言呢？如果整天对着这样一个丑妇，就算是脾气再好的人也会偶尔说出一些不好听的话来吧，但是诸葛亮的表现却完全相反，对他的这个妻子满意得不得了。

诸葛亮就算是修养再好，他也是个男人，都免不了有一点喜欢美女的通病。因此从诸葛亮的表现来看，黄月英肯定不是一个丑女。黄月英不但不丑，还是一位容貌出众、才华横溢的绝代佳人。

黄月英与诸葛亮的婚事是她的父亲黄承彦主动向诸葛亮提出的，当诸葛亮来到黄承彦家的时候，受到了很高的待遇，不用经过下人的通报，直接就可以进入里屋。

诸葛亮没想到黄承彦给自己这么好的礼遇，感到非常高兴，正要进门，突然从堂屋的两个走廊当中，有两只凶猛的大狗窜了出来。诸葛亮感到非常害怕，正要躲闪，这时候丫鬟赶紧过来在两只狗的脑袋上各拍了一掌，这两只狗顿时安静了下来。丫鬟将它们的耳朵拧了拧，这两只狗就都回到原地安静地蹲下了。诸葛亮仔细观察了一下，发现这竟然是两只机器狗，不禁笑了起来。

黄承彦以非常丰盛的酒菜招待诸葛亮，诸葛亮却一心想着刚才的那两只机器狗，觉得实在是太有创意了，而且需要有很多知识才可以制造出这么精巧的东西，对此赞叹不已。黄承彦听了他的赞叹，笑着说："这些都是小玩意儿，不登大雅之堂，是我女儿没事儿的时候，闹着玩制造出来的。"

诸葛亮顿时吃了一惊，没想到自己的未婚妻黄月英竟然有如此高的才华。接着他又在墙上看到一幅非常好的图画，又赞叹不已。黄承彦说："这幅画也是小女在无聊的时候随手画的，难入大家之眼，只是权作娱乐而已。"又指着窗户外面的那些花花草草说："这些草木也都是小女亲手栽培，闲暇之时四处逛逛，倒也可以解闷。"

诸葛亮真是越看越心惊，不由得对这个黄月英重新作了评估，她的才华大大出乎诸葛亮的意料。诸葛亮怎么也不能相信她是一个丑女，他已经在心中勾勒出一幅黄月英的图像，而且认定这就是他追求的对象，永远也不会改变。

诸葛亮看了黄月英的图画与栽培的花草以后，就认定了她不是一个丑女。我们也完全有理由相信，她是一个闭月羞花的美人。这样一个心灵手巧的女子，怎么可能不是一个风华绝代的女子呢？

神奇的鹅毛扇

诸葛亮可以说是三国时期一个非常著名的人物，由于受到《三国演义》的影响，很多人都把诸葛亮当成是神一样的看待。在小说当中，似乎无论遇到什么样的困难，只要诸葛亮掐指一算，把眼珠转上几转，然后出个主意，就可以轻轻松松把困难搞定了。他甚至可以安安稳稳地在家里坐着，就解了五路大军的围困，真可谓是运筹帷幄之中、决胜千里之外的典型高手。

但是这当然只是小说中的故事而已，在现实当中，虽然诸葛亮也非常厉害，却没有神到这种无所不能的程度。相传诸葛亮无论春夏秋冬，都经常拿着一把羽毛扇子，在用兵打仗的时候更是扇不离手，因为这把扇子上面记录着用兵打仗的兵法等非常有用的东西。而说起这把扇子的来历，就和诸葛亮的妻子黄月英有关了。

黄月英是黄承彦的女儿，是一个非常漂亮的女子，有着让世人惊艳的美，她不仅美丽，而且还有着非常出众的才华。但是黄承彦就担心有些人会因为自己女儿的美貌来娶她为妻，却忽视了女儿出众的才能，因此他就将女儿叫作"阿丑"，让别人以为她长得并不美丽，绝了那些好色之徒的惦念。

黄月英这个美丽的女子，各方面的才能都非常好，她不但文可以下笔顷刻数千言，而且还有特别高强的武艺，曾经拜过老师，学得了一身的本领，那些一般的武夫根本不是她的对手。

在黄月英学得一身好本领，从山上下来回家的时候，师父给了她一件家传的宝贝，就是非常有名的鹅毛扇了，这个扇子上写着两个字，一个字是"明"，另一个字是"亮"。在这两个字里面，用非常小的字写着行军打仗以及治理国家的办法，看起来排列得非常紧密，像是一大团蚂蚁一样。

在赠给黄月英扇子以后，老师还特地嘱咐了她一句话，以后如果嫁人，一定要嫁给一个名字当中既有"明"又有"亮"的人，这样的人才是你命中注定的乘龙快婿，别人都不行。我们知道诸葛亮字孔明，这样"明"和"亮"都全了，而此时的诸葛亮还在隆中等着有人请他出山呢，就像是一个待字闺中的小姐一样，他完全想不到已经变成一个美女命中注定的丈夫了。

后来黄月英果然嫁给了诸葛亮，在成婚的时候，黄月英将这把记载着重要的秘诀，可以窥破宇宙、洞察万物的羽毛扇当作礼物献给了自己的丈夫诸葛亮。诸葛亮一见这个羽毛扇，顿时欣喜若狂，知道这是可以帮助自己建功立业的好东西，于是就将这个鹅毛扇子当成是最珍贵的宝物，对它爱不释手，一直将它拿在手里，带在身边。

黄月英对丈夫如此看重自己的宝贝，也感到非常开心，这说明诸葛亮对他的爱是非常真挚的，所以才会爱屋及乌，对她赠送的宝贝也那样的喜爱，这个鹅毛扇子就是他们爱情的象征。诸葛亮将扇子时刻带在身边，不

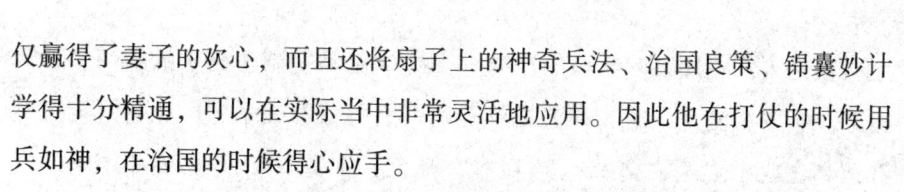

仅赢得了妻子的欢心，而且还将扇子上的神奇兵法、治国良策、锦囊妙计学得十分精通，可以在实际当中非常灵活地应用。因此他在打仗的时候用兵如神，在治国的时候得心应手。

诸葛亮轻摇鹅毛扇，在大战当中指挥若定的形象深入人心，被人们牢牢记住了。清朝的时候，还曾经有人写过这样的句子："扇摇战月三分鼎，石黯阴云八阵图"，说的就是诸葛亮那把神奇的扇子有着巨大的功用。

机关大师

相传在诸葛亮还待在隆中没有出山的时候，有一次有客人来找他，于是诸葛亮就让妻子去磨一些面来做饭吃。他刚叮嘱完，就听见黄月英说面已经磨好了。诸葛亮感到非常奇怪，心想，就算是她长着三头六臂，也不可能这么快就完成了这项工作啊！

但是诸葛亮可不是一般人，他玩心眼的能力不是一般人能够比得了的，就算是对自己的妻子，他也不肯明明白白把话说出来。虽然心中感到纳闷，但是诸葛亮脸上却一点也没有表现出来，而是趁着黄月英不注意的时候偷偷观察，惊奇地发现黄月英在做家务活的时候从来不需要自己动手，那些麦子之类的粮食都是几个木头制作的人在磨。

诸葛亮既感叹又佩服，马上就找到黄月英，请求她教自己制作这些机关的方法。于是黄月英就把制作机器人的方法倾囊传授，再加上诸葛亮也是一个才华横溢的人，很快就记住了其中的奥妙，将这些知识牢牢记在心里。

关于诸葛亮使用自己制作的非常先进的机械化工具——木牛流马，来给蜀国的军队运送军需物资的事情，很多人都不陌生，还被当成神话一样地在中华大地上广为流传，一直是人们津津乐道的事情。

那时候由于蜀国的军队人数不足，而且敌军经常切断他们的补给线，战争打得非常吃力。于是诸葛亮就制造了一批木牛流马，帮着蜀国军队成功突破了封锁线，把粮食等急需物资运往前线，立下了不朽的功勋。也让蜀国的政权得以稳定，不再是人心惶惶的局面。

但是人们更加喜欢谈论的是第一个木牛流马被制作出来的事情，说到这第一个木牛流马，就又和黄月英有着密不可分的关系了。在黄月英决定和诸葛亮成婚之后，诸葛亮感到非常高兴，如此一个美貌又有才华的女子，主动要嫁给自己，这简直就是天上掉馅饼啊，而且还直接掉进嘴里了。

不过这个馅饼显然不是那么好吃的，为了让自己显得不是那么容易娶到手，黄月英还给诸葛亮出了一道难题，她这个难题可把诸葛亮这个善于玩心计的人给难住了。

要说黄月英怎么也是个名门之后，从小就在父亲以及长辈们的教导下长大，在耳濡目染的环境里，肚子里的墨水一点也不比男人们少。她还非常喜欢学习，对于各种各样的主流书籍都能倒背如流，而且才能多种多样，不是平凡女子能比得上的。她不仅爱学习，还会发明创造，创造出了世界上最早的机器人，什么机器厨师、机器狗、机器驴、机器狮子，让诸葛亮看到后惊讶得合不上嘴。

由于婚事才刚定下来，诸葛亮不好意思直接要求黄月英教自己制作机器人的方法，于是他就对这些机器人进行了仔仔细细的观察，将那些看到的结构默默记在心里。

黄月英只是听说诸葛亮是一个非常有才华的人，但是究竟怎样，她还不是非常清楚，于是也有心要考一考他，就没有将这个本事教给诸葛亮。在成亲之前的一个月，黄月英想要进一步证明一下诸葛亮是不是真像人们说的那样，有过目不忘的本领，于是就给诸葛亮出了一个难题，让他在成婚的时候，来接自己时不能用轿子，也不能用马，还不可以用船。

这种奇怪的条件，无论换了是谁，都一定感到伤脑筋的，虽然诸葛亮才究天人，但还是着实被这几个条件给难住了。诸葛亮冥思苦想，不能坐轿子，也不能骑马，最后还不可以坐船，这个姑娘到底是想怎样，难道是想要走着跟我回家？或者，她竟然是想让我背着她不成？从她家到我家有这么远的距离，别说我是个手无缚鸡之力的书生，就是个彪形大汉，也非得累趴下了不可，这根本做不到啊！

但是如果真让新娘子走着来，或者我背着她，这岂不让人笑掉大牙，面子上根本过不去，以后不用出山了，直接老死在隆中算了。左思右想也想不到好办法，诸葛亮急得像是热锅上的蚂蚁，团团转。

他们的婚期是定在了腊月初八那一天，现在眼看着这一天就要到来了，但是用什么办法迎接新娘子却还是没有眉目，这让诸葛亮更是坐不住了。他急得直在院子里面转悠来转悠去，后来又跑到山上去寻找灵感，无奈却什么灵感也找不到。他非常泄气地想，难道我一个堂堂的男子汉，竟然被一个女子出的问题给难倒了，而且我还以天下第一谋士自居，这传出去还不让人笑话死？

也许是精诚所至，由于诸葛亮整天日思夜想的就是这件事，有一次突然找到了灵感。那一天他正在棋山的上面坐着，脚上还踩着一块小石头，一边将石头滚来滚去，一边想着到底要怎样做才能符合黄月英提出的古怪要求。这时候忽然听到有人喊："小心点，我的牛惊了！撞到你就没命了！"诸葛亮向山下一瞧，猛地一拍脑门，一条计策涌上心头！

他看见在山脚下，一头本来在拉着碾子干活的牛忽然受到惊吓，把拉着的桩子也给扯断了，拉着碾子上面的大石头到处乱跑，吓得人们纷纷躲避。诸葛亮发了一会儿呆，就想出了一个好主意，赶紧朝家里跑去。

他想到的是，前面是一头牛拉着，后面碾子上那个石头就像是车轱辘一样，如果在那上面安上一个架子，完全可以坐人啊！因此他急急忙忙跑回家，便和自己的书童一起动手，找了一些木材，一边砍一边锯，制作心中想出来的东西。这样不停地忙活了好几天，才算是大功告成了。

到了腊月初八那一天，也就是诸葛亮和黄月英完婚的日子，由于黄月英的父亲黄承彦是当地一个非常有名的人，因此院子的里里外外，全都是赶来向他道喜的人，把黄月英的家里围了个水泄不通。这些人当中有不少是因为听说了黄月英给诸葛亮出了难题，想要趁机过来看看热闹的。他们都在等待着，看看这个人称"卧龙"的人是不是真的有点本事，是怎样将黄月英这个美若天仙又聪明伶俐、鬼点子层出不穷的人娶回家。

一直等到接近中午的时候了，在黄月英家的山下，这才出现了一个五颜六色的东西，随着距离越来越近，人们也看得非常清楚了，那是一个长相非常奇怪的车子。于是有些人就大声叫起来："接亲的过来了！大家快

23

来看看这是个什么东西啊！"随着这一嗓子喊出去，那些本来待在院子里的人们全都跑出来看热闹了。

在那个浩浩荡荡的迎亲队伍当中，诸葛亮安安稳稳地坐在一个被红色的布包围起来的东西上面，这个东西非常奇怪和平时人们所看到的接新娘子的工具都不一样。这个东西就是一个庞然大物，中间是一个类似台子的东西，两边的车辘轳像磨盘那么大，前边还有一个像驴不是驴、像马不是马、像牛又不是牛的东西拉着它走。如果说这是一顶轿子，但是它却没有一个人抬着；如果说这是一匹马，肯定不对；要说这是船的话，为什么它在陆地上走？

人们顿时来了兴趣，跑过去围观这个从来没见过的古怪东西。有的忍不住伸出手去，这摸摸、那摸摸，还拍一拍那个拉着车子走得四不像的动物，并纷纷询问诸葛亮的书童说："这是个什么东西，为什么我们从来都没有见过呢？"书童吊足了大家的胃口，避而不答，到最后被问得不耐烦了，才说："这个东西你们当然没见过了，这可是我们家先生为了迎接新娘子亲手制造出来的，它的名字叫作'木牛流马'！"

听了这样奇怪的名字，看到这样奇怪的东西，所有的人都感到非常新鲜，更是想弄明白这个东西有什么神奇的地方了。其实诸葛亮制作的这个"木牛流马"是由两个部分构成的，后面那个可以坐人的车子一样的东西，就是诸葛亮那天看见牛惊了以后所制造出来的东西。他看见那个牛拉着碾子上的磨盘乱跑，就发明出了这种辘轳非常大的车子。而前面拉车子的那个看起来什么都不像的东西，是诸葛亮在观察了黄月英所制造的机器人、机器狗之后，仿制出来的一种可以自己行走的、长相十分奇怪的东西，还给它取了个名字叫作"木牛流马"。

木牛流马的肚子是四四方方的，里面可以装东西，而舌头就是它的总控制机关。不想让它走的时候，只要把舌头一转，它就不动了。当把舌头复原以后，它就又可以继续行走。

黄月英见诸葛亮果然制造出了用来迎亲的东西，而且完全符合自己的那三个要求，非常开心，于是和他喜结连理。

考验丈夫

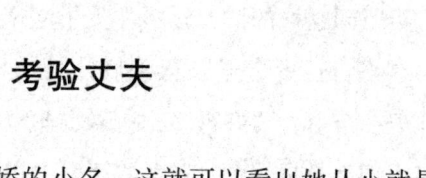

　　黄月英其实有一个叫作阿娇的小名，这就可以看出她从小就是一个非常漂亮的女孩，俗话说女大十八变，长大之后的黄月英更是出落得清水芙蓉一般，有着闭月羞花的美貌。

　　黄月英早就听人说在隆中的诸葛亮是一个不可多得的人才，学究天人，而且人品也特别高尚。再加艺成下山时，师父曾经嘱托黄月英嫁人的时候要找一个名字当中有"明"和"亮"的人，诸葛亮对这个条件也很符合。所以黄月英就觉得诸葛亮可能是自己的如意郎君，便请求父亲去诸葛亮那里给自己提亲。

　　但是黄月英不希望诸葛亮是因为自己的美貌才愿意娶她的，因此就告诉父亲，在提亲的时候不要说自己很漂亮，而要告诉他自己长得很丑，如果诸葛亮是个只在乎外表的普通愚夫，那这门婚事就算了。

　　于是黄月英的父亲就按照女儿所说的做了，但是出乎意料的是，诸葛亮马上就答应了下来，而且还答应得非常爽快。黄月英简直难以相信天下竟然会有这样的人，不在乎娶一个丑女也就算了，还这么高兴，真是太奇特了。

　　黄月英还是不能相信诸葛亮到底是真心还是假意，于是就决定再考验他一次。在结婚的时候，黄月英找了一块红色的布，将自己美丽的脸庞遮挡起来，不让诸葛亮直接看到自己如花的容颜。黄月英想看一看诸葛亮到底是真心诚意地要娶自己，还是怀着一种观望的态度，到底会不会毫不犹豫地将盖头掀开。

　　诸葛亮从小就是玩心计长大的，这个心思完全没瞒过诸葛亮的眼睛，他上去就把盖头掀开了。不过诸葛亮这下有点发蒙，他虽然知道新娘子要考验自己，但是没想到考验得这么厉害，连人都换了，盖头下的这个美人简直就像是一个不食人间烟火的仙女一样，这怎么可能是自己的妻子呢？于是诸葛亮说："姑娘，你搞错了吧？我不是要娶你为妻，请你速速离开。"

25

黄月英听到这样的话，忍不住笑了起来，并告诉了诸葛亮真相。诸葛亮虽然不在乎自己的妻子长得到底是什么样子，但是能娶一个美丽的妻子，总比娶一个丑女要好得多，所以也非常高兴。

后来人们就是根据黄月英考验诸葛亮的这个方法，才开始在结婚的时候使用起了红盖头，并且一直持续了很多年。

婚后的幸福生活

同黄月英结婚以后，诸葛亮马上就发现了一个问题，这个黄月英不愧是名门之后，关系之复杂，社会交际面之广，人际关系之通，都不是一般的人能比得了的，就诸葛亮这种才高八斗的人看得都有点头晕。

黄月英的父亲黄承彦与荆州的刘表关系不一般，这两个人是连襟。想当年诸葛亮还没有一点名气的时候，荆州那里有一个非常有实力的人，这个人叫作蔡瑁，蔡瑁给自己的两个妹妹各找了一个好人家，这两个人就是黄承彦与刘表。这样关系就变得非常复杂了，刘表本来就是诸葛亮叔叔的一个非常要好的哥们儿，现在又变成了自己老婆的一个姨父，这样他们之间的关系就更加亲密了。而且蔡瑁作为黄月英的舅舅，正在天下必争之地的城池荆州那里担任着非常重要的军事职位。可以说诸葛亮这一个家庭，和荆州有着千丝万缕的复杂关系。

诸葛亮有了这么深厚的政治、军事集团的关系，马上就打入了荆州的势力核心当中，因此他虽然身在隆中，但是足不出户就已经可以知道天下大势了，就像是一个蛰伏待机的龙，时刻关注着天下的局势，一旦有机会，就要出去大展拳脚，创立一番事业。

通过和荆州各种人士之间的来往，诸葛亮知道了很多诸侯以及朝廷之间发生的事情，对于天下形势的把握，与自己目前的处境作了准确的定位，知道自己如果出山应该做些什么，可以创下哪些功业，能施展出怎样的才华。这对于诸葛亮来说，是非常重要的，也让他在无兵无将的情况下，只凭着三寸不烂之舌，就有了革命的本钱。

可以说黄月英不仅是一个温柔美丽又贤惠的好妻子，而且还非常有旺

夫运，给诸葛亮带来了时来运转的机会，让他在风云际会的时代里，由卧龙先生而化身为真正能决定天下大势的龙。

后来刘备找到了诸葛亮，诸葛亮见刘备完全符合自己的择主标准，既有潜力又没实力，经常是被别人打得落荒而逃，如果自己当了他的军师，足够他偷着乐上半年了。

因此，诸葛亮果断地将自己研究了半辈子的心得体会说了出来，告诉刘备，你别放弃，虽然你现在像一个丧家之犬一样，要兵没兵、要地盘没有地盘，但是你有大将啊！再加上你这种坚忍不拔的品格，将来必成大器。而且你看现在的天下是这个样子的，接着便将天下的形式说了一箩筐出来。

刘备完全被诸葛亮的才华给镇住了，惊为天人，马上请他出山，当上了自己的全职军师，而且地位高高在上。诸葛亮待在家里那么长时间，完全不和天下有什么接触，别人甚至都不知道有他这样的一个人存在。但是他一出来就气势不凡，这是什么原因呢？应该说，完全是他的妻子黄月英谍报与宣传工作做得好。有这样一个贤惠的妻子，诸葛亮真是在睡梦里也能笑出声来啊！

根据人们的传说，黄月英嫁给诸葛亮以后，夫妻生活过得非常和睦，是一对人人羡慕的模范夫妻。在刘备从胜少败多的阴影当中走出来之后，他找到了能够让他起死回生的诸葛亮。诸葛亮也看准了刘备是个处于落魄当中有前途的人，如果跟着他，以后肯定会有施展抱负的机会的。

所以诸葛亮根本不管待遇问题，铁了心地跟着刘备出山打天下，然后拥有了梦寐以求的事业，不仅磨练了自己的小身板儿，还对刀光剑影、战火纷飞的环境完全适应了，在战场上变得从容自若。

通常情况下，诸葛亮在敌军面前轻轻摇动着他那把写满了天机的羽毛扇子，轻轻松松就将敌人打得人仰马翻。而黄月英则在家里处理着各种各样的家务琐事，把家里管理得井井有条，还尽心尽力地抚养孩子，让他们的孩子健康成长。

黄月英和诸葛亮婚后的生活非常幸福，而且她的美丽和贤惠，赢得了人们的一致称赞。

关于诸葛亮的小故事

1. 吃瓜留子

相传诸葛亮是一个非常会种庄稼的人，只要是他种的庄稼，肯定比别人种的要打更多的粮食，而且肯定能够获得大丰收。

其实诸葛亮不仅在种庄稼方面有独到的地方，对于种西瓜也特别在行。现在的襄阳那一带还有这样的一条规矩，就是如果进了西瓜园，瓜可以随便吃，管饱，但是无论如何也不准将西瓜子拿走。据说之所以有这样的一个"规矩"，还是和诸葛亮有关。

由于诸葛亮种出来的那些西瓜，不仅长得个头非常大，而且非常甜，深受人们的喜爱。那时候诸葛亮还住在隆中，凡是到诸葛亮家做客的人以及从这儿经过的人们，全都要尝一尝他种出来的那些西瓜。

附近的人都知道诸葛亮在种西瓜方面是一绝，因此那些农民就都来找诸葛亮，希望他可以将种西瓜的经验传授给他们，这样就可以不用麻烦他，也能吃到自家种的甜西瓜了。诸葛亮对于他们的要求非常理解，而且一点也不把自己经验当成是什么秘密，将种出好西瓜的要领毫无保留地告诉了这些农民们。

诸葛亮告诉他们，想要种出好西瓜，一定不能将西瓜种在泥土地里，而是得种在沙地里，还有一些其他的要领也非常详细地告诉了他们。但是人们还是觉得自己种出来的西瓜没有诸葛亮种出来的甜，于是就找诸葛亮要他种的那些西瓜的瓜子。然而由于以前并没有注意到瓜子的问题，很多人根本分不到瓜子，只好失望地离开了。

到了第二年的时候，诸葛亮的西瓜园又开始供给人们又大又甜的西瓜了，这一次他在外面竖起了一块牌子，上面写着："西瓜随便吃，瓜子请留下。"然后诸葛亮就将这些瓜子用水洗干净，晾干了以后分给这里的农民们。到了今天，在汉水两旁的沙土地里，还有一些卖西瓜的非常有名气，所种出来的那些西瓜不仅皮薄、个大，还非常甜。一些地方依旧不忘诸葛亮定下的那个规矩，在请人吃西瓜的时候，一定要让人家将瓜子留下来。

2. 巧救后人

这件事情的真实性虽然有点让人怀疑，不过也不是完全没有可能，可以将它看成是一个神奇的传说。诸葛亮在过完了他鞠躬尽瘁的一辈子之后，快要去世了，在去世之前，他对自己的后代留下了遗言，告诉他们说，在自己去世以后，这些后代当中的一个会有杀身之祸。到了那个时候，就把房子拆掉，然后从墙里面取出一个纸包，那上面就有救命的方法。

诸葛亮交代完毕之后就去世了，后来司马炎夺得了天下，坐上了九五至尊的宝座。他对诸葛亮心怀怨恨，听说在朝廷里面有一个将军是诸葛亮的后代，因此就想方设法要整治这个将军。有一次，司马炎随便说了个理由，就给这个将军判了死罪。在朝堂之上，司马炎觉得诸葛亮这么一个有本事的人，在临死的时候怎么也得给后代留下一些东西才对啊，于是就问这个将军："告诉我，你祖父诸葛亮在临死的时候有什么遗言没有？"这个将军不敢隐瞒，马上就将诸葛亮说的话老老实实地告诉了皇帝。

司马炎一听，感到非常不可思议，虽然人们都说诸葛亮料事如神，但是还不会神到这种程度吧，难道他真可以知道未来之事？于是司马炎就立即让一班人马过去，将那个房子拆了，从墙壁里面把纸包取了出来。

纸包里面装着一封信，在信封上写着四个大字："遇皇而开"。那些士兵们不敢将信拆开，赶紧将这封信原封不动地交到了司马炎的手中。司马炎觉得非常有意思，就拆开了信封，在信的正面写着几个字："请向后面退三步，然后再看信的背面。"司马炎于是转过身去，朝着后面走了三步。正当他不知道怎么回事的时候，只听到"咣当"一声惊天动地的声响传来，在司马炎刚才坐的位置上，一个巨大的玉条掉了下来，将桌子砸了个稀巴烂。

司马炎顿时吓得腿肚子都软了，差点没跌坐在地上，心中直叫："我的妈呀！"因为担心再出现什么意外，他赶紧看了看信的背面，只见背面写着："看在我刚才救了你一命的份儿上，请你也留下我后人的一条命，不然对江山社稷不利。"

司马炎擦了擦额头上的冷汗，对诸葛亮佩服得五体投地。后来，他不仅把诸葛亮的那个后代复了原职，还重用了他。

3. 八卦衣

无论是在后世的图画里面，还是在戏剧当中，诸葛亮经常都是将一件八卦衣穿在身上，他那种在千军万马当中谈笑自若的风采，以及在大后方出谋划策却能洞若观火地指导前线战斗的睿智，都给人们留下了深刻的印象。

在传说当中，诸葛亮所穿的这件八卦衣可是有讲究的，有着特别神奇的功效，是他在学艺的时候，师母送给他的宝贝。在诸葛亮还是一个少年的时候，他在一个叫作水镜先生司马徽的人那里学习，由于诸葛亮非常聪明，又肯下苦工去学习，因此不但受到老师的喜欢，就连师母也对他非常看重，经常夸奖他将来一定会取得非凡的成就，不是一般人能比得上的。

由于在诸葛亮学习的那个时代，人们还没发明出用来计时的钟表，用的是一种叫作日晷的东西。日晷靠的是太阳光，一旦遇到阴天下雨的时候就不能使用了。但是总不能一到阴天下雨之时就不讲课了吧，因此水镜先生就使用鸡叫的方法来记录时间。

为了让公鸡可以按时鸣叫，就得在平日里按时给公鸡喂食，这样到了一定的时间，它就会叫着要食吃了。由于诸葛亮比别人要聪明得多，所学的那些知识他一听就能够理解，往往是水镜先生所讲的那些东西还不能让他感到满足，就到了下课的时间了。在强烈的求知欲驱使下，诸葛亮就希望水镜先生可以将讲课的时间再延长一些，但是先生可不听他的，还是按照自己定制的时间讲课。

诸葛亮心想：先生总是用鸡叫来判断时间，如果我能让鸡叫一次的时间变长，就可以让讲课的时间变长了。想到这一点，诸葛亮顿时有了主意，他在口袋当中装上一把谷子，觉得快到鸡叫的时间了，就给鸡喂一点谷子。这样一来，鸡吃饱了，也就不叫了。

但是这样的办法用一次两次还行，时间一长，水镜先生就发现问题了，为什么一节课的时间变得这么长了，公鸡的叫声为什么不准了呢？经过水镜先生的细心观察，终于发现了是诸葛亮搞的小动作。因此他就在课堂上当着大家的面问:"这只公鸡为什么叫得不那么准了呢?"

别的学生都不知道这件事,因此被问得愣住了。但是诸葛亮心里非常清楚,而且他一直都是一个非常诚实的人,就把自己喂鸡的事情原原本本地说了出来。水镜先生一听就感到火冒三丈,小小年纪就不学好,而且做了错事还这么理直气壮的,到底是谁给你的勇气?

在怒不可遏的状态下,水镜先生马上就把诸葛亮的书给烧了,还说:"你不是想学吗,我看你以后怎么学?"水镜先生这种一点气度也没有的行为实在是幼稚可笑,可是当时的诸葛亮却受苦了,他一心想着多学点知识,但是却又连书也没有了,而且那个人是自己的老师,他又不能和老师来硬的,只好去求师母帮忙。

司马夫人比水镜先生要通情达理多了,而且平时对好学的诸葛亮就非常喜爱,现在听他说出了这件事的原委,对他表示同情和理解,就找到水镜先生,替他说好话。但是水镜先生却一点也不通融,还说:"这么小的孩子就已经知道耍心眼欺骗师长了,长大了以后还不得做出祸国殃民的事来?不好好把心思放在用功读书上,偏偏想一些歪门邪道的东西,真是难成大器。"

但是司马夫人不这样认为,她劝丈夫说:"你只看到了诸葛亮欺骗师长,却不知道他只是想要多学一点知识而已,而且你一问他就如实回答了,这能算是欺骗你吗?我看他是一个非常诚实的人,根本不像你说的那样。"水镜先生听了这一番话,静下心来想一想,觉得也对,可能自己在盛怒之下错怪了诸葛亮,因此就同意了继续让诸葛亮读书的事。

不过现在诸葛亮的书已经烧了,没有了书可怎么继续读啊?司马夫人便对丈夫说:"你不是有一个宝贝吗,传说是一个千年神龟的壳,如果将它穿在身上,就可以知道过去未来的事情,但是从来没有人真的见识过它的神奇魔力,现在不如就让诸葛亮穿上试一试,如果真能有那么神奇的效果,有没有课本都没关系了,而且也算是给这件东西找了个主人。"

水镜先生有一点舍不得,但是也想不出更好的办法,于是就按照夫人说的意思办了。结果这个神龟壳制成的东西还真和诸葛亮有缘,诸葛亮一穿上它,就将以前学的那些东西全都融会贯通了,而且对于天下间发生的事情也都了解得非常清楚，连没有学过的东西都可以自己悟出来。后来这件衣服他一直穿在身上，也就是人们所说的八卦衣。

4. 诸葛亮造馒头

据说在三国时期，诸葛亮所生活的蜀国的南方，居住着一个南蛮洞主，他的名字叫作孟获。这个孟获从来不肯安分守己，经常出兵对蜀国进行骚扰性攻击，搞得蜀国的边境局势非常不稳定。

孟获这种不厚道的行为，让蜀国感觉到非常生气，要打就打，不打就安安静静的互不侵犯，这样多好，总是骚扰有什么意思呢？但是蛮子就是蛮子，孟获完全不懂得这些基本的做人道理，还是在那里不思悔改。于是诸葛亮就决定亲自领着大部队去征讨，一定要让边境安宁下来，不然老百姓们可经不起这么反反复复的折腾。

当诸葛亮领着大军来到泸水附近的时候，这里的环境相当恶劣，不仅很少有人居住，而且还存在着非常严重的瘴气。这还不算什么，更让人感到难以应付的是泸水里面竟然有毒。

这时候有个人向诸葛亮出了一个主意，说是将一些俘虏的南蛮人杀死，然后将他们的头砍下，用来祭祀泸水里面的河神，这样就能够保佑大家了，也不用再担心水中有毒。

诸葛亮是一个非常仁慈的人，他不忍心杀害俘虏，但是又没有别的办法可以让将士们的士气振奋起来，因此还是决定祭祀河神。在祭祀河神的时候，诸葛亮使用的并不是真的人头，而是将面团捏成南蛮人头的样子，代替真正的人头。在锅里面将这些捏成人头模样的面团蒸熟，然后摆到供桌上面当祭品。

后来这种用面团做食物的饮食方法就逐渐传了下来，还一直流传至北方地区。不过由于把面团捏成南蛮头颅的样子太麻烦了，而且又非常吓人，于是人们就将这种东西做成了圆圆的形状，称呼也逐渐由蛮头变成了馒头。直到现在，馒头依然是中国北方人十分爱吃的一种主食。

第三章

小乔——冠绝三国的绝代娇女

美女档案

☆姓名：小乔

☆民族：汉族

☆国籍：东汉

☆配偶：周瑜

☆出生日期：不详

☆逝世日期：不详

☆美女纪念

小乔墓，也叫"二乔墓"，位于岳阳楼的北侧。根据光绪在《巴陵县志》中的记载："三国吴二乔墓，在府治北。吴孙策攻皖，得乔公二女，自纳大乔，而以小乔归周瑜，后卒葬于此。"又引《戍申志》载："墓在今广丰仓内。或小乔从周瑜镇巴丘，死葬焉。大乔不应此。"《巴陵县志》又记载："瑜所镇巴陵在庐陵郡，非今巴丘。"而孰是孰非，还需要进一步考证。

在小乔墓地一带，相传是三国周瑜的军府。墓府是当时军府的花园，此地环境优雅，花木繁茂，在陵墓的上方还种植了两株女贞。坟前墓碑约有一米来高，上面写着"小乔之墓"。清朝嘉庆年间，墓内修葺的情况没有记载到史册中。相传在光绪七年（1881）时，督学陆保宗重新修建的小乔墓，并且在冢上种植了两株女贞。1993年又在陵墓的南侧增建了一所小乔墓庐，墓庐的四周建有围墙。墓园内置有照壁，照壁的内侧刻着宋苏东坡的亲笔手迹："遥想公瑾当年，小乔初嫁了，雄姿英发。"园内的建筑多为砖木结构，并且覆有青色琉璃，颇具江南园林的恬静、清雅的风格。

人物简评

小乔的名气非常大，但却没有多少事迹流传下来，人们只能通过想象去勾勒她的容颜，去构建她的生活。

尽管小乔留给人们的只是想象，但却更加勾起了人们的兴趣，尤其是苏东坡那一句"遥想公瑾当年，小乔初嫁了"，更是引起人们无限的遐想与向往。

小乔这个人，说不平凡，因为她嫁给了一个当时著名的人物——周瑜，而且她的美丽倾国倾城；说她平凡，她又和普通的女子一样，整日为丈夫担忧，在丈夫死后只能孤独终老。她是一个既幸运又悲情的女子，也是普通人眼中一个传奇的女子，但更是一个在乱世当中和所有人一样，身不由己的小女子。

生平故事

小乔是一个非常有名的人物，一说到她几乎无人不知、无人不晓，但是正史上却没对她有过多记载，女子一般不会在历史上留下太多的痕迹。

嫁给一个前途无限光明的人

在东汉末年，天下群雄并起，局势非常混乱，孙策也夹杂在这些势力当中，准备创立一番功业。在建安四年（199）的时候，孙策想办法在袁术那里弄到了一些人马，大概有三千左右。有了这些人马以后，孙策就想着回到自己的故乡去，将家业恢复。

这个时候，有一个朋友和他非常要好，要帮着他一起打天下，这个人就是周瑜。周瑜是一个非常有才能的人，他和孙策联合在一起，实力顿时变得非常强大，于是一下子就把皖城攻占了。

在皖城的东郊，环境非常优美，有小溪淙淙流过，花草树木互相映衬，简直就像是一个乱世当中的世外桃源。在这里有一个非常漂亮的建筑，就是后来的乔公故宅。

乔公有两个女儿，全都是花容月貌、倾国倾城的美人，而且又禀性聪明，在这一带有非常大的名气。光棍一条的孙策将皖城攻下以后，自然也听说二乔是这里出了名的美女，于是就让人送上厚礼，自己娶了大乔，让好兄弟周瑜娶了小乔。

对于这件事，在《三国志》当中的记载是这样的："从攻皖，拔之。时得乔公两女，皆国色也。策自纳大乔，瑜纳小乔。"这里面的这个"得"字使用得非常好，可以有完全不同的两种解释，一种是大乔和小乔主动送上门来，给他们两个人当妻子；还有一种就是他们凭着武力强行霸占了这两个绝代佳人。

虽然在《三国志》当中并没其他的更多记载，不好确定孙策他们究竟是通过哪一种方法将二乔娶到手的。但是根据一些其他资料的记载，当时乔公应该对他们两个人没有太多的感觉，不会主动将自己的女儿送给他们。不然，用不着等他们将皖城攻下来，在这种身不由己的情况下才把女儿送出去，很有可能早就将女儿嫁给他们了。

因此，很有可能大乔和小乔这两个美女是被当成战利品，被孙策和周瑜一人一个强占了。孙策和周瑜这两个共同创业的好哥们儿，在娶妻的问题上也毫不含糊，可谓是有福同享、有难同当的典型。

裴松之曾经给《三国志》作注，对于这件事进行了一下分析，从当时的另一本记录历史的书籍上可以看到一些端倪，这本书就是《江表传》。在这本书当中说："策从容戏瑜曰：'乔公二女虽流离，得吾二人作婿，亦足为欢。'"从这段话中就能够看出，大乔和小乔的父亲很有可能是不同意将自己的女儿嫁给他们的，但是又惹不起他们的势力，才只好被逼答应，要不然孙策就不会对周瑜说出这样的话。孙策这句话的意思是，大乔和小乔虽然是这一带出了名的美女，长得也漂亮，不过有了咱们两个前途远大的人给乔公当女婿，这是他烧了高香，也够他高兴的了。

这句话说明，孙策应该是对当时乔公扭扭捏捏的表现非常不满意，因此抱怨他还有什么不满足的，应该是他交了好运，偷着去乐才对。

相传在乔公那个漂亮的院子里，后院的地上有一个特别好的古井，井里的水非常清澈。大乔和小乔这两个美人就经常在井旁边梳洗打扮，让自己的花容月貌更加出众。她们把眉毛画得弯弯的，像是一片柳叶，再加上周围环境非常优雅，更映衬得她们像是两个从天上下凡的仙女一样。

每次在梳洗完毕之后，她们都会把那些没用完剩下来的脂粉丢到井里面去，时间一长，井里面漂满了胭脂水粉。这样一来，虽然颜色不错，味道也很香甜，但是本来清澈的井水就找不到了。虽然这个井里的水再也不能喝了，但是人们却没有感到有什么惋惜的，还非常高兴，将这个井命名为"胭脂井"。并且还有诗歌称赞大乔和小乔，但是这其中有一点是称大乔和小乔都是绝世美女。

正是由于大乔和小乔美丽动人，因此她们所做的事情就算是错误的，也会被人们当成是好事，尤其是那些好色又喜欢附庸风雅的知识分子，更是一见美女就开始了非常矫情的吟诗作赋，弹琴弄曲。有一句诗是这样的："乔公二女秀色钟，秋水并蒂开芙蓉。"

不幸的命运

如果单看孙策和周瑜后来打下了江东基业这方面，他们确实都是少年英雄，大乔和小乔也嫁了一个好丈夫。对于两个有着绝世容颜的美女，而且又是姐妹，一起嫁给了两个胸怀大志又建功立业的英雄，可以说是非常幸运的一件事。孙策是勇武过人的一员战将，提起他的名字，江东无人不知、无人不晓；而周瑜也是一个风流潇洒、能文能武的翩翩公子。可以说他们的婚姻非常美满，男人英明神武，女人花容月貌，而且伉俪情深，也没有什么事情需要担心的，应该过上非常幸福的生活才对。

本来大乔长得那么漂亮，孙策当然也非常喜欢她，郎才女貌，两个人的小日子过得也相当滋润。但是红颜倒是没有薄命，却天妒英才了，年纪轻轻的孙策就死了，留下大乔一个人孤零零地生活。

孙策和大乔结婚的时候只有24岁，可以说是意气风发，事业和情场都是蒸蒸日上的时候。但是时间才过了两年，这时候袁绍和曹操便打了起来，在官渡那个地方打得不可开交，弄得全天下人都注视着官渡这个正处于鸡飞狗跳状态下的地方。孙策一见有机可乘，于是就打起了自己的如意算盘。

当时的曹操虽然兵力还不是很强，但是在当时可是跺跺脚都能让大地颤三颤的主儿，这种情况产生的结果就是曹操挟天子以令诸侯。孙策自以为很聪明，也要效仿曹操的手段，趁着曹操正忙着打仗，想将汉献帝抢过来，也来一个挟天子以令诸侯。因此他就领着一支军队，去偷袭曹操的京城许昌。

但是孙策这个如意算盘可没有打好，他在冲锋陷阵方面比较厉害，真到玩心计打大仗的时候就不行了。曹操还真担心过有人会趁着他和袁绍打仗的时候偷袭他的大本营，但是这个时候谋士郭嘉就说，孙策那个傻瓜除了会亲自上阵杀敌以外，是个没有脑子的蠢货。虽然孙策的兵马也不少，但是他却一点也不懂得做防卫工作，因此只要派一个刺客去，就能轻松搞定他了，一点也不用担心，我早就关注他很久了，这个家伙一定会死在一些不起眼的人手里。

果然，孙策领着那么多的军队，却被一个刺客给杀死了，相传这个刺客就是当初孙策杀死的一个叫许贡的人的家客。当然，这个传说的真实性实在是值得怀疑，我们完全有理由相信这个刺客其实是曹操派去的，否则曹操能安心在官渡打他的大仗才怪。而且这个刺客只要在刺杀孙策的时候大喊一声："孙策小儿，我是许贡的家客！"一句话就足够转移别人的视线了。

先不管孙策到底是怎么死的，反正他是死了。这样一来，才结婚两年，还没有过够好日子的大乔，就这么年纪轻轻地守了寡。那个时候大乔才不过20岁左右，正是风华正茂的金色年华，就这样独守空房，内心的空虚寂寞可想而知。一开始嫁了一个人人羡慕的好丈夫，但是谁能料到结果会是这样一个悲惨的结局，真是让人黯然神伤，只能感叹命运的无常、天道的不公。

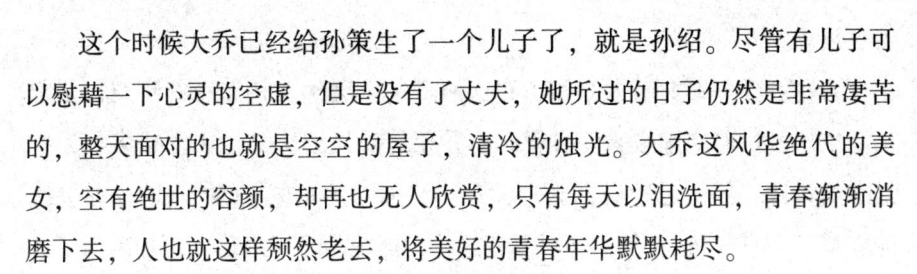

这个时候大乔已经给孙策生了一个儿子了，就是孙绍。尽管有儿子可以慰藉一下心灵的空虚，但是没有了丈夫，她所过的日子仍然是非常凄苦的，整天面对的也就是空空的屋子，清冷的烛光。大乔这风华绝代的美女，空有绝世的容颜，却再也无人欣赏，只有每天以泪洗面，青春渐渐消磨下去，人也就这样颓然老去，将美好的青春年华默默耗尽。

同姐姐比起来，小乔的命运似乎要好一点，不过同样没有逃过命运的捉弄，似乎上天对于美女总是不肯垂青。尽管在刚开始的时候，小乔和周瑜的日子过得还不错，夫唱妇随，周瑜在战场上耀武扬威，小乔就在家里过着非常滋润的生活被人们羡慕。

尽管和大乔比起来小乔过的幸福日子要多一点，但是也是没有太长时间，在12年之后，周瑜也离开她去世了。

要说上天对她的眷顾还是有的，起码在和周瑜共同生活的这十几年里，她还是很幸福的。周瑜当时人称周郎，是一个非常高大威猛又温文尔雅的优秀男子，既能阵前打仗指挥若定，又在音律方面非常精通，是很多人倾慕的对象。据说有些在席上给周瑜弹琴的女子，为了让周瑜看她们一眼，故意把曲子弹错。因为这样周瑜就可以听出来，回头看过来。种种迹象表明，周瑜是当时人们公认的帅哥。

小乔能和各方面都很出色的周瑜一起生活，而且比自己的姐姐多过了那么多年的好时光，可以说已经相当不错了。而且他们还一起经历过历史上非常有名的赤壁之战，这是一场以少胜多的战役，东吴的人数非常少，而曹操的军队却非常多。小乔陪在周瑜的身边，时不时地给周瑜一点安慰，可以说是患难与共的模范夫妻了。

然而不幸的是，在赤壁之战后的两年，周瑜得病去世了，这一年他才36岁，可谓是英年早逝，正在生命最光辉灿烂的时候，就突然离开了这个繁华的世界。他一死不要紧，小乔可就要像她姐姐那样守寡了。

这时候的小乔也只不过是在30岁左右，正是一个女人最好的时候，但是命运却不肯垂青，让她遭受这样的打击。一开始的时候，周瑜在军中可谓是最高的统帅，打了很多场胜仗，这个时候小乔跟在他身边，可谓是无限风光。然而现在这种日子却不能继续下去了，她也要开始独守空房的凄苦生活。

自古红颜多薄命，大乔和小乔这两个绝世美女，在如花的年纪，全都独守空房，过着空虚寂寞的日子。小乔死的时候已经又过去了很多年，她是在吴黄武二年（223）得病去世的，这一年她47岁。有的人说小乔给周瑜守墓，一直守了14年，如果真是这样，那她的日子过得就更加凄凉了。

小乔的墓地

小乔的墓地有好几个，第一个是在现在的庐江县。位置在县城的西边，在以前的时候人们将小乔的墓地叫作乔夫人墓，也叫作瑜婆墩，是从平地上修起的坟墓，墓地上只有封却没有表，用汉砖垒砌着，墓的前面有墓碑，墓门朝向东面。但是这个坟在明朝时的战乱中被毁掉了，现在只剩下了一个大土堆，和位于县城东边的周瑜的墓地遥相呼应。在2001年的时候，小乔的墓地被当成是当地县级的文物保护单位，作为重点保护对象被保护起来。

第二个小乔墓，位于湖南的岳阳楼北边。在小乔的墓地那一片范围当中，传说是三国时期周瑜的将军府，而这个墓所在的位置就是当时将军府的那个花园。墓地一代的环境非常清幽，花草树木特别茂盛，在墓的顶部长着两棵女贞。在墓地的前面有一个差不多一米高的墓碑，上面写着"小乔之墓"四个大字。到了1993年的时候，在墓地的南边又建造了一个小乔墓庐，墓庐的四面都建着围墙。在墓园里面的照壁上，雕刻着苏东坡非常著名的一句词，内容是："遥想公瑾当年，小乔初嫁了，雄姿英发"。墓冢是一个圆形的封土堆，在墓的周围存在着游道，而且还有石栏将墓围绕起来。园里面的那些建筑，都是用砖木堆积起来的，上面用青色的琉璃瓦覆盖着，有一种江南园林所特有的风格特点。

第三个小乔墓在安徽的南陵，这里的小乔墓是在乾隆时期建立起来的。据说当时建造这个墓地的原因是由于当时的知县做了一个奇怪的梦，在梦里见到了小乔。小乔就对他说自己的墓地是在香油寺的旁边，于是县令就让人在香油寺的西苑那里，重新建造了一个小乔墓。由于周瑜曾经在

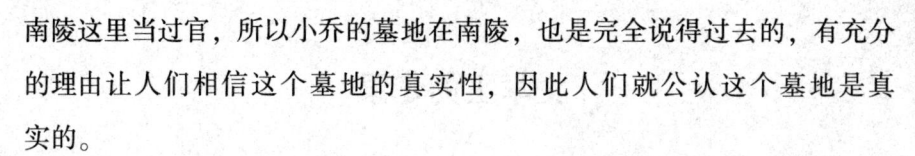

南陵这里当过官，所以小乔的墓地在南陵，也是完全说得过去的，有充分的理由让人们相信这个墓地的真实性，因此人们就公认这个墓地是真实的。

在南陵的小乔墓前面树立着一个巨大的石碑，上面刻着突出来的大字"东吴大都督周公德配乔夫人之墓"，而且在正文的两边还有一个对联，对联是刻到里面去的。但是时至今天，这个墓碑已经损坏了，变成好几段。因此人们只好将这块破碎的碑收起来，移到博物馆里面去保护起来，防止它受到进一步的损毁。

倾国倾城

对于小乔的容貌究竟是什么样的，她的美是到了什么样的一个程度，是不是真能让男人为之痴狂，这些在正史当中都没有记载。

实际上古代女人的身份是非常低下的，就算是鼎鼎大名的中国四大美女，历史上的记载也并不是很多，只是在各种传说中流传着她们的故事。对于小乔来说，在正史当中就更是没有多少笔墨来写了。有的甚至连提都不提，有些提到的也只不过一笔带过，根本没有详尽的描写。

这么多年以来，没有人真正知道小乔长的是什么样子，只是听说她的大名，知道她是一个绝色美女。尤其是在那些文学作品当中，这种美丽就更是被渲染到了极致，恨不得把她说成是一个仙女。

虽然没有具体的描写，但是这样更能给人带来一种朦朦胧胧的美感，让人们的想象力得到充分的发挥，于是小乔在人们心目当中的美丽程度也是有增无减。

杜牧曾经这样说："折戟沉沙铁未销，自将磨洗认前朝。东风不与周郎便，铜雀春深锁二乔。"苏东坡曾经这样说："遥想公瑾当年，小乔初嫁了，雄姿英发。羽扇纶巾，谈笑间，樯橹灰飞烟灭。"小乔总是留给人们无限的想象空间，人们想象当中的美丽是什么样的，小乔的美丽就是什么样的，因此她的美丽是不会腐朽的，会一直长存下去。

文学上的记录

小乔和大乔这两个美女之所以流传后世，被人们所熟知，其实还是由于文学作品当中对她们的夸赞。而其中影响最大的，首推最能演义历史，迎合大众口味，极为不靠谱、最能胡编乱造的《三国演义》。

作为中国的四大名著之一，《三国演义》在普通人之中的影响特别大，而这本小说当中，将小乔和大乔简直捧到了天上，认为曹操之所以攻打东吴，主要就是为了得到二乔。于是凡是读过这本书的人，都想要知道二乔到底长得有多漂亮，在心中认定这两个人是绝世美人。

《三国演义》当中对于二乔的烘托可以说到了极点，这是在诸葛亮劝说东吴对抗曹操那里出现的。

诸葛亮见东吴的人已经被曹操的大军吓破了胆，对抗曹操的情绪并不高，因此就说："我现在有一个很好的计策，既不需要送上什么羔羊美酒之类的东西，也用不着投降曹操，甚至自己都不需要和曹操见面。只要让一名使者，用小船载着两个人给曹操送过去就行了。曹操只要拥有了这两个人，一定会领着他的军队退回到北方去的，东吴的困境瞬间就解决了。"

周瑜一听诸葛亮说的这么轻松，马上就来了兴趣，追问道："是什么样的两个人，竟然可以让曹操退走？"

诸葛亮还是要继续吊着周瑜的胃口，故意不说这两个人是谁，只道："你们江东人才济济，少了这两个人，根本就像是大海里面少了一滴水，森林里面少了一片树叶一样，微不足道。但是对于曹操来说就不是那样了，他一定会兴高采烈地收兵而回。"

周瑜听了这样的话，更忍不住了，非常着急地说："到底是谁，你赶紧说出来！"

但是诸葛亮依旧不肯直接将话说明白，而是拐了好多道弯，他说："我那时候还在隆中关注着天下大事，这个时候就听到有人说曹操建造了一座台子，名字叫作铜雀台，特别豪华。曹操把从天下找来的美女都放在铜雀台里面，没事就过去寻欢作乐。曹操是出了名的好色，听说江东有两

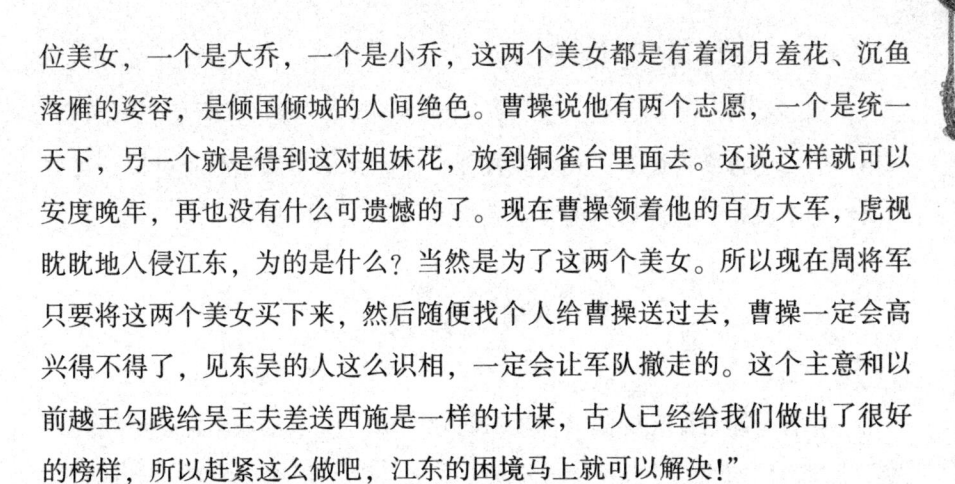

位美女，一个是大乔，一个是小乔，这两个美女都是有着闭月羞花、沉鱼落雁的姿容，是倾国倾城的人间绝色。曹操说他有两个志愿，一个是统一天下，另一个就是得到这对姐妹花，放到铜雀台里面去。还说这样就可以安度晚年，再也没有什么可遗憾的了。现在曹操领着他的百万大军，虎视眈眈地入侵江东，为的是什么？当然是为了这两个美女。所以现在周将军只要将这两个美女买下来，然后随便找个人给曹操送过去，曹操一定会高兴得不得了，见东吴的人这么识相，一定会让军队撤走的。这个主意和以前越王勾践给吴王夫差送西施是一样的计谋，古人已经给我们做出了很好的榜样，所以赶紧这么做吧，江东的困境马上就可以解决！"

周瑜果然被诸葛亮这一番话气得七窍生烟，把脸涨得通红，问他有什么证据证明曹操打东吴是为了二乔。诸葛亮于是又将曹植写的《铜雀台赋》背了一遍，其中还故意将"连二桥于东西兮，若长空之蝘蛛"改成了"揽二乔于东南兮，乐朝夕之与共"。

不说诸葛亮把周瑜气成什么样子了，但是通过这样一番欲语还休的对答，虽然没有具体相貌的描写，却将二乔的美丽完全凸显了出来，让所有人都记住了这两个绝世美人。

关于二乔的美丽，唐朝著名的诗人杜牧也曾经在一首诗——《赤壁》当中写过，也许《三国演义》正是借鉴了这首诗当中的思想。诗的内容是这样的："折戟沉沙铁未销，自将磨洗认前朝。东风不与周郎便，铜雀春深锁二乔。"

宋朝著名的文学大家苏东坡，也在他的千古名篇《念奴娇·赤壁怀古》当中写到了小乔。词的内容如下：

　　大江东去，浪淘尽，千古风流人物。故垒西边，人道是，三国周郎赤壁。乱石穿空，惊涛拍岸，卷起千堆雪。江山如画，一时多少豪杰！

　　遥想公瑾当年，小乔初嫁了，雄姿英发。羽扇纶巾，谈笑间，樯橹灰飞烟灭。故国神游，多情应笑我，早生华发。人生如梦，一樽还酹江月。

在战场上打了胜仗之后，身边还有美人相伴，周郎可谓是意气风发，而小乔的美丽也变得那么让人心驰神往。这就是文学的魅力，可以让美好的事物锦上添花，让刹那的美丽变成永恒。

小乔的丈夫

小乔有着非常漂亮的倾世容颜，而她的丈夫周瑜也是非常了不起的人物，说起三国的周郎，几乎无人不知、无人不晓。周瑜字公瑾，他是庐江舒县人。他的父亲周异，是当时的洛阳令。

周瑜长得身材高大，而且相貌堂堂，是一个十分出众的人。刚开始的时候，东汉的天下大乱，董卓占领了京城，将汉朝的小皇帝控制了起来。各地的英雄纷纷起兵讨伐董卓，孙坚也趁乱起兵，举起了讨伐董卓的大旗，并且将家族迁移至了舒县那里。

孙坚的儿子孙策和周瑜是同一年出生的，又是非常好的朋友，因此周瑜就把自己家位于路南边的一个非常大的宅子给孙策他们腾出来住，对待孙策的母亲就像是自己母亲一样，两家人相处得非常融洽。于是孙策与周瑜就在这里结交了非常多的江南名士，在这一带的名望非常高。

后来没过多久，孙坚就不幸去世了，孙策便接下了父亲家业，继续统帅旧部，创造自己的一番事业。周瑜的从父周尚当时在丹阳担任太守之职，周瑜于是就前去探望他，这个时候恰好孙策也来到了历阳，准备向东边去，就给周瑜写了封信。周瑜就领着一帮人马前去迎接孙策，并且给了孙策非常多的帮助。孙策对周瑜的帮助感到非常高兴，对他说："我有了你这个好兄弟，何愁大业不成啊！"

周瑜在打仗方面是个非常能干的大将之才，他和孙策一起打仗，出场就气势不凡。刚开始的时候攻占了横江和当利，然后指挥军队渡过长江，向秣陵发动进攻，没过多久便将那里的守将薛礼和笮融打败了，折回来又占领了湖孰与江乘，地盘迅速扩大。后来孙策又领着军队进到曲阿那里，将刘繇逼着逃跑了。

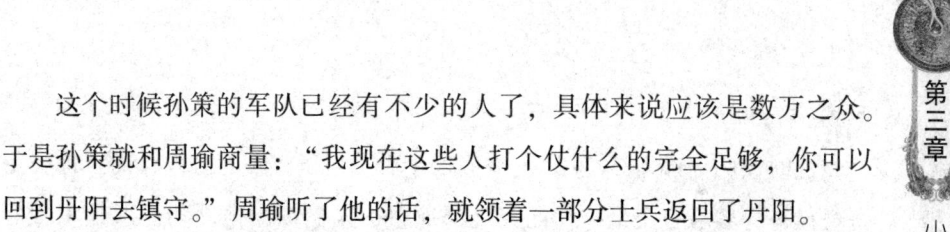

这个时候孙策的军队已经有不少的人了，具体来说应该是数万之众。于是孙策就和周瑜商量："我现在这些人打个仗什么的完全足够，你可以回到丹阳去镇守。"周瑜听了他的话，就领着一部分士兵返回了丹阳。

时间不长，袁术让他的一个叫作袁胤的没有什么才能的堂弟当了丹阳的太守，这样一来，周瑜的那个从父周尚就丢了饭碗。于是周瑜也就没有什么理由再继续留在丹阳了，跟着周尚来到寿春。

后来周瑜所表现出来的才华引起了袁术的注意，袁术就想要把周瑜挖过来，让他当自己的将领。但是周瑜可不是一般的人，他一眼就看出袁术不是什么有才能的人，将来就算不被别人打垮，也成不了什么大气候。不过袁术的势力非常大，周瑜也不敢直接违背他的意思，就希望自己当一个居巢县的县长，这样就能够看准机会，逃到江东去。袁术不知道周瑜心中在想些什么，因此就答应了周瑜的这个要求。

到了建安三年（198）的时候，周瑜从当县长的居巢那里赶回了吴郡。孙策听说周瑜回来了，马上放下手头的工作出去迎接他，并且立即任命周瑜为建威中郎将，还让他统领着2000名士兵以及50匹战骑。不仅如此，孙策知道周瑜这个人虽然擅长打仗，但也是一个非常文雅的人，于是就把军中吹拉弹唱的一些人拨给了周瑜，还给周瑜建立了一座非常高大漂亮的住宅，赏了非常多的钱财、物品。

周瑜在孙策那里所受到的待遇之高，是所有人都比不上的。孙策不仅在权力与物质方面给了周瑜非常大的赏赐，而且还在舆论方面给了周瑜特别强大的威信做后盾。孙策在自己的军中颁布了一项命令，命令的大概意思是这样的：我的这个兄弟周公瑾，不仅长得仪表堂堂，是普通人无法比拟的帅哥，而且还有非常了不起的才能，这更是一般人比不上的。而且他和我从小就是好朋友，我们之间的感情就像是亲兄弟一样，不分彼此。你们也都知道，在丹阳的时候，就是我这个兄弟领着一大队兵马来支援我，还用船拉来粮食，让大家不至于饿肚子。如果没有我这个好兄弟，就没有我孙策今天这么大的成就。如果现在要论功行赏的话，现在我给他的这些，还远远不够奖赏他所做出的巨大贡献。大家都知道在关键时刻的支持，是任何东西都比不了的，那是深厚的情谊，别人就算花万金也买不到。

　　这时候的周瑜才24岁，正是英雄年少、血气方刚的时候，而且他长得身姿挺拔，容貌也出众，因此在吴郡那里，人们都叫他周郎，这是一种对美男子的称呼。由于在庐江的附近，人们对于周瑜的道德品质和为人都非常的敬服，因此孙策就让周瑜在牛渚那里留守，后来也让周瑜担任春谷长。

　　时间不长，孙策想要将荆州打下来，于是就让周瑜当了中护军，同时领江夏太守的职务，和大军一起前去打仗。周瑜和孙策在攻占了皖城以后，分别娶了小乔和大乔。于是周瑜和小乔这一对人人都羡慕的神仙眷侣般的夫妻结合了。

　　接下来孙策并没有让他成就大业的脚步有丝毫的停留，马上和周瑜向寻阳攻打了过去，将刘勋打得大败。接着又向江夏进军，后来继续发兵，把豫章以及庐陵全都平定下来。然后周瑜就留在了巴丘那里驻守。

　　然而孙策也像他的父亲孙坚那样没有好运气，在建安五年（200）的四月份，孙策突然遭到刺客的袭击，死去了，这时候他的年纪还不大，只有26岁。孙策在死的时候，把自己的全部资本交到了弟弟孙权的手上，并且希望他可以创造出一番不朽的事业。

　　由于孙权在军中没有太大的威望，而这时候正处在天下大乱的情况下，那些分布在各个州县的英雄们都是为了自己的利益考虑，和孙权之间的关系并没有多么好。这时候周瑜就站出来支持孙权，正是由于他和张昭等一些人对孙权的支持，才让孙权顺利接下孙策的权柄，让东吴能够平稳地发展下去。

　　这时候曹操的势力已经变得非常强大，在将袁绍打败以后在北方已经没有什么对手了，因此就想要向南方发展。一开始的时候，曹操想要恐吓一下孙权，就写给孙权一封信，让孙权将儿子送到他那里去当人质。孙权就是再胆小怕事，至少也算是一方的霸主，怎么能被曹操一句话就吓得将自己的儿子往火坑里推呢？但是曹操确实又太强大了，因此孙权就感到非常为难，找来他手下的那些人商议。

　　孙权手下的那些人，有的为了自己的安逸生活，就主张将孙权的儿子

送去当人质，但是周瑜却对这种观点坚决反对。周瑜认为，假如真的将人质送到曹操的手中，一定会受制于曹操，那样就会变成曹操手中的一颗棋子，任人摆布，不能像现在这样自己想干什么就干什么了。所以现在最好先不要答应曹操的要求，先晾他一段时间，看曹操还有没有什么进一步的行动。假如曹操可以按照天道行事，让天下人对他都非常认同，在众望所归之下，再归顺他也不晚。但是假如曹操不知道约束自己，凡事为所欲为的话，一定会遭到天下人的反对，这样时间一长，一定会出现动乱的，这时候就可以静待时机，说不定可以当上皇帝。无论怎么看，都不应该把人质交到曹操手上。

　　周瑜所说的话对于孙权来说简直是金玉良言，使他茅塞顿开，也让自己的决心更加坚定了。对于孙家，周瑜可以说是非常忠心的，曹操曾经找人去劝说他投靠自己，但是周瑜却表现得非常坚决，不肯背叛东吴。经过这件事以后，天下人就更是对周瑜佩服得不得了。

附录

徐夫人——智勇节烈的美女『棋手』

美女档案

☆姓名：徐氏

☆民族：汉族

☆国籍：东吴

☆出生日期：不详

☆逝世日期：不详

☆美女纪念

《三国志·孙翊传》中记载：孙翊字叔弼，权弟也，骁悍果烈，有兄策风。太守朱治举孝廉，司空辟。建安八年（203），以偏将军领丹杨太守，时年20。后卒为左右边鸿所杀，鸿亦即诛。翊妻徐节行，宜与妫览等事相次，故列于后孙韶传中。

人物简评

所有的三国美女之中，徐氏当属是最为节烈的一位了。在丈夫被害之后，妫览逼亲的当头，她既不是含辱屈从，又不是如同普通女子一样以死相抗。相反，她以巧言敷衍对方，为自己争取时间，同时巧施计策，不仅保全了自己的贞洁和生命，更手刃叛将，为丈夫报仇雪恨。这等大智大勇，实在是世间少有啊！

生平故事

自古以来，美女配英雄。三国时期有很多美女，大都是因为其夫君或者爱慕者而闻名，例如二乔之于孙策、周瑜，貂蝉之于吕布，甄洛之于曹丕、曹植等。但是还有一位美女，她的夫君也是一位赫赫有名的将领。她的成名，同样和夫君有关系。但是她表现出来的智慧和气节，却远在她的夫君之上。她就是孙翊的妻子徐氏。

巧施计策　为夫报仇

说到孙翊，他并非等闲之辈，他是孙坚的第三个儿子，孙策和孙权的弟弟。孙翊年纪轻轻，就磨练得武艺高强，骁勇善战，而且在待人处事上表现得刚勇果断，颇有他大哥孙策的风范。据说，当年"小霸王"孙策在临终之前，张昭等一干大臣原本想要推孙翊为继承人，后来是孙策自己选择了孙权。不难看出，孙翊在江东的重要地位。

再说徐氏，根据史书上的记载，她不但年轻貌美，而且善于卜卦，从中得知吉凶。这两口子，堪称是郎才女貌，儿女双全。

建安八年（203），年仅20岁的孙翊被任命为偏将军丹阳太守，那是镇守一方的一员大将。孙翊可谓是意气风发、少年得志。然而他在秉承大哥孙策勇武的同时，也沾染了大哥急躁的脾气，更是经常得罪小人。徐氏曾经多次劝解，孙翊总是当面答应，过后就忘记了。

有一次，他要在家举行酒宴，款待从辖区内各县来的官员。据说在酒宴的前一天，他的妻子徐氏就为此次的酒宴卜了一卦，卦象显示了此次酒宴孙翊凶多吉少，因此她规劝孙翊改日再进行设宴。但孙翊嫌这样实在太麻烦，又觉得各县官员，有的人路途遥远，早些举行酒宴也好让他们早日回去。总之，孙翊没有听取徐氏的警告，依然前往赴宴。

酒宴的气氛非常好，宾主融洽。人走席散，孙翊出门送走客人。武艺高强的他，这一次竟然空着手，没有带任何兵器防身。

酒宴结束，他刚刚送完客人，正准备返回，身后有一个叫作边鸿的人，忽然拔出凶器，向孙翊砍了过去。这时候的孙翊因喝酒过多已经有些醉了，再加上手上没有拿任何的兵器，根本就没有办法抵抗，被边鸿当场杀死了。孙翊被杀，凶手也赶在救援到达之前逃之夭夭。此时群龙无首的丹阳郡呈现出一片混乱的景象，孙翊的部将和官吏们面面相觑，都不知道该如何办才好。

就在这样的情况下，一位美貌惊人的女子不慌不忙地站了出来，该女子便是孙翊的夫人徐氏，她看到丹阳郡的现状很是担忧，在丧夫的悲痛中强迫自己保持镇静。她用极其平静的口吻对众人说："边鸿如此胆大妄为，竟然刺杀太守，诸位作为孙翊多年的部下，应该将此事调查清楚。希望你们能够立即发布公告缉拿凶手，我这里会拿出重金进行酬赏。"众人听完了徐夫人的话才幡然醒悟，立即派人前往各处进行搜捕。第二天就将边鸿逮住了。

徐氏正要对边鸿进行详细地审问时，却看到孙翊手下的一员大将妫览和郡丞戴员带着一大队士兵杀气腾腾冲了进来，然后他们就当着众人的面宣布："边鸿刺杀太守，实在罪该万死！"随后，就将边鸿杀死了。不久，妫览和戴员两个人便以整顿丹阳郡的局面为借口，将丹阳郡府的兵权和财权全部抓到了自己的手里，成为本地实力最为雄厚的一派。

孙翊的族兄孙河也在附近任职，听到孙翊被杀的消息，立即赶到了丹

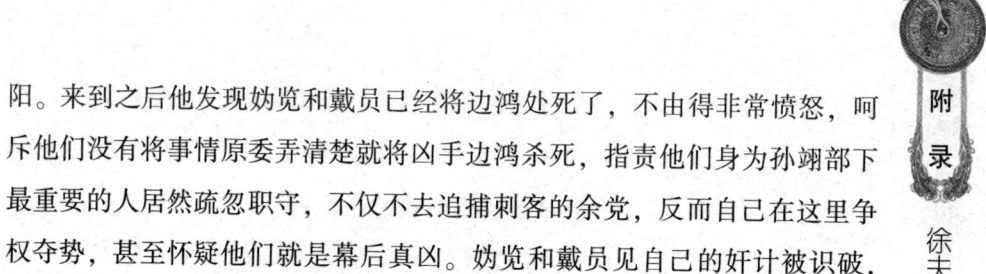

阳。来到之后他发现妫览和戴员已经将边鸿处死了，不由得非常愤怒，呵斥他们没有将事情原委弄清楚就将凶手边鸿杀死，指责他身为孙翊部下最重要的人居然疏忽职守，不仅不去追捕刺客的余党，反而自己在这里争权夺势，甚至怀疑他们就是幕后真凶。妫览和戴员见自己的奸计被识破，两人交换了一下眼色，继而抱定了一不做、二不休的念头，拔刀上前，就把孙河也砍死了。然后妫览和戴员二人又带兵杀进孙翊的府邸，将他府里的财产全部劫掠，而且见到长得漂亮的丫鬟和侍妾，就一个个地拉走了，他们这种行径简直就和强盗无异。徐氏躲在后堂，默默地看着府里发生的一切，突然心中豁然开朗，她全都明白了，原来杀害孙翊的幕后真凶就是妫览和戴员两个人。边鸿只不过是他们买通的一个杀手而已，至于处斩边鸿，不过是他们杀人灭口的把戏。

　　现在，他们连孙河都不放过，显然就是公然反叛，妫览和戴员已经和江东孙氏势不两立。在这样的情况下，他们选择的靠山不是荆州的刘表就是中原的曹操，那么真的到了那一天，自己也只能是"我为鱼肉，人为刀俎"的战利品，甚至可能惨遭凌辱。想到这里，徐夫人知道自己不能坐以待毙，必须想办法逃出去，但是到底应该怎么办呢？她聪慧的头脑急速地运转着。

　　徐夫人还没来得及多想，妫览就已经开始砸卧室的门了，同时在门外叫嚷道："夫人，开门，我是妫览，找夫人有要事商议。"徐氏没有办法，只得将房门打开。妫览提着刀就进了屋，望着年轻美貌的徐夫人，两眼放光，满脸带笑地对徐夫人说："太守已经被人杀害，夫人年纪轻轻更没有立身之处，我已经杀了边鸿，为太守报了仇，夫人不如就跟了我吧。"

　　徐夫人瞥了一眼妫览，看着这个满脸横肉的将领，心中升起一计。她假装无奈地说道："事到如今，我一个弱女子也没有办法独活，丹阳的事情，就只能交托给将军管理了。不过，先夫刚刚过世，尸骨未寒，我不忍心立刻操办喜事。至少先让我为夫戴孝一些时日，为他守几天灵，等到这个月的月底，正式祭祀过先夫的灵位后，我就除去孝服，答应与将军成亲可好？"

　　看着花容月貌的徐氏柔声细语地哀求，妫览的骨头都酥了半边，连声回答着："好好好，就依照夫人的意思，先给太守守灵，等到月底之后再除孝成婚！只是，到那个时候夫人可不要辜负我的一片心啊！"胖脸上两只贼溜溜的眼睛一个劲地转着，然后兴奋地出门去了。

妫览前脚出门，徐氏后脚便派几个心腹家人出去，仔细打探城中的情况。

这个时候，整个丹阳城乱作一团。孙翊原先的将官大多数也都怀疑妫览和戴员就是真正的凶手。但是这两个人手握重兵，众人群龙无首，也都束手无策。甚至更有传言说，妫览已经派人秘密与曹操进行联络，准备把整个丹阳郡拿去投降曹操。

徐氏听完了家人的报告，沉思一下，命人将孙翊的部下傅婴和孙高秘密请来了。她知道，这两人算是孙翊部下中最为忠诚的了。

傅婴、孙高刚刚进入到府中，徐氏便满含热泪向他们说："我丈夫还在的时候，经常在我面前提起二位将军的忠诚、勇敢。现在，丹阳城面临着这样大的危机，必须要请求二位将军的帮助。妫览、戴员这两个狗贼，指使别人暗杀了我的丈夫，又想要趁机霸占我的身体。我为了拖延他们，只好假装答应他们，时间就定在本月月底。如今，我想要杀死二位贼子，为丈夫报仇雪恨，只恨我自己是一个弱女子，还请二位将军看在我丈夫的面子上帮帮我！"

傅婴和孙高听到徐夫人这番话，感到一位女子都有如此胸襟，那么保护丹阳郡的安危自然责无旁贷。傅婴和孙高相互看了一眼，拦住徐夫人欲要下拜的身体，坚定地说："夫人言重了，我们过去曾受过太守的恩遇，如今正应该豁出去性命报答！请夫人尽管安排计策，就算碎尸万段，我们也要为太守报仇！您只需要告诉我们该怎么做就行。"

徐夫人见傅婴和孙高已经答应了，就把自己的计划说了出来。

徐氏说："那么，两位将军请召集起来一些志同道合的勇士，婚礼当天在后堂埋伏。等待妫览前来迎娶的时候，只要听到我的号令，就立刻手持刀剑冲出来杀死贼子。但是，这条计策也可能失败。为了预防万一，一定要选择一些可靠的人，同时将这件事情立刻报告给主公，让他派大军前来援助。"

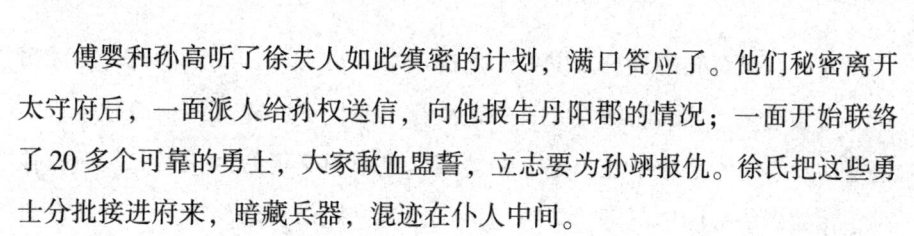

傅婴和孙高听了徐夫人如此缜密的计划，满口答应了。他们秘密离开太守府后，一面派人给孙权送信，向他报告丹阳郡的情况；一面开始联络了20多个可靠的勇士，大家歃血盟誓，立志要为孙翊报仇。徐氏把这些勇士分批接进府来，暗藏兵器，混迹在仆人中间。

到了月底，徐氏在府中祭奠丈夫孙翊，放声大哭，一直哭到声嘶力竭。痛哭过后，她擦干眼泪，沐浴，更衣，熏香，之后涂脂抹粉，穿金戴银地走出外屋，完全变成了一个喜气洋洋的美人。就连和身边的丫鬟说话都是面带笑容，完全看不出一丝悲伤的神情。

全府上下的人都在为孙翊的死去而哀伤，但是眨眼工夫，竟然发现平日里温柔大方、美丽贤惠的夫人变得如此花枝招展，很多人都感到十分诧异。甚至还有人在背后骂她是一个水性杨花的无耻之人。徐夫人对于这些流言蜚语毫不在意，她一边安排酒宴，一边命人前去请妫览，告诉他自己已经为太守祭奠完毕，请他前来成亲。

妫览受到了徐氏的热烈邀请，心中十分欢喜。但是他毕竟是一个奸诈小人，哪里敢轻信别人。他一边假装推脱拒绝徐夫人，一边派心腹去调查徐夫人最近的情况。一直到心腹向他详细地说明了徐夫人最近的一举一动，妫览认为合情合理，并没有什么异常，这才放下心来，换上漂亮的衣服，美滋滋地前往太守府去迎亲。

色迷心窍的妫览一直想着自己做新郎官的美梦，但是刚刚进入到太守府的室内，就被早已经埋伏在那里的孙高与傅婴二人带着一群勇士砍成了烂泥，紧接着，勇士们又冲进堂来，将在外间等着喝喜酒的戴员也给杀了。随后徐氏发号施令，指挥城中的兵马，四处剿灭妫览、戴员的余党。不到半天工夫，整个丹阳郡基本恢复了秩序。徐夫人这才又脱去浓妆艳抹，换回孝服，拿了妫览、戴员的人头，去孙翊的坟前，祭祀亡夫灵魂。

等到孙权带着大军赶到丹阳郡，也只能做一些扫尾的工作了。例如，将叛贼妫览、戴员等人全家杀绝；对于那些平定叛乱有功的人，给予经济上的奖赏和职务上的提拔等。

面对着美丽、睿智、聪明而又心狠手快的美女弟媳徐夫人，就连一代枭雄孙权也只能自叹不如啊。

或许，只有貂蝉舍身入虎口，挑拨董卓和吕布自相残杀的行为，才可以与之相媲美。然而貂蝉终究只是在执行王允设下的连环计，而她也只不过是这盘棋中一个棋子儿，是一颗美丽、机智而又可敬的棋子儿。只有徐氏，在大祸临头的情况下，勇敢地挺身而出，凭借自己的聪明才智，生生布下了报仇雪恨的棋局。此处的运筹帷幄，不知要胜过貂蝉多少呢！也难怪《三国演义》中会这样的称赞：

才节双全世所无，奸回一旦受摧锄。

庸臣从贼忠臣死，不及东吴女丈夫。

赞誉归赞誉，但是在徐夫人的悲哀之余，她的一切英明神武的评价，都是以丈夫遇害、自己变为寡妇，作为第一步代价的。

后世百般的赞誉，终究不能抵偿数十年孤独一人的凄苦。

晚年昏庸吴帝——孙权

公元222年，孙权被封为吴王，定都武昌（今湖北省鄂州市）。

曹丕为了增强对江东地区的遥控，要求孙权将自己的儿子送到魏国都城做人质。孙权一直没有同意，总是找各种理由推辞，最后曹丕以此为借口，说孙权有异心，于是出兵攻打江东。孙权为了对抗曹丕，又去向刘备求助，刘备这时候也没有办法收复荆州，为了治理好后方，也同意了。

江东和魏国断交，与刘备重修旧好，这让曹丕十分恼火，亲自率领大军攻击东吴。孙权采纳了徐盛的计策，一夜之间便在长江南岸用芦苇与木桩筑造了成千上万的假城楼，连绵数百里。第二天，曹丕一看孙权早有防备，只好垂头丧气地收兵了。

黄武八年（229），孙权趁魏明帝年纪尚轻、吴国与蜀汉关系良好的时机，称帝并建立了吴朝，改元黄龙。这便是历史上赫赫有名的吴大帝孙权。

然而，晚年的孙权却像很多的皇帝那样昏庸起来，这或许和年龄有很大的关系吧，例如隋文帝杨坚也是一样，到了晚年破坏法制，结果隋朝还是在隋炀帝的不懈"努力"下灭亡了。

孙权在晚年上了公孙渊的当。

当时割据于辽东地区的公孙渊派遣使者向孙权来投降，此时的孙权还没有正式称帝建立吴国，但是很多大臣已经开始劝谏让他做皇帝。公孙渊可以俯首称臣让孙权感到十分高兴，打算派使臣封公孙渊为燕王，还要派遣将领率领一万精兵一同前往，满朝文武极力劝阻，说这是公孙渊背叛魏国之后受到了来自魏国的压力，因此想要借助江东的力量对抗曹魏。根本不用这样兴师动众，只需要派使者去就可以了。孙权不听，还是派遣使者和将领前去。张昭见到孙权这样自以为是，一气之下竟然装病在家不上朝。孙权也十分生气，让人弄来很多土将张昭的家门堵住，张昭更是干脆，让家人从家里也用土堵住，自己也不出门了。孙权比其他时期的一些皇帝毕竟还是十分宽厚的，与大臣斗气也十分有风度，不会任意杀戮，而是采用用土堵家门，这样一来可以出气，二来也不会影响到大局。

有一次他喝了很多酒，在盛怒之下要斩杀一个大臣，因为别人的劝解没有杀成。等第二天大臣们提到这件事情的时候，他竟然什么都不记得了。孙权感到十分懊悔，于是特别下了一封诏书：以后他醉酒之后再杀任何人，一律不准杀。

这一次，孙权果然上了公孙渊的当，公孙渊杀了孙权派去的使者，又归降了曹魏，孙权十分气愤："我已经60岁了，还没有被这样的人欺骗过，要不杀掉这个鼠辈，我还有什么脸面在皇帝的位置上坐着！我一定要亲自杀了这个人，方能泄我心头之恨。"在大家的苦苦劝说下，孙权终于没有发动这个没有结果的战争。

自古老年皇帝的猜忌心理十分严重，孙权也没有逃出这个规律。他为了监视文武大臣，专门设置了两个官职：校事与察战。这让很多大臣无辜受到陷害，但是孙权却还大加重用这些校事官。孙权晚年的这些错误也的的确确是伤了大臣们的心。

第四章

卞夫人——倡家出身的第一贵妇

美女档案

☆姓名：卞氏

☆民族：汉族

☆国籍：曹魏

☆出生日期：公元159年

☆逝世日期：公元230年

☆美女纪念

卞夫人死后同曹操合葬于高陵。高陵位于安阳县安丰乡西高穴村南门外，是一座多墓室的大型砖室墓。陵墓的平面呈甲字形，墓葬坐西向东，陵墓全长60米。墓室墓圹平面呈梯形，最宽的地方达到22米，最窄的地方达19.5米，东西长18米，墓圹的面积大约有400平方米，整个墓地的占地面积为740平方米左右，主要由墓道、墓门、封门墙、甬道、前后主室及四个侧室组合而成，结构复杂，规模庞大。

人物简评

卞氏虽然是一个出身倡家的身份低下的女人，但是却凭借自己贤良淑德、宽宏大度一步步走向人生的巅峰，成为一国之母，继而成为皇太后。不得不承认，这是一个美丽与智慧兼备的女人。而成为皇太后的她，深知"后宫干预前朝必定惹祸上身"的道理，从而悠闲自得地做起"自了汉"，这更是堪称明智之举。

生平故事

卞氏，祖籍在琅邪开阳（现今山东临沂），于汉延煮（161）三年十二月出生在齐郡白亭。卞家家境贫穷，世操卑贱职业，主要是以声色谋生的歌者舞伎。

关键时刻　挺身而出

相传在卞氏出生的时候，产房中一整天都充满着黄光，初为人父的卞敬侯对此感到十分奇怪，于是向卜者王旦问卜。王旦回答："这是大吉之兆，这个小女孩今后的前途无量啊！"

话虽如此，但是迫于家境，长大之后的卞氏仍然不免再操家族的卑贱职业，成为了当地一位有名的歌舞伎。

这个以卖艺为生的家庭四处飘零，几年后他们来到了谯地（现今安徽县）。

此时的东汉权臣当政，曹操当时任东郡太守，为避贵戚之祸而称病辞官返乡。在故乡的城外建起房屋，读书放猎，自娱自乐。

在这里，年已20岁的卞氏凭借其惊人的才貌，被当时年满25岁的曹操看中，成为了乡宦曹操的姬妾。

如果不是乱世枭雄，就不敢趁乱而起；若不是治世能人，就不可能治理好自己的地盘；而如果不是心狠手辣、诡计多端，就不可能在乱世中存活下来，更不可能活得有滋有味、神气活现。

当然，除此之外，最重要的还是运气。只有得到老天的眷顾，有时候才可以得到不可莫测的意外收获。

曹操十分有魄力，在政治方面的下赌不仅手快心狠，而且还眼光精准。在人生这场赌注中，总是有意外的收获。

乡居不久，冀州刺史王芬、南阳许攸、沛国周旌等人密谋废汉灵帝，立合肥侯。他们前来联络曹操，希望他能加入。曹操十分干脆地拒绝了他们的要求——"诸君自度，结众连党，何若七国？合肥之贵，孰若吴、楚？而造作非常，欲望必克，不亦危乎！"

果然，王芬等人的计谋很快便以失败告终。

但是王芬等人的谋反，产生了一系列的连锁反应，各地造反作乱的人更是层出不穷。因为局势动荡，一直闲居乡里的曹操也被征召，并被任命为典军校尉，成为了太将军何进的部属，再一次来到了祖辈父辈功成名就的地方——东都洛阳。

新婚燕尔的卞氏，也跟随丈夫，来到了东汉的都城洛阳。到洛阳之后，卞氏一直谨慎着自己是妾侍的身份，过着平静的生活。中平四年（187）的冬天，卞氏生下了魏文帝曹丕。

令人感到奇怪的是，曹丕并非在洛阳出生，而是生在曹操的家乡谯地。

为什么怀上身孕反而要回家乡待产呢？这很有可能和曹操的嫡妻丁夫人有关联。丁夫人是一个心高气傲的人，对于倡家出身的小妾卞氏十分看不起，再加上丁夫人不育，卞氏回到乡下待产也就不足为奇了。

据说，曹丕出生的时候，有青色的云笼罩在天空一整天，形状就好像一副车驾的上盖。在古时候，乘坐带伞盖的车驾是非同寻常的规格，而这个小婴儿身上的头盖就更不同凡响了。据说有"望气"的术士前来看吉凶，一见到这个云盖，顿时满脸严肃的表情，认为这个小婴儿一定非比寻常。曹家人听后十分欢喜，追问术士这个孩子的前途怎样？可否赶上他的祖上，也可以做一个皇帝的亲信大臣？术土不禁连连摇头，对管事的"胸无大志"十分看不上眼，回答道：这并非人臣所能配有的云气，而是至贵至尊的人主的征兆。

转眼之间就到了189年，这一年的夏天，东汉王朝发生了翻天覆地的变化，大将军何进死于非命，董卓弑何太后，废少帝、立献帝。董卓认为曹操是个人才，就封他为骁骑校尉，想要重用他。

曹操富于远见的政治眼光再一次救了他：他拒绝赴任，带着几个亲信微服逃出了洛阳城。

曹操出逃之后不久，袁术就带来了关于曹操已经死了的消息。这个消息一经传来，就让曹府上下陷入了混乱中，特别是早先投靠他的部下更是觉得没有了盼头，都想要离开洛阳回老家去。作为一个从小跑江湖卖艺的女人，卞氏见多识广且颇有主见，在全家人诚惶诚恐没有主心骨的时候，28岁的卞氏挺身而出，料理全家事务。

当她听说丈夫的属下因为流言而要离开的时候，她非常着急，不顾内外之别，按捺着自己对丈夫吉凶的不安，走出来对将要散去的部从们说："曹操的生死不能只凭借几句流言就可以确定。流言是别人编造出来的假话，你们今天因此辞归乡里，明天曹操平安归来，大家还有什么脸面再回来见主上？为避未知之祸就轻率地放弃一生的名誉，这样做真的值得吗？"

诸人面面相觑，被眼前这个年轻的女子说得无言以对、无地自容，纷纷打消临阵脱逃的念头，留下来等候曹操的消息。

卞氏的一番话，为曹操留住了一班人马。在这个兵荒马乱的年代，部属数目的多少与忠心，代表着一个人的威望，曹操虽然人不在洛阳，他在洛阳的旧部却没有离弃他，这件事也为他在异地招兵买马壮大了声威。

事实证明，袁术说的是假话。这时的曹操正在陈留募集兵勇，并且在当年十二月在己吾起兵。

第二年正月，后将军袁术、冀州牧韩馥、豫州刺史孔伷、兖州刺史刘岱、陈留太守张邈、东郡太守桥瑁、河内太守王匡、勃海太守袁绍、济北相鲍信、山阳太守袁遗等地方官员，一同起兵，他们推选袁绍为盟主，结成大军向洛阳进发。曹操也率领军队进发，并且在盟军中任职奋武将军。

董卓听到这个消息之后，一把火烧毁了洛阳，逼迫迁移朝廷和洛阳富民，还把东汉历朝皇族公卿陵寝都盗掘一空。

由于卞氏在半年之前阻止了曹操旧部的离开，在这一片混乱之中，有着这些部署的保护，曹家眷属儿女才得以保全。

不久，曹操便得知了小妾卞氏在混乱中主持大局的情形。虽然他身为一代枭雄，却也忍不住为这个平时看上去娇媚谦柔的女人如此特殊的表现而动容。再一想，如此有胆识有主见的女人竟然是自己的小妾，那自己更是英雄得有道理有根据。想到这里，不要说曹操，世上的任何一个男人不暗自得意是不可能的。

心地善良　妻妾和睦

在古代的中国有这样一句话——"宁为英雄妾，不做庸人妻"。但是，真正有资格说这句话的并没有几个人，而有资格做英雄妻的女人更是少之又少。卞夫人不仅有胆识、有主见，而且心思细腻，温和善良，也因此得到曹操的尊敬。而最能体现出这一点就是在处理丁夫人的事情上。

丁夫人是曹操的原配妻子，她对于卞夫人存在偏见，最重要的是丁夫人瞧不起卞夫人的出身，嫌弃她是一个倡家女，所以一直对她苛刻严厉。但是，当丁夫人被曹操赶回娘家之后，卞夫人并没有记恨往日的恩怨，几次三番劝说曹操将丁夫人迎回来，这就足以看出卞夫人的善良和智慧，因为倘若此时卞夫人在曹操面前落井下石，吹耳边风，一定会遭到曹操的反感。关于这件事，还要从丁夫人不能生育、曹操风流成性开始说起。

曹操的嫡妻丁夫人一直没有生育，反倒是他的长妾刘夫人为他生下了长子曹昂与长女清河公主，还有曹铄。

在儿女小的时候，刘夫人便去世了，临终的时候，她将自己的儿女托付给了丁夫人，希望她可以收养自己的孩子。

丁夫人答应了刘姬的临终请求，更是将这三个儿女视若己出，亲自抚

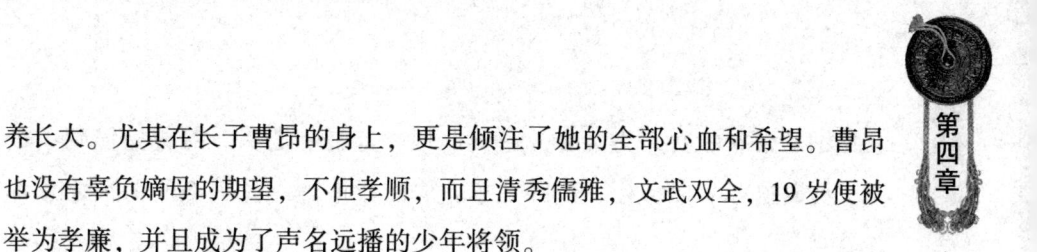

养长大。尤其在长子曹昂的身上，更是倾注了她的全部心血和希望。曹昂也没有辜负嫡母的期望，不但孝顺，而且清秀儒雅，文武双全，19岁便被举为孝廉，并且成为了声名远播的少年将领。

曹操的妻妾，各个出身奇特，丁夫人出身于平民家庭，卞夫人则出自倡家，还有一位尹夫人更绝，原来是东汉末代何太后的侄媳妇——自从丈夫死在董卓之乱后，尹氏就带着年幼的孩子何晏一个人生活，虽然已经为人母，但是尹氏的美貌依然让曹操着迷，很快就将她纳为妾室。曹操原本想要将跟随母亲来到曹家的何晏收为养子，但是何晏年纪虽小，却坚持认为自己的"何"姓身份高于"曹"姓，坚决不肯改姓。曹操爱屋及乌，也不和小孩计较，心甘情愿地为何家养孩子。——何晏长大后，以相貌俊美、风致怡人闻名，人称"傅粉何郎"。曹操或许是认为肥水不流外人田，于是将自己的女儿金乡公主嫁给了他。尹氏不仅成为了金乡公主的庶母，更是成为了金乡公主的婆母。

作为出身良家的嫡妻，不用说，丁夫人对于丈夫的风流十分不满，再加上她性子刚烈，夫妻之间不免有些矛盾。但是恐怕丁夫人怎么都没有想到，丈夫不仅吃着碗里的看着锅里的，还要去别人的桌子上夹一筷子。

建安二年（197）初，曹操率领军队讨伐南阳张绣。张绣不敌宣告投降。原本这是一件很好的事情，没想到曹操一见张绣寡居的婶母姿色出众，便被迷得神魂颠倒，立刻将其据为己有。

张绣被迫投降，原本就心有不甘，现在曹操居然要霸占自己的婶母，他更是气愤得不得了，率旧部夜袭中军大营。

曹军被打得措手不及，一直退守到舞阴（现今河南泌阳）。在混战之后，曹操身负箭伤，而他的长子、丁夫人的儿子曹昂，更是被乱军杀死。

消息传来，丁夫人顿时昏厥。当她知道张绣反叛的原因之后，更是在伤心之余，恨透了曹操。

第二年，曹操再一次围攻张绣，而且再一次获胜。在官渡之战的前夕，张绣再一次率领军队投降，曹操正是聚积兵力准备与袁绍决战的关键时候，闻讯大喜，对张绣既往不咎，封为扬武将军。

丁夫人可顾不上是什么大战不大战的，她听说曹操居然饶恕了张绣并且接纳了张家的女人为姬妾，新仇旧恨一起涌上心头，对曹操恨到了极点，哭骂道："你害死了我的儿子，居然对他连一丝一毫的悔恨之意都没有！"

从此之后，不管曹操如何辩解、如何大献殷勤，丁夫人都不给他好脸色，当面痛骂，背后痛哭，让曹操左右为难，在姬妾儿女奴婢面前脸面扫地。

曹操虽然对丁夫人和曹昂心怀愧疚，但是终于忍受不住，下令将丁夫人送回娘家。他原本以为丁夫人在曹府上已经过惯了锦衣玉食的生活，返回娘家之后必定是难耐清贫，不久就会回心转意。可是没料到丁夫人却泰然自若地在娘家纺纱织布，对曹操屡次派去的使者看都不看一眼。

此时的曹操已经是睥睨天下，堂堂曹府中居然没有正式夫人，不禁让人议论纷纷。

一段时间之后，曹操实在是忍不住了，亲自带着侍从人马，去丁家迎回妻子。丁家人听说阔女婿来了，简直如雷轰顶，急忙叫丁夫人出来迎接丈夫。谁知道丁夫人恍如未闻，自顾自织布如故。曹操没有见到妻子出迎，只好自己走到织室找她，抚着她的背请求："你就不能回头看看我，与我同车返回王宫吗？"

丁夫人不回头，也不回答。曹操默默等待了很久，只好退出织室。

侍从请曹操上马，曹操却犹豫着再一次走到织室的窗外，希望妻子回心转意："真的再也不肯原谅我了吗？"

丁夫人依旧置若罔闻，手里的梭子一线不错地照织不误。

曹操只好长叹一声："看来真的是不肯原谅我了。"终于狠心离开了丁家。

回到魏王宫，曹操遣人传来话，既然自己已经没有办法挽回丁夫人的心，也不想耽误丁夫人了，任凭她改嫁他人吧。

丁夫人不将曹操当作一回事，丁家的父兄可学不了她，他们十分畏惧曹操，唯恐曹操哪一天改变主意来找自己的麻烦。丁夫人从此之后也就一直没有改嫁。

后来曹操对丁夫人一直念念不忘，屡屡借卞夫人的名义邀请丁夫人回王宫赴宴。卞夫人明白丈夫的心意,总是将与丈夫并排的嫡妻座位留给丁夫人,自己退居侍妾之位。

丁夫人在做嫡妻的时候,并没有给过卞夫人好脸色,卞夫人可以这样宽宏大量,实在让丁夫人十分过意不去,说:"我已经是离异之人,夫人又何必这样呢?"

不过,丁夫人的客气话只对卞夫人一个人说,对旁边眼巴巴看着自己的曹操,她却一如既往的冷淡严肃。

几年之后,丁夫人便去世了。曹操对于丁夫人的去世十分痛心,感慨自己再也没有赎罪的机会了。卞夫人体察丈夫的内心,主动提出主持操办丁夫人的丧事。曹操点头答应,并且亲自为她选择了墓地,将她安葬在许昌城南。

若干年后,曹操自己也走到了人生的尽头,在临终的时候,他依旧对丁夫人难以忘怀,叹息道:"我这一生最放心不下的便是丁夫人,对于她始终没有当真负心,但是却做到了难以挽回以至决裂的地步。倘若人死后真的有灵魂,我在阴世里如果遇到昂儿,若是他问我:'我的母亲在什么地方?'我要怎么回答呢?"

地位尊荣　如愿以偿

因为丁夫人的离异,曹府没有了女主人。而长子曹昂又死在了乱军之中,那么,卞夫人所出的次子曹丕就成为了长子。除曹丕之外,卞夫人还为曹操生下了曹彰、曹植、曹熊等三个儿子。

于是,在丁夫人离异之后不久,曹操就将小妾卞氏扶为正妻,卞氏在这个时候起,才真正成为了"卞夫人"。

成为了正妻之后,卞夫人依然一如既往地辅助丈夫,教养儿女,善待姬妾。曹操的儿女众多,姬妾当中如同刘夫人那样青年早逝的也不少,很多年幼的孩子都因此失去了生母的照顾。他对续弦妻子的贤能豁达十分赞赏,将这些孩子都托付于卞夫人,让她代行养育之责。卞夫人对于这些孩子的生母出身如何毫无芥蒂,都尽心尽意地抚养教育,这让曹操很是慰藉。

没有了后顾之忧的曹操，更是将自己的全部身心投入到宏图霸业中。

建安十九年（214）三月，汉献帝迫于形势，授予曹操金玺、赤绂、远游冠，并且将他的位份提拔至所有诸侯王之上。

之后，汉献帝曾多次努力想要从曹操手中夺回原本属于自己的皇权，可是非但没有成功，反倒是赔了夫人又折兵。

建安二十年（215），汉献帝将曹二贵人（曹操曾经将三个女儿嫁给汉献帝）册立为东汉末代皇后。

在如此形势下，建安二十一年（216）五月，献帝传诏，封曹操为魏王。

在成为魏王的第二年四月，汉献帝更是答应曹操使用天子仪仗，到十月更进一步，魏王曹操所使用的王冕规格和皇帝同等，更可乘金车、六马驱策，并设副车。

事情发展到现在，任何人都已经非常清楚，皇帝已经形同虚设，真正的皇帝其实是曹操，他之所以不废帝自立，只是不想成为众矢之的而已。在父亲成为魏王之后，卞夫人的儿子们，尤其是曹丕与曹植，为了争夺继承权展开了一系列的明争暗斗。在整个过程中，她虽然心有偏爱，但是始终保持沉默，没有发表任何言论。

同年十一月，曹操在自己的一群儿子中最终选定了当时担任五官中郎将的曹丕作为自己的继承人，称魏王太子。曹丕成为王太子，很快便有近侍大臣去向卞夫人通风报信。

卞夫人淡淡地说："曹丕是长子，所以为嗣，而我作为母亲，能够做到在教导儿子方面没有过失就已经足够了，我们母子并没有任何功劳，又有什么好奖赏的呢？"曹操听说了卞夫人的回答，心里十分欢喜，认为她的表现颇有母仪天下的风范，赞扬道："愤怒不变容态，喜悦不失礼节，这才真是难得的呀。"

既然对卞夫人有这样高的评价，那么接下来的事情也就顺理成章了。建安二十四年（219）七月，曹操颁布策书："夫人卞氏，抚养诸子，有母仪之德。今进位王后，太子诸侯陪位，群卿上寿，减国内死罪一等。"

出身卑微的卞氏，正式成为了高贵的魏王王后。这一年，她58岁。一直以来，曹操都推崇节俭，他的后妃宫中都不用穿绫罗绸缎，宫室中的帷帐如果有损坏也不会更换，缝补一下也要照用，被褥之类只要可以取暖就好了，做工怎样从不追究。所有得来的战利奢侈品，他都分给攻城略地的有功之臣。在这一方面，卞氏夫唱妇随，她的服装无文绣，饰物无珠玉，居室内的家具都不用彩漆绘画，一色素黑而已。即便是再节俭的女人也十分爱美，曹操对于此事十分清楚。

　　有一次，曹操在外面得到了几副精美的耳环，欢欢喜喜地拿回王府，让卞王后首先作出选择。卞氏的选择十分出乎意料——她挑选了一副中等档次的。曹操感到十分奇怪，问她为什么？卞氏淡淡地说："倘若挑选最好的那是贪心，倘若选择最差的那是虚伪，因此我选择居中的。"在卞氏的以身作则下，开创之初的曹魏后宫，一时间节俭之风盛行。不过，卞氏自己虽然节俭，对弟弟的照顾却依旧如常人之切。卞氏的弟弟名卞秉，一直追随曹操南征北战。虽然军功卓著，在曹操主政的建安年间，他却官运不济，功劳不如他的也都封侯，但是他却只当了一个别部司马。卞王后不禁向丈夫提出异议。曹操回答道："他是我的小舅子，因此我不能给他太大的官爵。"

　　既然如此，卞氏也不再说什么官职的事情，但是弟弟因为官职小而生活拮据，卞王后实在不忍心，便说："既然不能授予相符的官职，那就多赐一些财宝给他。"曹操不同意，说："你在暗地里给他也就可以了，要我公开赏赐，那可不行。"——卞氏并不是一个傻子，曹操既然是这种态度，她心里即便实在委屈，又怎好当真给弟弟什么财物？所以，一直到弟弟去世，卞秉的官职都没有再得到提升，财产也很少，一些战功不如他的都比他富。

　　建安二十五年（220）一月，66岁的曹操在洛阳不幸病逝。临终之前他留下遗言，就穿着去世时的服装入殓，随葬陶木之器，不可以使用金玉珍宝；除此之外，国人兵将都不用服丧，各行本职；后宫之内只要是没有姬妾婢伎的，都要遣送回娘家另嫁。

　　曹操此封诏书，开创了魏晋一代薄葬务实之风。此后魏及两晋帝后，乃至贵戚重臣，都效仿他实行薄葬，不殉珍宝，更不筑大墓，没有子女的姬妾也不用守寡做"活明器"。

随着英雄曹操的离世，卞王后的长子曹丕登上了历史舞台，即魏王位之后，曹丕封生母卞王后为魏王太后。

曹丕即魏王位后，改建安纪元为延康。

当年，曹丕迫使41岁的汉献帝刘协"禅让"，在一番你推我让的官样文章后，东汉王朝随即终结，建立了曹魏帝国，以黄初纪年。

黄初元年（220）十一月癸酉，曹丕册封禅让之后的汉献帝刘协为山阳公，特准他不用在自己的面前称臣。刘协的4个儿子也同时封为列侯，延续汉王朝香火。

同时，曹丕追封祖父曹嵩为太皇帝、父亲曹操为武皇帝。

倡家出身的卞氏，在她的花甲之年，成为了天下第一贵妇——皇太后。

黄初二年（221），遵命监视曹植的官员向曹丕报告，说曹植"醉酒悖慢，劫胁使者"。曹丕趁此机会将曹植贬为安乡侯。为了让母亲少些异议，曹丕派卞太后的侄儿将廷议转述太后。卞太后听了之后回答："真是没有想到，我的孩子竟然做出这样的事情。你回复皇帝，不要因为我的原因而损伤了国法。"后来曹丕前来见母亲，卞太后也没有为曹植说过什么好话。

不过，虽然是个"自了汉"，卞太后也依旧有她的另外一面。

她每一次外出，只要遇到年长的老人，都会停下车来嘘寒问暖，并赐予绢帛，哭泣着说："我今生最大的遗憾，就是父母不能活到今日，不能享受荣华饱暖。"除此之外，卞太后依旧一如既往的节俭，自己说是几十年来已经成为习惯，已经不能够接受奢侈的生活方式了。曹丕为舅舅卞秉建府邸，建成之日，卞太后前往祝贺，举行贺宴的时候，卞太后和她的随从们都只吃蔬菜粗粮而已。

曹丕死后，太和四年（230）春，即位的曹睿追封卞太皇太后的祖父为开阳恭侯、父亲为敬侯；祖母周氏阳都君兼恭侯夫人。这追封当然不是毫无缘由的。就在追封诏书颁布不久，同年五月，卞太后不幸病逝，享年

70岁。七月，她和丈夫曹操合葬在了一起。

望梅止渴

　　在东汉末年，曹操率领军队攻打张绣，一路行军，走得十分辛苦。当时正是盛夏，太阳火辣辣地挂在空中，向大地散发着巨大的热量，整个大地都要被烧着了。

　　曹操的军队已经走了很多天，十分疲惫。这一路上又都是荒山野岭，没有人烟，方圆几十里都没有水源。将士们已经想尽了各种办法，始终得不到一口水喝。头顶上烈日炎炎，战士们个个被晒得头昏眼花，豆大的汗珠向下流着，但是却始终找不到一口水喝，大家都口干舌燥，感觉喉咙里面已经着了火，很多人的嘴唇惨白、干裂，鲜血直淌。每走几里路，就有人因中暑倒下死去，就是身体强壮的士兵，也已经逐渐支撑不住了。

　　曹操见到这种情景，心中十分焦急。他策马奔向旁边的一个山岗，在山岗上极目远眺，想要看到水源。但是眼前的一切令他感到无比失望，龟裂的土地上一望无际，干旱的地区大得很。回头看看自己的士兵，一个个东倒西歪，早就已经饥渴得不得了，看上去怕是难以再走多远了。

　　曹操是一个十分聪明的人，他在心里盘算着：这下子可遭了，若是找不到水源，这么耗下去，不仅会延误战机，还会有很多士兵丧命于此，需要想一个办法来鼓舞士兵，激励大家走出干旱地带。

　　曹操思考了半天，突然灵机一动，在脑子里蹦出了一个好点子。他站在山岗上，抽出令旗指向前方，大声喊道："前面不远的地方就有一大片梅林，树上结着又大又酸又甜的梅子，大家只要再坚持一下，坚持到那里就可以吃到梅子解渴了！"

　　战士们一听曹操的话，想起梅子的酸味，仿佛吃到了梅子一样，嘴里顿时生出了很多口水，精神也振作起来，鼓足力气加紧向前赶去。就这样，曹操率领大军终于找到了水源。

　　曹操利用人们对于梅子酸味的条件反射，成功地克服了缺水的危机。

由此可见，人们在遇到危险的时候，不要一味畏惧不前，应该时时用对成功的渴望来激励自己，就会有足够的勇气面对困难，最终抵达成功的彼岸。

附录

来莺儿——唯一让曹操流泪的美女

美女档案

☆姓名：来莺儿

☆民族：汉族

☆国籍：曹魏

☆出生日期：不详

☆逝世日期：不详

☆美女纪念

曹操纪念馆位于曹操公园内，主要以三国时期著名的军事家、政治家、文学家曹操为主题，以其极具传奇色彩的一生为主线，是展现三国历史文化的专题性纪念场所。纪念馆整体为一组三进式的建筑群，到目前为止，陈列的内容主要有曹操生平简介、魏武祠、三曹诗碑长廊等，在2009年建造完成，总建筑面积为2200平方米。

每当看到曹操的时候，是不是就会想到那个刚烈的女子——来莺儿呢？不妨来到曹操纪念馆瞻仰曹操的雕像，眼前浮现出这样的情景——曹操望着来莺儿离去的背影，那背影那样的坦然、那样的坚决……

人物简评

来莺儿的性格孤拗执着，虽然身为青楼女子，却是一个至情至性的人。台上热情奔放，台下冷若冰霜，在情人即将赴死关头，勇敢地说出两个人的私情，情愿承担全部责任。一代枭雄曹操都为其真情所感，恕她不死；但是她却视死如归，坦然赴约。她是这个世界上唯一让曹操流泪的真情女子。

生平故事

来莺儿是东汉末年帝都洛阳的一个色艺俱佳的名歌舞伎，依照现在的说法，就是一个歌唱家兼舞蹈演员，籍贯和身世都无从考证。

乱世之中　幸免于难

来莺儿的容貌极为俏丽娇美，就像是一朵盛开的红颜白蕊的扶兰花，每天过着"五陵年少争缠头，一曲红绡不知数"的日子。虽然身份低微，但是来莺儿的性情十分清高雅洁，冷若冰霜。

曹操是中国历史上伟大的政治家、军事家和文学家，但是他也有常人的七情六欲。曹操不但爱江山爱人才，更爱美女，他已经久闻来莺儿的大名，听说她冷艳惊人，一般人难以一亲芳泽，因此想要据为己有的欲望越来越强烈。曹操乔装打扮后来到洛阳城中找来莺儿。来莺儿婉转的歌喉和曼妙的舞姿，彻底征服了曹操的心。

碰巧的是，此时董卓火烧洛阳，帝都一时就像是热锅上的蚂蚁，翻了天。失却依凭的来莺儿就像是一朵娇嫩初开的鲜花裸露在狂风暴雨之中，曹操的赏识和接纳，就像一把及时伸来的遮雨伞，让她在面临凋零的时候得到了庇护。

在混乱的局势之中，来莺儿跟随着曹操东奔西走，南征北战，为曹操歌舞献曲，助兴解闷，颇得曹操的喜欢。虽然她并不喜欢，但是天下之大，哪里才是她的安身立命之所呢？只能如此！同时她也尝试着在战争的空隙，用自己婉转的歌喉与曼妙的舞姿，为曹操疏解情绪，以此来回报他的恩情。

可是曹操整天为军国大事忙得焦头烂额，不可能将全部的心思都放在来莺儿的身上。更何况，曹操身边的美女众多，性格内向孤僻的来莺儿没过多久就被冷落到了一边。

为情而死　死而无憾

感情并不是理性可以控制的，就在曹操不能满足来莺儿的情感寄托的时候，一个英俊的身影闯进了来莺儿的世界，并且深入心底。那是曹操府中的一名侍卫，她一发不可收拾地爱上了他。曹操整天忙于军事，周旋于众多的美女之间，对于来莺儿的事情并不知情。

来莺儿深爱的这个侍卫名叫王图，身材魁梧，性情机警，弓马娴熟，一表人才，在丞相府中深受曹操的赏识。王图对来莺儿多次示好，来莺儿也觉得王图英俊可爱，一对年轻的男女就这样偷偷地好上了。曹操有意让王图有升迁的机会，于是派他带领一组人马，裹粮深入敌境，窥探敌人的虚实，还有屯粮的所在之地。

这是一件十分危险而且十分艰巨的任务，是不是可以完成任务，全身而退，胜算并不大。来莺儿知道这件事情之后，认为情势危险，害怕他有去无回，面对生离死别的情人，想到渺不可知的未来，便用酒精将王图麻醉了，泪流满面地抱着王图不放，不觉鸡啼天晓，等到醒来的时候，发现已经错过了规定出发的时间。

曹操知道这件事情之后，大怒，传令将王图军法处置，所以王图被绳捆索绑押入大牢，被判处死刑，候令斩首示众。

人们经常说英雄救美女，间或地也会有美女救英雄的事情出现。在曹

操身上就发生了两件，一件是蔡文姬救董祀，另一件就是来莺儿救王图。来莺儿听说之后，不顾一切地跑到曹操的军帐，跪在曹操的面前，声音苍白无力，她只是反复说着："贱婢愿意代王图一死……"并且当众说出了她与王图之间的私情。

要代替别人去死是十分容易的，但是活着的人敢于在死前将自己最见不得人的东西公之于众，是需要多么大的勇气啊！在场的每一个人都以为曹操会勃然大怒，来莺儿与王图都死定了。

其实曹操是一个相当复杂的人，在对待董祀与蔡文姬事件的态度上，他表现得十分矛盾。他虽然是一代枭雄，但是在他的雄才大略背后，也隐藏着极大的孤独。"对酒当歌，人生几何？譬如朝露，去日苦多！"他自然对人和对人世间的情感行为有着自己的判断理解，这些是超乎常人的鉴别能力。来莺儿明明知道讲出实情之后一定会触怒曹操，却情愿与王图共赴黄泉，这种从容无畏的气概是曹操所欣赏的。

让人意想不到的是，曹操听完来莺儿的哭诉之后，十分冷静地点点头说："你可以代替王图去死，但是我有一个条件，就是必须在一个月之内训练出和你一样可以跳出旋焰舞的七个舞女，否则，王图必须死。"

在场的人听到之后都十分惊讶。这个任务并不难完成，向来杀人不眨眼的曹操，看来是想要放过王图，甚至是来莺儿。

来莺儿满口答应了，因为她想除了可以救情郎的性命之外，她也同样希望可以在自己死后有人接自己的班，为曹操分忧解难，从而报答曹操的收养之情。

一个小型的歌舞训练班在曹操的丞相府中紧张地排练着，来莺儿亲自挑选了七名极具歌唱及舞蹈天赋的侍女，夜以继日地进行紧密地练习，从乐理、音色、音质到舞姿、道具，尽其所知所能，毫无保留地传教。七位歌舞侍女都取得了显著的进步，特别是潘巧儿表现得更是出类拔萃，已经到了几乎可以与来莺儿并驾齐驱的地步。这只用了短短一个月的时间，这也是曹操给她的规定，原本以为完成不了的任务，想不到她都完成了。

规定的时间到了，来莺儿十分坦然地来向曹操复命。此时曹操突然有一丝怜悯涌上心头，看看这一位如花似玉的美人儿在顷刻之间即将在人间消失，心情十分不好。来莺儿却是一脸的不在乎，曹操看着眼前的美人，突然仰头笑道："这的确是一个训练有素的舞队，你似乎可以作为这支舞队的领队留下来，这样你也不用死了。"

来莺儿根本不曾重视曹操话里的一线生机，只是幽幽地说："天下从来就没有这样的道理，身犯重罪怎么可以逍遥法外，不但本身难以自处，丞相又怎么面对群臣呢？再说贱妾有负丞相厚恩，再也没有脸面活在这世界上。"

曹操默然良久，十分激动，看着眼前这位女子，原本自己已经大难临头，却还在为别人着想，为曹操着想，当真是一个奇女子啊！沉默片刻之后，曹操问道："你想不想和王图再见一面呢？"

万万没有想到，来莺儿摇摇头说："当我决定代情人一死的时候，我和他的这一段感情就已经结束了，相见无补于事，倒不如不见的好！"

曹操为来莺儿与人不同的思维举止大为感动，曹操心想："自己位高权重，但是却没有一位红颜知己愿意在自己的生死关头心甘情愿地为自己慷慨赴义。"想到这里，他不禁黯然神伤，对来莺儿说："等到我放了王图之后，再来通知你吧！"

来莺儿走后，曹操传见了王图，王图还以为是自己行刑的时间到了，吓得面无血色，坦率地告诉曹操："都是来莺儿百般勾引他的，我和她只不过是逢场作戏而已，并没有真正的爱情可言。"曹操听到这些话之后立刻火冒三丈，一脚踢倒王图，原本想要就地将他处决，但又答允了来莺儿不杀他，只好下令将他驱逐出丞相府。

曹操不敢将事情的真相告诉来莺儿，知道她在知道真相之后即便是不死，勉强地活下去，但是也一定比死还要难受。曹操让人将来莺儿传来，平静地对她说："王图已经释放，逐回家乡。本丞相念在你一片真情，再加上训练歌舞伎有功，特免你不死！"

来莺儿十分感谢曹操的成全，却不愿接受饶她不死的恩惠。说完这些话之后，她郑重地向曹操行了跪拜大礼，转身离开，去得那样坦然，去得那样坚决，看着她远去的背影，一生不知道经历过多少大风大浪的曹操，这一刻也不由得感到一阵凄切，流下了两行泪水，这是他第一次为女人落泪，也是最后一次为女人流泪。

人世间总会有一些像来莺儿这样的痴男痴女，为了自己心爱的人，情愿付出自己的一切，但是对于付出是不是值得，却从来没有想过，为生命付出的是一种信念，为来莺儿感动的人是不会去追究王图的。

在大多数的文学作品中，曹操是作为心狠手辣、阴险狡诈的奸雄形象出现的。但是历史上的曹操却是一个文武全才，从他门下人才济济远胜孙权、刘备，就可以看出他在当时的号召力和人格魅力。在男女私情方面，曹操虽然有好色的一面，但是也有不拘泥传统的一面，就如他曾经对自己妻妾说过的一句话："顾我万年之后，汝曹皆当出嫁。"这种观念在今天算不上新潮，但是在当时的环境下，却是相当前卫开放的。

曹操献刀

曹操献刀，这是在民间流传甚广的一个三国故事。话说西凉刺史董卓权倾朝野，率领20万大军浩浩荡荡地进驻洛阳城，并且逼少年皇帝退位，拥立献帝，并且自封为相国。他欺主弄权，凶狠残暴；大臣们都十分痛恨他，却迫于权势，皆无可奈何。校尉曹操（字孟德）早想要杀死董卓，为了寻找机会，伺机动手，于是经常出入相府，逐渐取得了董卓的信任。

有一天，曹操从王司徒那里借来了一把宝刀，藏刀来到了相府，走到小阁，见到董卓正躺在床上，义子吕布站在一旁伺候着。董卓随口问道："孟德今天因为什么事情来得这么晚啊？"曹操说："因为我的马跑不快，所以来晚了。"

董卓听后，立刻让吕布挑选了一匹西凉好马送给曹操，吕布跪拜之后就退了出去。曹操心想："这个老贼简直太该死了。"一心想要刺死他，又害怕董卓力气大，没敢轻举妄动，只好站在一旁等待时机。董卓的身体十分肥胖，久坐之后就浑身难受，不一会儿，便侧身而卧。曹操见到他躺下了，就急忙抽刀欲刺，董卓在铜镜中看到曹操抽刀，就急忙转身说："孟德，你想要干什么？"此时吕布正好将马牵过来，曹操急忙说："我刚刚得到一口宝刀，想要献给相国。"董卓接过刀来一看，长足盈尺，锋利无比，当真是一把好刀。董卓引曹操走出楼阁看马,曹操谢道:"我先上去试一试。"曹操牵着马走出了相府,快马加鞭往东南疾驰而去。吕布对董卓说:"曹操似乎是想要行刺。"董卓这时才醒悟过来,于是派人去追。可是曹操早已经飞马奔出东门,没了身影。

第五章

蔡文姬——文华璀璨的倾城女子

美女档案

☆姓名：蔡琰

☆民族：汉族

☆国籍：东汉

☆出生日期：约公元 174 年

☆逝世日期：约公元 239 年

☆美女纪念

蔡文姬墓现位于陕西省西安城东南蓝田县三里镇乡蔡王庄村，是陕西省重点文物保护单位。1991 年，蔡文姬纪念馆建设完成，馆内陈列着蔡文姬著的《悲愤诗》与琴曲歌辞《胡笳十八拍》等。

蔡文姬纪念馆主要集展示、研究、收藏三大功能于一身，主要以实物、模型、标本、情景为主体，深刻揭示了蔡文姬的人物知识。就建筑本身来说，也是古都名城中一道亮丽的风景线。

人物简评

蔡文姬的童年是在幸福当中度过的，她有一个名气非常大而且才华在当时最高的父亲——蔡邕。但是她长大以后就不那么幸运了，在结婚之后没多久，丈夫就去世了，后来又在战乱中被匈奴人掳走，在匈奴度过了十几年的时间。在曹操的安排下，她才被接回自己的国家。

她一生历经坎坷，但是却从来没有失去过对生活的希望，而且凭借着自己的才华，创作出了不朽的篇章，还保存了一些古代的文学作品。她有着倾国倾城的美貌，还有那么高的才华，无论在哪里都是一个万众瞩目的人物，只可惜生在乱世，命运多舛，成就自然也就打了一个折扣，让人感到惋惜。

生平故事

蔡文姬出生在河南的杞县，那里是她的故乡。在这个美丽的平原上面，有很多关于这个美丽又有才华的女子的传说，这些传说当中有不少是关于她的少年甚至童年时候的故事。这些故事将蔡文姬美好的童年生动地展现出来，让我们看到一代才女的成长历程。

那些美丽的传说

关于蔡文姬的出生，流传着这样一个美丽的故事。蔡文姬的母亲是赵五娘，有一天她忽然做了一个非常奇怪的梦，在梦里有一个拿着钵盂的和尚，莫名其妙地送给了她一个兰花的种子。后来她就怀孕了，十月怀胎之后，便生下了蔡文姬。蔡文姬刚出生满一百天的时候，恰好是中国的传统节日——重阳节。在那个时候的人们对于过重阳节是非常重视的，重阳节需要登高，还会吃花糕、插茱萸、喝菊花酒来消灾辟邪，乞求上天让自己的福寿延续下去。

在古时候，小孩子出生一百天之后就要让他"抓前程"，而且又正赶上重阳节，于是蔡文姬的家里喜气洋洋，在大厅里面的桌子上摆出来很多的东西，让蔡文姬抓一件。蔡文姬那时候才一百天，根本什么都不懂，但是她还是用一双好奇的眼睛看着桌子上的东西，白银、铜镜、菱花、刀剑、商幌、书帖、笔砚等等。蔡文姬看了看，一把抓起了其中的那支毛笔。大家一看蔡文姬抓住了毛笔，都感到非常高兴，这说明她以后很有可能会在文化方面有突出的成就。蔡文姬的父亲蔡邕是当时非常有名的一个文人，看到自己的女儿有这种表现，更是感到万分激动。

关于蔡文姬的少年时期，还有这样的一个故事流传着。水木山娘是那里一个非常有名气的神灵，在变成神仙之前，水木山娘是一个十分普通的农家少女，后来嫁给了一个普通人做妻子，但是却遇到一个非常可恶的婆婆，经常对她进行虐待。但是水木山娘却一点也不抱怨，而是继续做着自己分内的事，十分的勤劳与贤惠。水木山娘的事迹感动了上天，于是让她有了非常神奇的本领，每天她向大水缸里面灌水的时候，不用倒太多，水缸就满了。当遇到干旱的时候，水木山娘只要向着天上说一声：太干旱了，老天爷您就下点儿雨，浇浇庄稼吧。这时候天上立即就会飘过来云朵，下起雨来。

由于水木山娘利用自己的本领，给当地的人们带来很大的好处，因此人们都对她敬若神明。后来在水木山娘去世以后，她就被人们供奉起来，变成了那里保佑一方的风调雨顺、平安幸福的神祇。有一次，水木山娘的神像被人们从她婆婆家那里运回到娘家，在回去的路上要经过一个叫作蔡白街的地方，那里就是蔡文姬家的住处所在。

当人们抬着水木山娘的神像到了蔡白街的时候，还是少女的蔡文姬跑过来看热闹。当风掀起轿帘的时候，蔡文姬突然看见了水木山娘那双没有穿鞋的大脚，就大笑着嚷了起来："你们看她没有穿鞋，光着两只脚丫，她的那双脚好大啊！"

不知道是不是蔡文姬有一种神奇的魔力，还是水木山娘的神灵听到蔡

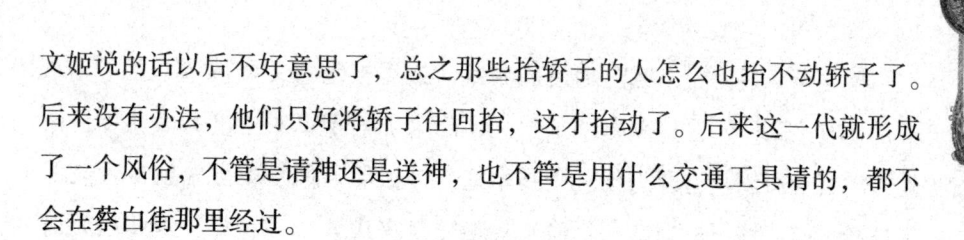

文姬说的话以后不好意思了，总之那些抬轿子的人怎么也抬不动轿子了。后来没有办法，他们只好将轿子往回抬，这才抬动了。后来这一代就形成了一个风俗，不管是请神还是送神，也不管是用什么交通工具请的，都不会在蔡白街那里经过。

痛失生父

蔡文姬的父亲蔡邕，是东汉末年非常有名气的一个人，既是一个了不起的大书法家，又是一个非常著名的文学家。梁武帝认为蔡邕所写的字非常漂亮，简直就像是神仙写出来的一样。

有一个这样有才华的父亲，因此蔡文姬从小就深深地受到了影响，在耳濡目染的情况下就已经非常有文化气质了。再加上蔡文姬本身非常聪明，还非常用功读书，才艺就更是非同凡响了，她不但知识非常渊博，而且对于写作方面的事也非常擅长，还会写诗作赋，对于音乐方面也十分精通，还聪明伶俐、能言善辩。

可以说蔡文姬小的时候是在非常幸福的环境中度过的，但遗憾的是，现实条件不允许她继续在一个安稳的环境中生存下去，她遇到的是东汉末年动荡不堪的局势。那个时候，东汉的政权已经岌岌可危，黄巾军起义在各地如火如荼地兴起了，而且各个地方的势力为了扩大自己的权益，纷纷武装起来，今天打仗、明天火拼，全国都笼罩在一片硝烟之中。

随着皇宫当中发生了太监的动乱，洛阳的政治集团发生了很大的动荡，接着西凉的董卓便领着军队将京城洛阳占领了。董卓一进京城就开始了烧杀掳掠，引起了人们强烈的不满。为了让自己的地位更加牢固，董卓就想出了一个办法，那就是要将蔡邕笼络过来，由于蔡邕在京城的地位非常崇高，这样就可以借着蔡邕的名气让自己显得也文明一些。

在董卓的特殊照顾之下，蔡邕在一天里面连升三级，后来甚至还当上了高阳侯。后来由于董卓在京城的种种恶劣行径，引起了全国人民的强烈不满，人民群起而攻之。董卓也知道自己倒行逆施，不会有什么好结果的，面对天下人的讨伐，将洛阳城付之一炬，然后逃到长安去了。

但是董卓还是没有逃过命运的制裁，最后被他的义子吕布杀死了。董卓是死有余辜，不过这就害惨了蔡邕，因为之前董卓对蔡邕那么器重，让他当大官，所以董卓死后他就受到牵连，被治罪。但是蔡邕希望自己能像司马迁那样，留下一条命苟且偷生，写完《汉史》以后再死，因此他就请求让自己接受黥首刖足的刑罚。不过当时对他宣判的王允却不吃他这一套，还是把他处死了。

蔡文姬就这样失去了自己的父亲。如果生逢一个和平的年代，相信蔡邕不会这么轻易的死掉，蔡文姬也就不会有这么凄惨的命运。

被匈奴掳走

蔡文姬虽然是一个才貌双全的大文学家，但是命运却非常的不好，岂止是一个坎坷能形容得出的，简直就是悲惨。

在第一次嫁人的时候，蔡文姬这种悲惨的命运就已经显现出来了。她嫁给的是一个叫卫仲道的人，这个卫仲道的学问倒是和蔡文姬比较相配，但是命运显然比蔡文姬还要悲惨，在娶了个倾国倾城又才华出众的美人之后，竟然在还不到一年的时间里，就因为得了一种咳血的怪病，一命呜呼了。

这样一来卫家的人可伤透了心，而且认为卫仲道的死并不是因为他自己不争气，而是蔡文姬把他给克死了。蔡文姬并没有给卫仲道生下孩子，所以卫家的人对蔡文姬的态度全都变得非常恶劣。当时蔡文姬可是出了名的美貌又有才华的女子，这样的遭遇无论如何也忍受不下去，她可是一个心高气傲的人，而且还年轻，完全没有必要继续留在这里整天受气遭人白眼。所以她根本不顾父亲蔡邕的一再反对，毅然决然地离开了卫家，回到了自己的家里。

这样一来，蔡文姬虽然不用再担心会有不好的待遇了，但是好日子没过多久，她就又遇到了痛失父亲的悲惨事件。在董卓被除掉以后，蔡邕也因为受到牵连而被处死。

失去父亲的伤痛已经让蔡文姬备受煎熬了，但是没想到还有更加悲惨

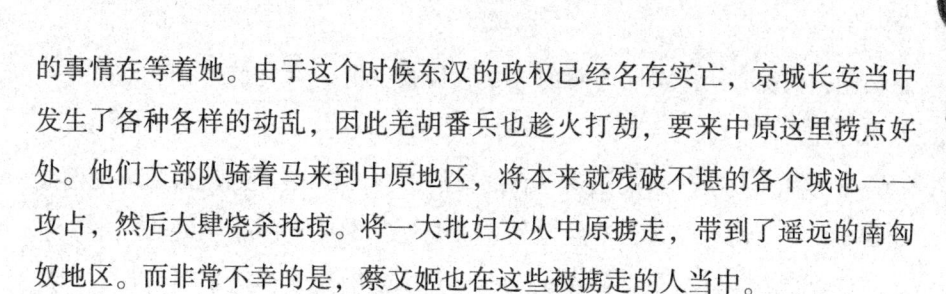

的事情在等着她。由于这个时候东汉的政权已经名存实亡，京城长安当中发生了各种各样的动乱，因此羌胡番兵也趁火打劫，要来中原这里捞点好处。他们大部队骑着马来到中原地区，将本来就残破不堪的各个城池一一攻占，然后大肆烧杀抢掠。将一大批妇女从中原掳走，带到了遥远的南匈奴地区。而非常不幸的是，蔡文姬也在这些被掳走的人当中。

远离家乡，被当作俘虏押到那群相当野蛮的匈奴人当中，作为一个才貌双全的女子来说，可以想象她的心情该有多么的凄凉。虽然以前也有过和匈奴和亲的中原人，比如王昭君等人，但是那都是非常风光地出嫁的，而蔡文姬则是被掳走，这种差别是特别的大，简直一个天上、一个地下。

蔡文姬到了匈奴以后，被迫给匈奴的左贤王当了妻子。她在匈奴一直待了12年之久，在风俗和环境都和中原有着巨大差距的地方，她受了很多的苦，也磨练出了更加坚毅的品格。

后来她对匈奴的生活逐渐适应了，又将她才女的那一面展现了出来，而且学会了很多匈奴的语言，还能够吹奏那里的一种乐器"胡笳"。在12年漫长的时间当中，蔡文姬还给他的丈夫左贤王生下了两个儿子。

在蔡文姬被匈奴掳走的这段漫长的时间当中，中原的形式也发生了巨大的变化。曹操在官渡之战当中取得胜利，将袁绍灭掉以后，迅速强大起来。然后将整个北方基本上统一了起来，他自己当上了丞相，挟持着汉献帝，号令天下群雄。

这个时候曹操就有机会休息一下，喘几口气了，并且让军队有时间修养一下。闲着没事做的时候，曹操就想到了蔡邕。以前的时候，曹操还受到过蔡邕的教导，因此就把蔡邕当成是自己的老师，对于后来蔡邕的惨死也感到非常惋惜。继而就又想到了蔡邕的女儿，非常有名的才女蔡文姬。当曹操知道蔡文姬被匈奴人掳走以后，就希望可以将她找回来。于是他马上派人到南匈奴去，并且带着一千两黄金，还有一双白璧，想要把蔡文姬这个才女给赎回来。

这个时候曹操的实力已经非常强大，匈奴人不敢得罪曹操，而且使者所携带的钱财又非常多，于是就答应放蔡文姬回到故乡。蔡文姬这些年虽然在匈奴人这里过得比较凄苦，然而毕竟也是生活了12年之久，人都是有感情的，何况是一个灵心善感的才女。日久生情，蔡文姬对这里也是有一点留恋的。

真的要离开了，蔡文姬还是感到非常不舍，12年来的匈奴生活她已经渐渐习惯了，而且左贤王对她也是非常宠爱，她还有两个年幼的儿子。蔡文姬只觉得有一种哭出来的冲动，也不知道是因为欢喜还是因为伤心。最后她终于忍不住哭了起来，心中愁肠百结，复杂的感情已经无法用语言来表达了。这些年来生活当中的痛苦与欢乐，各种各样的感受一下子涌上心头，于是这个才女的灵感突然爆发，创造出了流传千古的名曲《胡笳十八拍》。

前来接她的使者将她扶上车，然后在心神恍惚的情况下，蔡文姬听着辚辚的车马声，最后一次感受着大草原上吹来的风，离开了这个留下过欢笑和泪水的地方。

在蔡文姬离开南匈奴以后，那里的人们对她也是非常怀念，疆场的空隙会在月色皎洁的晚上吹响胡笳，然如泣如诉的声音就会在草原上回荡开去。而蔡文姬所创作的《胡笳十八拍》，马上就成为了那里一支非常流行的曲子。不仅是在匈奴，在中原地区《胡笳十八拍》也是特别流行的一个曲目。

保存文化著作

蔡文姬经历了一番坎坷，终于回到了自己日思夜想的故国。一开始的时候，曹操将她接至邺城，但是她一个人生活，又没有了亲人，孤苦无依，实在是让人感到同情，因此曹操就做主，将她许配给了一个名叫董祀的屯田都尉。

在曹操将她嫁给董祀之前，还来询问了一下蔡文姬的意见。蔡文姬经历了这么多的事情，而且还没有从失去儿子的打击中恢复过来，因此心灰意懒地说："刚开始的时候，我父亲蔡邕遭遇危难，我们全家人都开始逃亡，和父亲交好的那些朋友们也不知道都跑到什么地方去了，没有一个过来帮忙的。后来我被掳走，在匈奴人那里生活了这么多年，现在已经是两个孩子的母亲了，又被您从那里赎回来。我现在早就不是以前那个蔡文姬了，自己的事情自己做不了主，还是请您给我拿个主意吧。"

董祀和蔡文姬刚结合的时候，生活过得并不如意，蔡文姬已经跟过两个男人，而且年纪又比董祀大不少，而董祀这个人长得不错，也非常有才华，因此不大看得上蔡文姬。蔡文姬自己也知道，经过多年流亡在外的生活，她已经不再是那个有着骄傲资本的大家闺秀了，而是一个残花败柳的中年女子。美人最怕的就是迟暮，再加上她整天在思念儿子的痛苦当中度过，经常魂不守舍，因此更没有吸引董祀的地方。

董祀虽然不满意这个婚姻，但是由于是曹操一手安排的，他也不敢违抗。虽然夫妻生活不是特别和谐，但总强过一个人的凄苦生活，而且感情都是培养出来的，时间一长，谁知道会是怎样的结果呢？

不过蔡文姬天生好像就是没有什么好运气，时间不长，她的这个丈夫董祀就因为犯了法，被人抓到了监狱里，而且这次的罪似乎不轻，他被叛成死罪，马上就要丢掉性命了。

蔡文姬见突然发生这样的情况，想着是不是自己真的克夫呢，为什么所有娶了她的人基本都没有好下场呢？悲伤之余，她赶紧想办法，希望可以将自己的丈夫挽救回来。想来想去没有什么好办法，只有一个途径，那就是赶紧找到曹操，亲自向他求情。

蔡文姬急急忙忙来到魏王府里，找曹操给董祀求情。这个时候，曹操正在家里开宴会，有很多人聚集在这里，包括很多当时有名的学士以及王公大臣们。当家人向曹操报告说蔡文姬想要见他的时候，曹操想了想，觉得现在宴会上的人们有很多都和蔡文姬的父亲蔡邕是朋友，于是就问他们说："蔡邕的那个女儿以前一直流落在外，现在她已经被我接回来了。你们都和蔡邕是好朋友，现在让她和你们见见面，你们有什么意见吗？"

这些人听完这话，都表示非常乐意和蔡文姬见面。曹操就让人将蔡文姬领了过来。由于丈夫犯了死罪，蔡文姬的心情非常紧张，什么也顾不上就直接来向曹操求情了，因此她现在披头散发，光着一双脚，一被侍从带进来，就立即跪倒在曹操的前面，请求曹操赦免丈夫的死罪。

尽管蔡文姬的打扮非常不雅观，但是她的声音却依旧十分清脆悦耳，而且说出的那些话特别凄苦，听起来让人感到非常同情。在座的那些人有很多以前是蔡邕的朋友，见他的女儿生活过得如此凄惨，现在又是这样的伤心，再想想蔡邕以前非同一般的身份地位，忍不住也要落下泪来了。

曹操也忍不住被蔡文姬所说的话深深地打动了，但是却说："尽管你说出来的情况让人感到非常的同情，不过现在宣判你丈夫的那个文书早就发下去了，我也无能为力了。"蔡文姬听曹操这样说，还是没有放弃希望，因为她太聪明了，知道只有曹操才可以救自己丈夫的命，于是继续苦苦哀求道："您的马房里面养着数也数不清的快马，而且拥有的武士也是多如牛毛，现在您只需要下一道命令，让一个人骑着一匹快马，赶紧追上去将那个文书拦住，这样董祀就不会死了。"

曹操见蔡文姬如此坚决，于是就马上颁布了一道赦免董祀的命令，然后让一个骑兵快马加鞭去将已经发出去的文书追了回来。这样一来，蔡文姬终于凭借着自己的智慧，成功地解救了自己的丈夫。

这个时候，天气非常寒冷，正处在数九寒天。蔡文姬穿的衣服那么少，曹操就给了她一双保暖的鞋子和袜子，给她一块头巾，让她将头包起来，然后继续和她闲谈。曹操问道："我听人说，你的家里以前收藏了很多的文稿和书籍，这些书籍现在还有吗？"

蔡文姬一想到以前的事就表现得非常伤感，她十分感慨地说道："在我父亲还活着的时候，他曾经给过我非常多的书，这些书加起来大概有四千多卷。不过让人感到惋惜的是，经过连年的动乱，这些东西早就不知道丢到哪里去了，已经一卷都找不着了。但是我对这些东西都非常熟悉，现在仍然可以背诵出里面的四百多篇。"

曹操没想到经过了这么多年，蔡文姬还能够记得这么多东西，顿时被她的才华所折服，想了想道："不如这样，我现在派出十个人跟着你到家里去，到了以后你让他们负责记录，夫人就把所知道的东西背诵出来，你觉得行吗？"蔡文姬马上回答道："不用那么麻烦，现在只要您给我一些纸，我回到家里将它们写出来就行了。"于是曹操就同意了她所说的话，给了她一些纸。后来过了一段时间之后，蔡文姬便把她能背诵的数百篇文章全都写了出来，拿到曹操那里。

曹操虽然整天领着军队南征北战，但是实际上在文学方面的造诣也非常高，是个大文学家，看了蔡文姬所写的东西后非常满意。在这件事情上，蔡文姬保护了古代的一些文化作品，对于文学方面做一件非常有意义的事，因此人们对她非常钦佩。

董祀本来以为这次死定了，但是没有想到蔡文姬竟然拼死救回了自己一条命，这让他特别感动。尽管董祀有点怀疑这次犯法被砍头很有可能是曹操一手操纵的，但是蔡文姬能为他抛头露面，不顾自身安危，还是令他大为动容。

经历过这件事以后，董祀和蔡文姬之间的感情发生了根本性的变化。董祀对蔡文姬这种与众不同的高洁品格非常敬佩，对她的态度产生了180度的大转弯；而蔡文姬经过这些年的辗转，也明白了平静生活的难能可贵，倍加珍惜现在的幸福时光。后来夫妻两个看破了世俗的事情，沿着洛水向上游行去，找了一个山清水秀的地方隐居了起来，过着神仙一样的生活。

他们还生下了一个儿子和一个女儿，后来曹操从这里经过的时候，还特地到他们住的地方去登门拜访。

虽然有一些思想固执的人认为蔡文姬被匈奴掳走，还在匈奴住了12年，给匈奴人当妻子，不是一个贞烈的女子，不足称道。但是有自己见解的人都知道他们是在胡说八道，这些固执保守的思想大部分是来源于宋朝的朱熹，对于蔡文姬所处的那个时代并不适用。这是一种十分迂腐的观点，等于是以今天规矩去约束古人，而且这个规矩还不正确，完全是封建礼教的三从四德，迫害了中国女性那么多年。

总之，蔡文姬这个有着惊人美丽、又有着超人才华的女子，一生的命运坎坎坷坷，实在是让人感到叹息。在这常人难以忍受的坎坷一生当中，蔡文姬凭着自己坚忍不拔的品格，一直顽强地与命运做斗争，最终在文学上取得了很好的成绩，后世的人们也对她非常敬佩。

流传后世的《胡笳十八拍》

蔡文姬所创作的《胡笳十八拍》，顾名思义是有着十八个乐章的乐曲，而且歌词非常多，也可以分成十八段。其中的第一个拍子里面所说的"笳一会兮琴一拍"，说的就是当人们吹奏胡笳，遇到一段曲目的合奏声音出现之时，正处在琴声和乐曲的同样一段乐章当中。

这些歌词是用诗歌的体例写出来的，但是其中又包含了骚体以及柏梁体的不少特征，不过却也不绝对纯正，可以说是一种非常复杂的混合体。《胡笳十八拍》的整体结构能分为三个比较大的部分，分别是开始、中间以及末尾。

第一拍就是开始，这一段的内容是在讲述那个战火纷飞、天下大乱的社会形势，个人的力量在时代面前显得微不足道，除了死于非命之外，人们就只能苟且偷生。中间讲述的正是自己被匈奴人掳走，以及在匈奴过着非常艰苦的生活，一直到被接回故乡才止住。这么长时间在匈奴的生活，曲子中表现出了她对于故乡无尽的思念，以及后来终于能够回到故乡，却又开始思念儿子的复杂情感。最后的一拍作为末尾，和开始遥相呼应，统摄全篇，表现出了对这个时代的不满与哀怨之情。

由于蔡文姬的这一段经历是常人所没有的，她所经历的苦难也比一般人要多得多，正像是她在词句当中写的那样，"禀气含生兮莫过我最苦"，"唯我薄命兮没戎虏"。不过尽管蔡文姬所写出来的那些情感只是她一个人的事情，但是那个时代的基调却和她的情感完全合拍，因此这种感情不仅仅是她自己的，也是民族的，是当时所有人共同的感受，有着这个时代的烙印。

例如在第一拍当中，就有这样的句子"干戈日寻兮道路危，民卒流亡兮共哀悲"，在那个天下大乱的时代当中，这个情感是所有的老百姓以及士兵们共同的感受，他们全都离开了自己世代居住的故乡，到别的地方无依无靠地过着流浪生活，思想之情与思念亲人之情将这些人折磨得痛苦不堪。

蔡文姬作为一个手无缚鸡之力的弱女子，在那个时代，女子本身又是地位低下的，而且她还作为俘虏被押送到匈奴，可以说她的处境相当不妙。但就是在这样的情况下，蔡文姬没有被命运打垮，而是积极地生活，当上了王妃，还生下了两个儿子，在匈奴当中过得风生水起。这就能够看出，蔡文姬绝对不是一个平凡的人，一个平凡的人根本无法做到像她这样好。

尽管好不容易在匈奴过上了比较幸福的生活，但是蔡文姬日思夜想的还是怎样回到自己的家乡，因为家乡的水、家乡的风、家乡的泥土气息，这一切都是让她那么的留恋，那样的难以割舍。如果是一个平凡的女子，好不容易过上了安定的生活，而且这种生活还是一种享受着荣华富贵而且地位还很高的生活，那么她一定再无他求了，只想这样过完一生就再好不过了。然而蔡文姬却一心想着回到自己的祖国，这就表现出她的与众不同之处，才女和平常的女子是不可以相提并论的，在理想和追求方面完全不是一个等级。

蔡文姬这种对自己国家强烈的归属感，完全可以和在西汉时期在匈奴放了19年羊，最后仍然不改气节的苏武相提并论。那时候汉朝还不强大，苏武被扣留在匈奴，虽然历尽了艰难困苦，却始终没有忘记自己的国家，最后终于回国。但是蔡文姬在安逸的环境当中也同样没有消磨掉自己的信念，也足以让人感到钦佩了。

在王粲写的非常著名的《登楼赋》当中有这样的句子："钟仪幽而楚奏兮，庄舄显而越吟。人情同于怀土兮，岂穷达而异心。"这其中所说的就是蔡文姬他们这种虽然处在不一样的情况下，却全都不忘记自己祖国的行为的一种感叹与赞美。

在蔡文姬的诗里面，不仅表现出了她对于故乡那份深深的热爱，而且展现出了她对本民族深切的情感。但是当她真的要从生活了12年的匈奴离开时，却又变得非常不舍，对她的两个小儿子感到非常依恋。然而她根本无法改变这样的事实，这就像是一个谁都无法解决的难题，她如果想要回到故土，就必须舍下儿子，离开大草原。于是蔡文姬只有伤心，只有谁都无法化解的忧愁与苦闷。

和亲生骨肉分别之后，蔡文姬整日沉浸在无限的相思之中，睡梦之中也无法忘记自己的儿子，这说明其实她还是一个很称职的母亲的。只不过造化弄人，命运的无常导致了她无法像个正常人那样体现出自己的母爱，只能和自己的骨肉天各一方。

当然，蔡文姬所创造出来的那个艺术形象之所以让人们感动，原因并不是她所表现出来的那种深切的情感以及特别高尚的道德观念，而更多的是因为她的不幸，和当中所表现出来的那种深深的孤独与落寞，以及她生命当中那不可阻挡的悲剧性。在那种国破家亡的年代中，每个人都是凄苦的，每个人都是悲伤的，因此这首曲子顿时引起了人们强烈的共鸣。

蔡文姬在被匈奴掳走以后，还是一心念着自己的家乡，所以开始她并不习惯在匈奴的生活，因此可以说是遭受着身体和心灵的双重折磨。在回到汉朝以后，尽管她完成了心中的一个愿望，却又要和两个儿子分开了，这是何等的悲伤。似乎是天意弄人，蔡文姬得不到一个两全其美的解决方法。这些本来人人都可以享受到的权利，她却是无论如何也享受不到，于是人们纷纷向她投来同情的目光。

人们从来都是对于弱小的东西，表现出更多的同情，更何况是蔡文姬这个风华绝代又才气无双的弱女子。她的悲惨经历，无论是谁听了都要流下同情的泪水，更不要说听着《胡笳十八拍》那忧伤动人的旋律了。

蔡文姬的这个《胡笳十八拍》，最主要的不是叙事而是抒情，抒发出了主人公非常强烈的个人感情。这也是她所写的文字最主要的一个特点，将叙事和抒情处理得非常到位。

蔡文姬在写作的时候，根本一点也不从客观的角度出发，而是将每件事情都注入了自己深刻的感情，就像是一个完全是由感情构成的诗篇一样，那些文字只不过是充当了她感情的载体而已，叙事也只不过是为了让感情有一个承载罢了。

就连当中叙事性质比较明显的一些地方，也是用饱含深刻情感的语句来述说的。比如在写到她自己被匈奴人掳走时候的那个第二拍，以及她在被掳走的那段时间里生下两个儿子的第十一拍，还有她终于可以回国却又不得不和儿子分离的第十三拍，最后连同重新回到长安的第十七拍，全都是这当中的典型。

在写到被匈奴掳走的时候，她的《悲愤诗》里面也有很详细的叙述："斩截无孑遗，尸骸相撑拒。马边悬男头，马后载妇女。"这些句子全都是在叙事，而且将情节刻画得生动形象，和《胡笳十八拍》当中有着非常大的区别。

蔡文姬的《胡笳十八拍》第二拍里面是这样写的："云山万重兮归路遐，疾风千里兮扬尘沙。人多暴猛兮如虺蛇，控弦被甲兮为骄奢。"这些句子完全是根据作者当时的情感所显露出来的喜恶，没有什么客观事物的描写，完全将内容归于想象。这些句子将蔡文姬的爱憎毫无保留地显示出来，"云山"说的是她和故乡之间距离越来越遥远，表现出了深切的思乡之情；"疾风"说明了这一路上被押送到匈奴，她受尽了各种各样的苦痛与折磨；"虺蛇"是将那些匈奴人比喻成豺狼猛兽一般的没有人性，而"骄奢"则说明那些匈奴人的性格完全不被人欣赏。这些句子全都是作者内心感受的表达，将实物化为虚无的感情表达出来，将自己深切的情感喷发出来，毫无掩饰，是如此的强烈。

在《胡笳十八拍》里，一点也不看重那些叙事的部分，如果不是要让它们充当感情的载体，来寄托那些深刻的情感，甚至连写都不会写。蔡文姬在这部作品当中根本就没有想叙述什么，只是打算将自己心中那压抑了许久的无穷无尽的伤感与哀愁表达出来，喷发出来。比如，她写到一些匈奴人生活的习俗，完全是为了要表现自己今天与以往对比所产生的悲伤和愤恨之情。她写匈奴人那里的生活和汉朝差异非常巨大，写自己是如何不适应那里的生活，也是为了表达自己内心度日如年的难过感受。

也许是压抑的时间太久了，蔡文姬非常善于表达出自己内心最强烈的爱憎情绪，她在表达自己强烈情感的时候，最主要的是在那种突然发生的事情上面来体现。诗里面的情感经常是没有什么征兆，突然之间就出现了，然后突然之间就又消失了，来得迅速，去得更快，思想感情的跳跃式发展让人感到有点难以适应，但却又是那样的真实。

在抒发情感的时候，蔡文姬完全根据自己的思想感情来引导笔触，从来也不会去理会什么写作的规矩，不被俗套所束缚，连作品当中的那些重复也毫不在意。例如在作品当中，对于上天的不公，蔡文姬总要问一问为什么，仅是责问上天就有四次，这在一般的文学作品中是非常致命的缺点，但是在《胡笳十八拍》里面却没有这种感觉。不得不佩服蔡文姬的才华，她用强烈的情感，将不可能转变为可能，诗本来是用来抒发情感的，如果情感上过得去，对于形式就不必太过苛求。

还有的时候，她会在写作一件事情的时候，突然天马行空地想到其他的一些东西，然后突然就笔峰一转，写到了她想到的那些东西，简直像是领着别人坐过山车一样。比如在第四拍当中，她正在根据自己的亲身经历表达着心中的强烈不满的时候，突然之间又在第五拍写起了非常清冷的意境，对着大雁抒发自己的深切情感；在第六拍和第七拍，她写了自己的衣食起居相关事情，都表达出了思念家乡的情感；在第十拍的时候虽然是在写有关战争的事，不过同样也是这样的情感。但是在中间的第八拍和第九拍，就完全不是那么回事了，她突然插入了一些责问上天的东西。

蔡文姬在这些表达当中所使用的，这种看起来有点不合逻辑的表达方法，其实本身正好说明了她所表达的感情色彩非常强烈。这些非常强烈地震撼着人们心神的感情表达，在她所使用的语言以及抒情方式上面都可以找到非常明显的标志。

这首长长的诗当中，蔡文姬经常是用"我"来表现自己的情感，根本不对这种字眼进行回避；她还非常喜欢使用夸张的手法，让那种极致的语言来表达自己那怎么也发泄不完的情感。

在诗作刚开始的时候，蔡文姬就使用了两个"我"连接起来用来制造气势，接下来她便对天地的不仁进行了无情的指责与批评，诗当中的句子是"天不仁兮降乱离，地不仁兮使我逢此时"，这和老子的《道德经》当中"天地不仁，以万物为刍狗"差不多。但是老子所说的"天地不仁"，是一种非常博大的胸怀，将世间万物平等对待；而蔡文姬所说的"天地不仁"，则是说天地没有仁义。要知道古时候人们对天地是非常敬仰的，就算是到了现在，人们往往还是会对天地心存敬意。但是蔡文姬就敢诘问天地，就算是大丈夫也不一定能有这样的气魄，当真是巾帼不让须眉。

而在这些诘问当中，到了第八拍的时候达到了一个新的高潮："为天有眼兮何不见我独漂流？为神有灵兮何事处我天南海北头？我不负天兮天何配我殊匹？我不负神兮神何殛我越荒州？"这一连串的提问，将"天"和"神"全都当成是被告，将其送上了法庭，只是不知道有谁可以对他们作出宣判罢了。

当然，在《胡笳十八拍当中》这些夸张的用词和夸张的说法到处都是，例如"苦我怨气兮浩于长空，六合虽广兮受之应不容"、"天无涯兮地无边，我心愁兮亦复然"、"无日无夜兮不思我乡土，禀气含生兮莫过我最苦。天灾国乱兮人无主，唯我薄命兮没戎掳"以及"四时万物兮有盛衰，唯我愁苦兮暂移"，这些极尽夸张的说法，不仅将蔡文姬内心强烈的主观感受表达了出来，而且也将她自身的形象变得更加丰满。

蔡文姬在《胡笳十八拍》当中，可以将自己的形象更加生动地表现出来，这和她那些非常细腻的描写心理方面的语言是分不开的。她不回避有一部分人认为她应该自杀，以保全气节这件事。在第十一拍蔡文姬说出了自己的心里话，她之所以苟且偷生地活下来，还嫁给匈奴人做妻子，并不是因为她害怕死亡，而是出于对故乡深深地思念，她一定要回到故土，就算是死，也要死在自己家乡的土地上。

通过这种饱含自己内心最真挚感情的叙述上，蔡文姬将自己的内心深处最真实的一面展现在人们面前，把自己的想法毫无保留地告诉世人，让世人对她的误解全都烟消云散，也使得她自己更加的平易近人，是一个非常真实存在的、活生生的人，不再是一个虚无缥缈的作品当中的主人公。

在第十三拍当中，她将自己和亲生骨肉分别的伤痛表达出来。到了第十四拍，则开始诉说自己对儿子的思念之情，其中让人难以忍受的苦楚。在第十三拍，蔡文姬所使用的方法尽管是通过运用各种行为，再加上一些想象来展现的，而在第十四拍则是把情感寄托在虚无的梦幻当中。这两拍所使用的方法是那样的截然不同，然而却全都将人物心理的微妙变化非常细腻地表达了出来，而且表达的效果十分到位，让人能够切实感受到她内心全部的忧愁与伤感。

如果要说在这个长诗里面，那些心理描写是最能够引起人们的共鸣的，还是要说她对于在匈奴人那里生活了12年之后，终于要回到家乡了，却突然又生出难以割舍的情绪,以及和自己的两个儿子骨肉分离的万分惆怅。通过这件事,蔡文姬才真正体会到,人间的世事有多么的无常,于是她在这方面反反复复地讲述了很多遍,用来加强情感的抒发,表达出自己心中那最强烈的感受。例如"愿得归来兮天从欲,再还汉国兮欢心足。心有怀兮愁转深,日月无私兮曾不照临,子母分离兮意难任"、"喜得生还兮逢圣君,嗟别稚子兮会无因"、"今别子兮归故乡,旧怨平兮新怨长"。在这种反反复复的表达中,不但强调了她在这方面最深刻的情感,而且深化了她所要表达的内容,将这种无可奈何的矛盾心理表现得淋漓尽致,让所有的人跟着她的情感陷入一种进退两难的痛苦之中。

音乐才华的传承

蔡文姬在音乐上面之所以有那么高的造诣,创作出流传了千古的《胡笳十八拍》,这和她父亲蔡邕是有着密不可分的关系的,可以说是一种音乐细胞的传承吧。俗话说龙生龙、凤生凤,即便蔡文姬没有这种传承,从小就听着父亲弹琴作曲,也能够受到不少的熏陶,为以后的音乐才华打下非常好的基础。

蔡邕对于音乐非常精通,对于听音乐更是极为擅长。据说有一次在现在的浙江那一带,有一个人正使用一块梧桐木头烧火做饭,这个时候蔡邕正好从附近经过,听到了梧桐木燃烧的时候所发出来的声音,由于他整天和音乐做伴,对各种各样的声音非常敏感,所以现在一听到这个声音,便感觉有点非同寻常,不像是普通的木头所能发出来的。蔡邕赶紧冲进屋里,告诉那个人不要烧了,这是一块非常好的木头。烧火的人哪想到自己正做饭的时候会从外面闯进来一个人,还不让自己做饭,顿时有点丈二和尚摸不着头脑,只是看着蔡邕发怔。

蔡邕一看这位仁兄被自己的行为搞懵了,来不及和他解释,赶紧伸手从灶火当中将梧桐木扯了出来,并且将上面的火扑灭。由于蔡邕的手伸得太靠前,而且火势又旺,还将他的手烫伤了。尽管如此,梧桐木还是被烧焦了一大块。

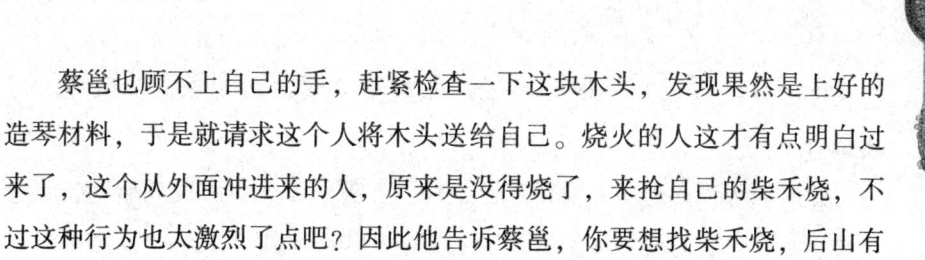

蔡邕也顾不上自己的手,赶紧检查一下这块木头,发现果然是上好的造琴材料,于是就请求这个人将木头送给自己。烧火的人这才有点明白过来了,这个从外面冲进来的人,原来是没得烧了,来抢自己的柴禾烧,不过这种行为也太激烈了点吧?因此他告诉蔡邕,你要想找柴禾烧,后山有的是木头,不行我再送你几捆柴,这么火急火燎的,还真把我吓了一跳。

蔡邕告诉他自己不要柴烧,就要这块烧焦了的木头。这人就将木头送给了他。蔡邕喜滋滋地抱着木头回家了,然后亲自将它制成了一把琴,在制作的过程当中,精雕细琢、一丝不苟。等琴制造好了以后,他马上就即兴弹奏了一曲,声音之清脆悦耳、细腻婉转,如同天籁,比皇宫当中的那些有名的琴还要好。蔡邕感觉心里比吃了蜜还甜,高兴地差点跳了起来,他端详这把琴许久,给它起了个独特的名字——焦尾琴。

关于蔡邕对音乐的敏感程度,还有一件事情可以证明。一开始的时候,蔡邕并不在京城居住,而是住在一个叫作陈留的地方。有一回,那里的一个人想要请蔡邕吃饭,这人将宴席摆好了,等待着蔡邕前来赴宴,蔡邕因为有点事情,去得晚了一点,到的时候宴席上已经喝得非常高兴了。

还没有进门,蔡邕便听到有一阵琴声传了出来,原来是宴会上喝到高兴之处,有一个客人正坐在屏风的后面弹琴以助兴。蔡邕是个音乐大家,便在门外驻足听了一会儿,但是越听越觉得不对头。在本来好好的音乐当中,却出现了一种不该有的杀伐之声。

蔡邕心想:"这个人请我喝酒,本来是一件好事,为什么音乐当中却包藏杀心,难道是骗我来这里,想要加害于我?"想到这里,心中一阵害怕,赶紧又沿原路返回了。

引领他的下人见蔡邕执意要走,也不好强行挽留,于是就将这种情况告诉了主人,说刚才蔡先生已经来过了,但是走到门口的时候站了一会儿就又回去了。主人一听,这是什么毛病,过来赴宴不进屋,在门口站一会儿就完事了?该不会是什么地方得罪了他吧?

蔡邕在当地的名气、学问和品行都是数一数二的,因此主人感到非常不安,赶紧找到蔡邕询问原因。蔡邕也不隐瞒,便将事情的经过全都告诉了他,主人说没有那样的事,我怎么会想害你呢?这完全是不可能的。于是他就把蔡邕又重新拉回到席上，大家听了蔡邕的说法，都感到非常奇怪。

　　这时候弹琴的那个人说话了，他说："我刚才坐在屏风的后面给大家弹琴助兴，这个时候我突然看到了一个螳螂想要捕捉一只蝉，这个蝉似乎发现了什么似的，看样子想要飞走，而螳螂在后面试探着爪子一伸一缩的，迟迟不敢下手。我的心里希望螳螂能够将蝉捉住，但是又有点担心它会将这个好机会错过，所以心中的思虑不纯了。也许这就是人们所说的心事在音乐当中表现了出来吧，让蔡邕先生感觉到了杀心。"蔡邕听后微笑着说："没错，事情一定就是这个样子的。"

　　从这些事情可以看出，蔡邕在音乐方面有着超凡脱俗的造诣，这些优秀的基因传承到蔡文姬的身上，也难怪她可以成为举世闻名的一代才女。

附录

谢道韫——出身贵族的咏絮才女

美女档案

☆ 姓名：谢道韫

☆ 民族：汉族

☆ 国籍：东晋

☆ 出生日期：公元 349 年

☆ 逝世日期：公元 409 年

☆ 美女纪念

谢道韫是东晋时期有名的才女，她自幼就受到良好的教育，因此写得一手好诗，其中《秦山吟》、《拟嵇中散咏松诗》广为流传。

峨峨东岳高，秀极冲青天。
岩中间虚宇，寂寞幽以玄。
非工复非匠，云构发自然。
器象尔何物？遂令我屡迁。
逝将宅斯宇，可以尽天年。

——《秦山吟》

遥望山上松，隆冬不能凋。
愿想游下憩，瞻彼万仞条。
腾跃未能升，顿足俟王乔。
时哉不我与，大运所飘摇。

——《拟嵇中散咏松诗》

人物简评

谢道韫温婉贤淑，满腹经纶，雄才善辩，刚毅果决，正气凛然，虽处生死关头却不失其节。其雅量高致，神清散朗，着实令人敬仰。从小就聪慧过人的她，以"咏絮之才"成为了中国古代美才女的形象代言人。

生平故事

谢道韫，是东晋时期陈郡阳夏（现今太康）人。谢家是当地的名门望族，在东晋的影响，可能比西汉的班婕妤所在的班氏家族还要旺。谢道韫在中国美女史上的地位，并非在于她的容貌有多么的光彩照人，而是在于以下两点：一，她是中国古代罕见的一个美女；二，她对东晋以后的历代美女的言行产生了很大的影响，是后代美女及才女们努力效仿的榜样。

显赫家室　成就才女

在东晋时期，王羲之所在的王氏家族与谢道韫所在的谢氏家族，世代簪缨，深受朝廷的重用。不仅有所谓的"王与马共天下"的说法，还有所谓的"山阴道上桂花初，王谢风流荡晋书"的说法。而"旧时王谢堂前燕，飞入寻常百姓家"，又写出了太多的人世沧桑，让人不禁感叹。

谢道韫出身名门，从小就受到家庭环境的熏陶，很小便能出口成章。在一个冬天的中午，谢家兄弟子侄在谢安府内围坐在一起吃饭，门外漂着鹅毛大雪。谢安有心试一试小辈们的才学，便向侄子谢玄说道："白雪纷纷何所似？"谢玄毫无诗意地回答说："撒盐空中差可拟。"谢道韫不假思索地说道："未若柳絮因风起。"

用柳絮来形容鹅毛大雪漫天飞舞，的确是比往空中撒盐要生动得多，

103

要知道当时的谢道韫才是一个七八岁的小女孩。"柳絮"这个词语大概就是从这个时期流传起来的，以至于后来的"咏絮之才"成为了形容才女的专用名词，就是这样一个小故事，奠定了谢道韫在东晋之后文坛上的地位。那是很多须眉男子终其一生也不能达到的境界和高度。

一般人家的女孩，在谢道韫这样小的年龄，绝对不可能咏出这样生动的句子。但是她们没有炒作的平台，就注定不可能雁过留声，谢道韫的才华毋庸置疑，但是她被誉为后世才女的典范，如果没有她背后显赫的家世撑腰，也是不可能的。在这样一个显赫的家族中，谢道韫想不成为才女都不行，想不出名也难啊！

谢道韫的父亲谢奕，被封为安西将军，风流成性，一代枭雄桓温对他十分赏识。有一次，谢奕喝醉了，一直追着桓温喝酒，桓温不胜酒力躲到了内室中，谢奕不依不饶，追过去逼迫着桓温将酒杯中的酒喝完，自己却醉倒在地躺在人家睡了一整天。

谢道韫的叔父谢安是大帅之才，淝水之战的时候在家中和别人下棋，前方捷报传到，他不动声色，依旧端坐着一直将棋下完。谢道韫的堂兄弟中，有"封胡羯末"四大才子。

谢道韫婆家的名人一大把。公爹王羲之，是中国古代不可一世的超级书圣。小叔子王献之更是受到历代书法家的敬仰。谢道韫的丈夫王凝之草隶皆工，在书法界也是响当当的人物。

按说，生活在这样一个"谈笑有鸿儒"的大家庭中，谢道韫的个人生活应该是十分有情调，非常快乐的。但是事实正好相反，她有一句埋怨丈夫的话："没有想到天下间竟然还会有王凝之这样不可理喻的人。"

只这一句，就足以看出谢道韫的委屈，万千怨言，尽在其中。

"王郎"王凝之可谓是学富五车，书法造诣十分惊人，但是他在政治上、军事上，甚至是生活上都是一个低能儿。因为有家族的庇佑，王凝之很早便出仕，曾经担任江州刺史，被授予左将军。后来又担任会稽内史，大概相当于现在的市长。重任在肩，他不将心思花在勤政爱民上，却对五斗米道十分痴迷。为了寻求长生不老之术，他按照五斗米道的规矩，每天到静室中祈祷忏悔，希望有一天修炼成功，闷得慌了，就跑到山上满山遍野地采药材炼丹药。

晋安帝隆安三年（399）十月，孙恩发动叛乱，率领五斗米道的道徒们从海上登陆，企图攻克上虞，挺进会稽。在这千钧一发的时刻，作为会稽郡的行政长官的王凝之倒也显得镇定自若。部下请求加强戒备，他却一笑了之，并不调兵防守，反而在衙门中摆下天师神位，每天在神位面前烧香祈祷。叛军已经兵临城下，情况十分危急，城中的守将和将士们都自发地进行防守，而他却依然在那里装神弄鬼，说是让神兵降临，帮助守城。到最后，神兵没有降临，贼兵倒是破城而入。在惊慌之后，王凝之终于想到了逃跑，这时候他连一家老小也抛下不管了，好不容易逃出城外，就被孙恩抓住了，一刀砍下了脑袋。

和王凝之不一样，谢道韫见到贼兵破城而入，异常淡定，她自己抱着小外孙刘涛，带领着手下丫环仆人带着兵器冲出府外，一路上突围出城。刚刚出门不久，就听到了丈夫和儿子惨死的消息，正好对面迎来了一群贼兵，谢道韫杏眼圆睁，手持利器，一连杀死了好几个贼兵，终因寡不敌众，力竭被俘。贼兵听说谢道韫是咏絮才女，都不敢杀她，带她去见孙恩。谢道韫一脸的正气，毫不畏惧。孙恩原本是一个杀人不眨眼的大魔头，见到谢道韫正义凛然的样子，也忍不住打了一个冷战。孙恩抬手一挥让人放了谢道韫，却不肯饶恕小刘涛。谢道韫护着小刘涛，说道："今天的事，是我们王家的事情，和他族又有什么关系呢？你要杀就杀我好了。"孙恩被面前的这个女子深深震撼了，再一次挥手放过了小刘涛。于是谢道韫抱着外孙刘涛转身离开了。

自从丈夫死后，谢道韫在会稽山上过着寡居寂寞的生活，孙恩兵败之后带兵逃离会稽，新到任的会稽太守刘柳对于谢道韫的才情十分欣赏、敬佩，按照当地的惯例，新官上任需要去拜访当地的名流。谢道韫对于刘柳的为人也早有耳闻，欣然同意会见。会见就安排在谢家的客厅。谢道韫高挽发髻，坐在白素的椅子上，隔着屏障与太守说话。刘柳坐在特意为他设置的客座上，听谢道韫娓娓道来。会见结束之后，刘柳离开谢家，感慨着对同僚们说："谢道韫每每谈起家事，就慷慨涕零，在回答我的问题的时候，雅量高致，当真是名不虚传，真不愧是巾帼才女啊！"谢道韫也十分感动，对身边的侍从说："自从亲人们去世之后，我总是会感到孤独，深深感到人情凉薄。今天刘太守嘘寒问暖，真是不枉见面一场啊！"

即使谢道韫出身名门，身后一片赞誉，但是在门阀色彩相当严重的晋朝，王、谢世家自恃清高，婚嫁除了送入皇宫攀龙附凤，就是在两族之内进行。两晋消亡之后，王谢两家的风光不再。然而物极必反，梁武帝统治时期，一代枭雄侯景向王、谢两族求婚被一口拒绝，将其视为平生恨事。后来造反得势之后，他下令将王、谢二族全部诛杀，王、谢两家的数代风流也到此为止了。

"一生皆因聪睿起，深入望门终身误。"作为古代罕有的美才女，谢道韫有她风光的一面，然而终其一生，终究逃不过"红颜薄命"的魔咒。

谢道韫人生精彩片段

史载谢道韫的人生精彩片段，咏絮是其一，怒骂王凝之与临危不惧是其二，第三个是关于她的雄辩之才的记载。

东晋时期崇尚清淡之风，只需要一炷香、一盏清茶、一杯醇酒，就可以海阔天空彻夜长谈，就连大家闺秀有时也可以参与讨论，因为自汉代以来儒家地位独尊，当时男女授受不亲的礼节也逐渐受到重视，因此大家闺秀参与清谈，经常设置一张青绫幕幛以自蔽，让对谈的男性客人只可以听到声音却看不到容貌。

有一次，丈夫的弟弟王献之和朋友一起谈论诗文，处于下风，此时，正好被刚刚经过的谢道韫听到了。她躲在屏风后面耐心听了一会儿，之后就叫婢女告诉王献之，她愿意出去为王献之解围，王献之与客人异口同声表示愿意聆听嫂子的高见。

谢道韫端坐在青绫幕帐的后面，首先将王献之的前议加以肯定，之后引经据典围绕主题作了深层次的发挥，立意高远，讲得头头是道，客人词穷，心甘情愿败下阵来。临危不乱，从容不迫，理直气壮，淡然处之，经常可以让艰难困苦的局面在顷刻之间化险为夷，这种"泰山崩于前而色不变"的刚毅气质，谢道韫是受到了叔父谢安的影响。

第四个精彩片段是她情趣高雅。有一天，谢安突然问谢道韫："毛诗何句最佳？"谢道韫轻轻松松地回答说："吉甫作诵，穆如清风。"吉甫便是周朝的贤臣尹吉甫。"吉甫作诵"所指就是尹吉甫写的"丞民之诗"，这首诗赞美了周宣王的卿士仲山甫，帮助周宣王成就了中兴之治。谢安听到之后十分高兴，立刻称赞谢道韫颇有"雅人的深致"。难道谢道韫真的喜欢这两句了无生趣、毫无意境的毛诗吗？当然不是了。只因为这首诗是仲山甫授命建城，尹吉甫为他送行的时候所作的诗。仲山甫是周朝的大臣，谢安也是大臣，将他比作是周代名臣仲山甫，谢安当然没有不高兴的道理了。从这个故事中不难看出，谢道韫真是机智过人，不过也从侧面说明了她从小就是一个颇有心计的女孩子。

第五个精彩片断是关于她人品操守的评价。

这个故事出自《世说新语》，是说张玄的妹妹张彤云嫁到顾家，张玄经常拿自己的妹妹和谢道韫相比较。有一个叫济尼的人经常出入顾、王两家，一些人就问济尼：谢道韫与张彤云谁更好一些？济尼想了想之后说道："王夫人给人的感觉神清气爽，颇有'林下之风'；顾家妇给人的感觉清新淡雅，颇有'闺房之秀'。"两个人各有所长，大家都认为还算公允，但是济尼这个人比较圆滑，两家都不得罪。事情摆在眼前，世上之人都知道谢道韫，知道张彤云的又有几人呢？

第六章

甄洛——宛若水仙的洛水女神

美女档案

☆姓名：甄洛

☆民族：汉族

☆国籍：曹魏

☆出生日期：公元183年

☆逝世日期：公元221年

☆美女纪念

甄洛被曹丕赐死之后，葬于邺城。古邺城的遗址是现今河北省临漳县，位于距离临漳县西南20公里的香菜营乡邺镇村、习文乡一带，在今安阳市中心18公里的地方，距离邯郸市40多公里。邺城始建于春秋齐桓公统治时期，后来曹魏、后赵、冉魏、前燕、东魏、北齐相继以此作为都城。

邺本分为南、北两城。北城是曹操在旧址的基础上扩建的，东西长7里，南北长5里，北临漳水，城西的北侧从北向南主要有冰井台、铜雀台、金虎台三台，也就是现在河北临漳县西南香菜营乡邺镇、三台村和东邺城遗址内。南城于东魏初年修建完成，位于现在的漳河南北，东西长6里，南北8里，比北城大。

人物简评

甄洛瑰姿艳逸，仪静体闲，柔情绰态，媚于言语。她是乱世中的悲情女子，她所做的一切都深深刻上了时代的烙印，对于这样一个痴狂的纯情女子而言，着实令人惋惜！

生平故事

甄洛，文昭甄皇后，真实姓名不详，又称为甄夫人，是魏文帝曹丕的正妻，魏明帝曹睿的生母。曹睿即位之后追尊甄氏为文昭皇后。

小小年纪　见多识广

甄洛在汉光和五年十二月丁酉日出生于中山国无极。她拥有显赫的家世，是东晋时二千石显官甄邯的后人。她是家里三男五女八个孩子当中最小的一个。在她3岁时，父亲上蔡县令甄逸不幸逝世了。

据说，在甄洛还是一个婴儿的时候，每一次入睡的时候，家人总是可以看到仿佛有人将玉衣披盖在她的身上，全家上下对于这件事情都惊叹不已。后来有一个著名的相士刘良为甄家子女看相，刘良在看到甄洛的时候，忍不住大惊失色，指着婴儿甄洛说道："这个小姑娘以后一定是大富大贵的命。"

甄洛从小喜欢学习，而且过目不忘，所以饱读诗书，最特别的还是她读书的宗旨："闻古者贤女，未有不学前世成败，以为己诫。不知书，何由见之？"

因为善于吸取前人的经验教训，所以小甄洛从小就拥有异于常人的见识。东汉末年战乱不断，洛阳官员士族百姓流离失所，食不果腹，不得已只好变卖家中的金银财宝换取食物。甄家巨富，不但没有忍受流离失所之苦，反而囤积了大量的粮食，这个时候便趁机高卖谷物，大量收敛珠宝金银。当时，甄洛10岁，对于家人的这些做法十分不满，认为在这个纷乱的时代聚敛财富，不仅容易招致乱兵盗匪的垂涎，更是会激起民愤，危及家人的安危，倒不如将这个粮食拿出来赈济灾民，广施恩惠更加妥当。家人听了甄洛的话，不禁恍然大悟，立刻照办。

甄洛不仅富于见识，而且天性慈孝，对于长辈家人十分重视孝悌友爱之情。

孝感恪天　婆媳和睦

甄洛的名声很快宣扬出去了，不久，就传到了大军阀袁绍的耳中。于是，他便为二儿子袁熙向甄家求婚，甄家当然十分乐意这门婚事，于是，很快甄洛便成为了袁家的儿媳妇。

这时的袁绍正是意气风发，就在世人都认为他可以唾手而得天下的时候，可谓富矣贵矣。这桩姻缘，似乎正将甄洛带向幼年那"贵不可言"的相士的预言中。

但是让人意想不到的是，袁绍就输得一败涂地。建安九年（204年），冀州邺城不幸被曹操的大军攻破，早已经对甄氏的姿色垂涎已久的曹丕迫不及待地闯进了袁府。当甄洛出现在曹丕的面前时，曹丕惊呆了，顿时头晕目眩，连手里的剑都把持不住，只听"咣当"一声，剑掉到了地上。——儿子的心事曹操怎能不知道，虽然他对甄洛的才貌双全也已经是慕名已久，但是依旧摆出了一副为人父应有的姿态。

没多久，甄洛就成了曹丕的妻子。

这是一桩不折不扣的姐弟恋，这一年，初婚的曹丕17岁，而新寡再嫁的甄洛22岁。

曹丕和甄洛结婚之后，过了一段郎情妾意的甜蜜生活。没几年，甄洛就生下了长女与长子，也就是后来的东乡公主与魏明帝曹睿。

从历史记载上来看，甄洛将全部身心都花在了丈夫曹丕的身上，她生平最大的愿望便是稳固恩宠，让她人无机可乘，一步一步坐上皇后的宝座。

不得不承认，甄洛集聪明和智慧于一身，她对于自己的畸形身世——曹氏死敌家的再嫁之妇里有数，所以在曹丕的面前，她采取的是一种先抑后扬的争宠方法：在任何时候都表现得与诸姬谦让友爱，甚至还经常劝说曹丕不要对自己太好，要时常与其他姬妾多亲近，这样才好多生一些孩子。这样一比较，最开始和甄洛争宠的另外一名姬妾任氏，在曹丕的心里就显得心胸狭窄、满腹牢骚，简直是讨厌极了。没过多久就被曹丕赶回了娘家。在任氏被废之前，甄洛曾经向曹丕跪下苦苦哀求："任夫人原本是出身高贵的大家闺秀，才学、品貌都要强自己太多。而大家都知道最受您的宠爱的是我，因此他们一定会说，任夫人与您的离异决裂，肯定是我从中挑拨离间。这样岂不是平添了我的罪过，所以我请求您不要废弃任夫人。"这番话说得感人至深，让曹丕好不忍心。

随着年龄的增长，甄洛又一鼓作气生了两个孩子，原本就比曹丕年长5岁的她逐渐容颜老去，容貌渐渐不如曹丕的其他姬妾美了。于是，她把更多的心思花在了争取婆母卞夫人的欢心上面，希望在自己年老色衰之后还有婆母帮自己撑腰。

建安十六年（甄洛三十岁，曹丕二十五岁），曹操带着卞夫人一起出征，让曹丕与甄洛夫妇在邺城留守。在出征的途中，卞夫人不幸感染风寒，留在孟津治疗。消息一经传来，甄洛便心神不安起来，坚持要前往孟津去侍奉婆母。曹丕坚决不允许她犯险上路，她急得日夜哭泣。过了几天，曹丕让侍从去向甄洛报信，说是卞夫人的身体已经康复了。但是甄洛坚持不肯相信，说："卞夫人以前在家的时候，每一次生病都会反反复复好长时间，现在在途中患病，各种条件都不如在家里好，怎么反倒好得快了呢？你们肯定是在骗我，为了让我开心。"曹丕真的是没有办法了，只好又派人赶往孟津，带回了一封卞夫人的亲笔信，信上写着自己的病情已无大碍的字样。看了这封信之后，甄洛一颗悬着的心才总算放下来。

第二年1月，卞夫人跟随班师的曹操大军返回邺城，甄洛迫不及待地前往迎接。当卞夫人乘坐的轿子刚刚出现在远处，甄洛就已经高兴得泪流满面了。卞夫人见到自己的儿媳妇这个模样，不禁感动得流下了眼泪，拉着甄洛的手说："你是害怕我上次生病像以前那样反反复复难以痊愈吗？唉，我只不过是偶感风寒，小病而已，十几天就好利索了。你瞧瞧我的气色，不是很好嘛。"

甄洛这一次的"孝感恪天"的表现，为她挣了不少分数——卞夫人见人就夸："我那个大儿媳妇，真是一个孝顺的孩子啊。"

四年之后，曹操再一次率领大军东征，卞夫人、曹丕和甄洛的一对儿女曹睿、东乡公主都会随行。但是不巧的是，甄洛正好在这个时候感染了风寒，只好留在邺城治疗。

甄洛在这里等了足足一年的时候，直到第二年9月，曹操大军才返回邺城。

一见面，卞夫人就对甄洛容光焕发的丰满模样感到十分诧异，问她："你和两个孩子分开了那么久，难道不牵肠挂肚吗？怎么看上去反倒比一年前更加滋润精神了？"甄洛笑着解释道："睿儿他们在奶奶身边，我还有什么好担心的呢？您老人家在照顾孩子方面自然比我更加妥当啊。"

殊不知，在家庭之中，最容易引起婆媳之间反目的敏感问题，就是在养育孙辈上。甄洛说出的这番话，卞夫人听着心里自然舒服很多。

丈夫逼迫　服毒而亡

建安二十五年（220），曹操病逝。延康元年（200），34岁的曹丕逼迫汉献帝退位，取而代之，即为魏文帝。成为了曹魏帝国的帝王之后，曹丕尊封生母卞夫人为皇太后，居住于永寿宫。

后宫不可一日无主，甄洛不仅仅是曹丕的原配妻子，还是曹丕长子长女的生母，更是颇得婆母卞夫人的欢心，依照常理来说，接下来就应该册封甄洛为皇后了。

但是甄洛高估了卞夫人所能给予的助力，更是高估了自己在丈夫心目当中的地位。

此时的曹丕，早已经移情别恋，专宠贵嫔郭氏了。

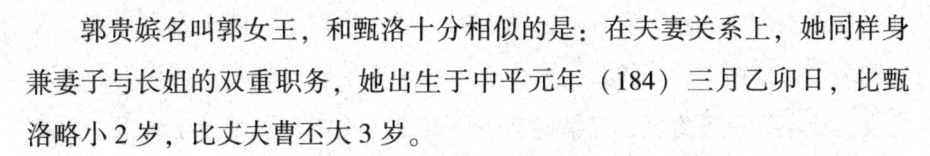

郭贵嫔名叫郭女王，和甄洛十分相似的是：在夫妻关系上，她同样身兼妻子与长姐的双重职务，她出生于中平元年（184）三月乙卯日，比甄洛略小2岁，比丈夫曹丕大3岁。

郭女王的父亲郭永在东汉末年官至南郡太守，她在三男二女的兄弟姐妹中居中。

郭女王在年幼的时候比甄洛可怜得多，可以说是在颠沛流离中度过的。在黄巾起义中，她的父母和兄弟姐妹都死去了，而她也从官宦人家的小姐沦落为铜口侯家的婢女。再后来，作为礼品，她被主人奉献给了曹丕。虽然自己只不过是婢女出身的姬妾，但郭女王凭借自己的聪明才智引起了曹丕的注意，并很快崭露头角。

甄洛的聪明，更多地表现在家庭内部上，但是郭女王却比甄洛高明很多，她拥有参与政治斗争的智谋。在曹丕与诸兄弟争夺魏王世子的斗争中，郭女王不断地出谋划策，为丈夫屡出奇谋，可以这样说，曹丕之所以最终称帝，郭女王功不可没。

那么，不用多说了，曹丕移情别恋也就情有可原了。

但是对于年仅40岁的甄洛来说，更糟糕的还不是因已经不再年轻的郭女王。自打曹丕称帝，出现在他身边的美女更是数不胜数。希望巩固权位的将相大臣们都赶着将自己年轻貌美的女儿往魏宫里塞。很快，在这群年轻的美人中，又有李贵人、阴贵人成为曹丕的新宠。

甄洛如今所面对的，是自她嫁给曹丕以来，从没有过的冷清局面。自从在夺嫡斗争中郭女王表现得更有智慧以来，她在曹丕心目中的地位已经江河日下。因此曹丕在即位成为魏王之后，干脆将甄洛丢在了邺城，只带着可以为他出谋划策的郭女王出征，并且一直将郭女王带到了洛阳，和郭女王一起同心协力地策划汉献帝禅位事宜。

不久，曹丕便如愿以偿地坐上了皇帝的宝座，不用说，郭女王在他的心目中更是旺夫至极。因此，在册立皇后的问题上，曹丕一直犹豫未定。实际上，他心中的天秤已经倾向了为他出谋划策的郭女王，更何况"见面三分情"——两年以来，曹丕与甄洛一次面都没有见过，身边又有那么多的莺莺燕燕，此时，他对于甄洛的旧情还剩下多少呢？

115

在曹丕即位称帝之后，退位的汉献帝刘协将自己的两个女人送到了曹丕的后宫。依照辈分来说，这两位应该算是曹丕的外甥女，再加上是逊帝之女，曹丕即便不宠爱，在情面上也不好过于冷淡。再加上李贵人、阴贵人……远在邺城连丈夫的面都见不到的甄洛，已经陷入了四面楚歌的绝境。

据说，甄洛不仅貌美，还善于修饰。在她所居住的宫殿里，有一条口含赤珠的绿色灵蛇。甄洛每天都会留意观察这条蛇的动态，从它盘曲卷绕的姿态中学习新奇的发饰。所以她的发型每天都有不同，被称之为"灵蛇髻"。

然而，再新奇的发饰和头型，也要有人欣赏才有价值。而现在，那一个最应该欣赏的人，早已经绝情不顾了。

甄洛熟读史书，当然知道后宫争宠是怎样一种情形。她一个人居住在邺城，遥想洛阳城内曹丕身边的众多美女娇娥们对自己这个嫡妻的百般诋毁，不禁愁肠百结。

作为一个后宫女人，甄洛的确曾经对争宠的姬妾们表现得宽宏大量。但是，这当然需要一个前提，就是她身为嫡妻，并且"宠愈隆"的情形下，才会"弥自挹损"。但是现在这个前提已经没了，她不得不对负心的丈夫心生怨念。

在这样的情况下，甄洛触景生情写下了一首抒发哀伤、怨恨曹丕薄幸的诗作《塘上行》："蒲生我池中，其叶何离离。傍能行仁义，莫若妾自知。众口烁黄金，使君生别离。念君去我时，独愁常苦悲。想见君颜色，感结伤心脾。念君常苦悲，夜夜不能寐。莫以豪贤故，弃捐素所爱。莫以鱼肉贱，弃捐葱与薤。莫以麻枲贱，弃捐菅与蒯。出亦复苦愁，入亦复苦愁。边地多悲风，树木何修修。从君独致乐，延年寿千秋。"

然而，令甄洛意想不到的是，这首凄恻哀怨的情诗，不仅没有让丈夫怀念往日情分，反倒适得其反。曹丕读完这首诗之后大怒，在即皇帝位的第二年六月即黄初二年（221），由洛阳派遣使者前往甄洛独居的邺城旧宫，逼迫他喝下了毒酒。

在冤死之时，甄洛才40岁，负心汉曹丕35岁。

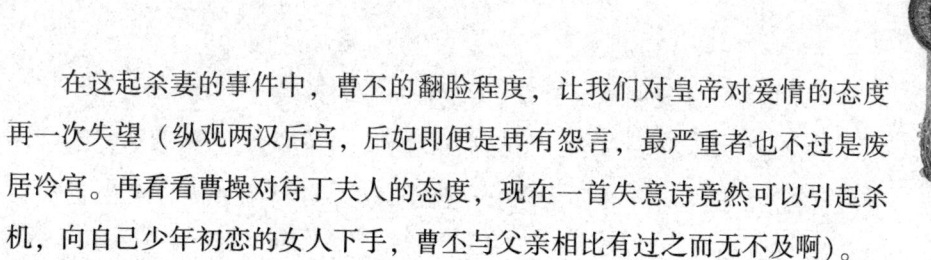

在这起杀妻的事件中，曹丕的翻脸程度，让我们对皇帝对爱情的态度再一次失望（纵观两汉后宫，后妃即便是再有怨言，最严重者也不过是废居冷宫。再看看曹操对待丁夫人的态度，现在一首失意诗竟然可以引起杀机，向自己少年初恋的女人下手，曹丕与父亲相比有过之而无不及啊）。

更让我们奇怪的，是卞太后的表现。甄洛自从嫁入曹家，在这位婆母身上付出了很大的心血，论及孝顺甚至超过了曹家的亲生儿女，卞太后也不止一次赞扬甄洛的贤惠孝顺，更对甄洛为自己生的孙儿孙女爱如掌上明珠。但是在曹丕即位两年的时间里，卞太后不但没有为甄洛站出来说话，要求儿子册立她为皇后，也没有在她面对死神的时候挽救她的性命。这位婆婆，还真是令人费解呢。

当然，关于甄洛的死还有另外一种说法。

据说，在曹丕兄弟争夺魏王世子位的斗争中，卞夫人是倾向于自己的三儿子曹植的。而甄洛与婆母一样，也极力支持曹植即位——因为她爱上了曹植。因此，甄洛之死，与她的婚外情曝光有很大的关系。曹植因为在爱情和权利方面都是曹丕的劲敌，后来还被逼着作了一首"七步成诗"，万幸逃出生天之后，他为自己的嫂嫂写出了纪念爱情的千古名篇《洛神赋》。

当然，这种说法并不足以取信于人。

倘若甄洛与曹植真有情谊，她为什么还要写《塘上行》？对于感情出轨的女人来说，丈夫变心真是一件大好事，这种男人离自己越远越好，简直是给自己一片自由天地啊！

《洛神赋》原名《感甄赋》。但是此"甄"与彼"甄"大有不同。——在作《感甄赋》的前一年，即黄初二年（220），曹植被曹丕封为甄城侯，第二年又晋封为甄城王（现今山东濮县）。所谓感甄者，所感的并非甄洛之甄，而是怀才不遇的甄城王之甄。

而洛神，是洛水之神，名宓妃，是传说当中伏羲氏的女儿。曹植在《洛神赋序》里写道："黄初三年，作朝京师，还济洛川。古人有言，斯水之神，名曰宓妃。感宋玉对楚王神女之事，遂作斯赋。"后来，甄洛的儿子曹睿即位为魏明帝，他对于叔叔的文章倒是十分喜欢，只不过觉得题目取得不是很好，于是将《感甄赋》改名为《洛神赋》。

不管是曹植，还是曹睿，他们都没想到，他们先后为赋取名，都恰好嵌入了甄洛的闺名。于是文人附会，臆想百出，那个在洛水之畔赠送枕头的女子，便由宓妃变成了甄洛。

不过话说回来，后世文人们非要将甄洛与曹植牵扯到一起，真不知道他们是在同情甄洛、曹植，还是恰恰相反？——有媳之叔和有夫之嫂私通，不管在哪个年代都不是什么好名声，假如真有这样的事情，那么曹丕杀妻岂不是有理了吗？

真是不知道这些人是怎么想的！

由甄洛《塘上行》一诗来看，"众口铄黄金"……谗害她的是整群后宫妃嫔。从史载的郭后为人来看，她并一定是坑害甄洛最起劲的一个人……不过是她取代了甄洛的位子，因此人们便纷纷将矛头指向她而已。

更何况，后宫的女人为了争宠说对方坏话是再正常不过的事情了。妃嫔们（包括郭女王）在背后说甄洛坏话是肯定的，但是恐怕她们并非想要她的性命——说白了，甄洛还不是皇后，只要让她不得封后就可以了，为何非要杀了她呢？——但是这个男人居然下得了手，谁又想得到！当真是为甄洛感到不值啊！

曹植七步成诗

孙权占据了荆州，斩杀了关羽，害怕刘备报复，就派遣使者给曹操送了一封信，表示愿意归顺曹操，而且劝说曹操顺应天命，趁早称帝。曹操受到这封信之后，就顺手递给他的心腹大臣传看。他微笑着说："孙权这个小子，是想要把我放在火炉上烤啊。"

自从汉献帝将都城迁至许都之后，朝廷政权与兵权全部掌握在曹操一个人的手中。曹操要废掉汉献帝，自己称帝，是再简单不过的事情了，但是他考虑到汉室虽然衰落，还存在一个正统的名义，担心自己做了皇帝，还是有人会心生不服。所以他认为孙权劝他称帝，是成心要让他为难。

他沉思一下，又说："若是真有天命的话，那就做一个周文王吧！"意思是让自己的儿子将来做皇帝。这件事过了不久，曹操旧病发作，就医服药都没有用，最终在洛阳去世。这一年，他66岁。

曹操去世之后，太子曹丕继承父亲的爵位做了魏王和丞相，掌握着朝廷大权。曹丕即魏王位以后，有人告发他的弟弟、临淄侯曹植时常喝酒骂人，还把他派去的使者扣押起来。曹丕立刻派人前往临淄，将曹植逮住了押回邺城审问。

原来，曹丕与曹植都是曹操的妻子卞氏生的孩子。曹操不仅是一个政治家、军事家，还是一个文学家，兄弟二人也十分擅长诗文，文学史上将曹氏父子称为"三曹"。曹植从小就非常聪明，在十几岁的时候，所读的史书就很多了，可以写出十分出色的文章。有一次，曹操看了曹植的文章，有些怀疑，问曹植说："这是你请别人代写的吗？"

曹植跪下来说："儿出口成文，下笔成章。怎么会叫人代写呢。父王如果不相信，可以当面试一试。"

曹操试了曹植很多次，认为他的确十分有才华，所以对他十分宠爱，多次想把他封为王太子，只是因为很多大臣反对，才迟迟没有决定。

曹丕害怕自己的地位不稳，想方设法讨曹操的欢心。有一次，曹操外出打仗，曹丕、曹植都去送行。在临别的时候，曹植当场念了一段颂扬曹操功德的文章，大家听了十分赞赏。

有人在曹丕的耳边小声地说："大王就要离开了，你只要表现出无比的伤心就可以了。"曹丕果真抹着眼泪向曹操告别，曹操因此十分伤心，也掉下了眼泪。

这件事让曹操觉得曹丕在文采上虽然不如曹植，但是心地善良，对他的感情很深。再加上左右侍从替曹丕说好话的人非常多，曹操宠爱曹植的心渐渐就变了。

曹植是一个十分不注意小节的人。有一次，他竟然在王宫里坐着马车，私自打开王宫外门出去。这件事情可谓是违背了宫中的大忌。曹操听说这件事情之后，大怒，把管宫门的官员办了死罪。

还有一次，曹操遣派曹植带兵出征。曹丕得到消息之后，事先送酒食

第六章 甄洛——宛若水仙的洛水女神

119

去，与曹植喝酒，让曹植喝得酩酊大醉。就在这个时候，曹操派人去找曹植，就连续催了好几次，曹植还没醒来。曹操只好将曹植出征的事情取消了。

从这时候起，曹操就逐渐打消了将曹植立为太子的念头。曹丕做了魏王之后，依然十分嫉恨曹植。这一次，就抓住机会把曹植抓起来，想要处死曹植。他母亲卞太后知道这件事情后，焦急万分，连忙在曹丕面前，给曹植求情，希望他看在兄弟同胞的情分上，可以宽恕曹植。

曹丕不可以不听母亲的话，再说，为了一点小事杀了自己的兄弟，自己也不体面，就只把曹植的临淄侯爵位撤了，降为一个比较低的爵位。

据说，曹丕将曹植叫来之后，为了惩罚他，要他在走完第七步的时候做出一首诗。如果可以做出来，就免他一死。

曹植略微思索了一下，就迈开了步子，走一步，念一句，顺口就念出了一首诗：

煮豆燃豆萁，
豆在釜中泣。
本是同根生，
相煎何太急。

曹丕听到之后，也认为自己逼得弟弟太紧了，心中感到十分惭愧，就决定免去曹植的死罪。

曹丕做了魏王，不像他的父亲那样害怕别人议论。就在这一年的秋天，由他的亲信联名上书，劝汉献帝让位给魏王。

汉献帝已经做了30多年的挂名皇帝，接到大臣们的上书后，就宣布让位，改称山阳公。曹丕的亲信大臣们还专门举行了一个十分隆重的"推位让国"的禅让仪式，表示汉朝的皇权是献帝自愿让的。

公元220年，曹丕称帝，建立魏朝，即魏文帝。而曹丕的即位，也标志着东汉王朝的结束。

第七章

郭女王——隐藏在背后的『军师』

美女档案

☆姓名：郭女王

☆民族：汉族

☆国籍：曹魏

☆出生日期：公元184年

☆逝世日期：公元235年

☆美女纪念

郭女王去世之后，与曹丕合葬于首阳陵。

首阳陵位于现今洛阳东偃师市首阳山。首阳陵的构造极为简单，依山而建，也没有修建陵寝园地、神道等，地表没有任何痕迹。墓陵中的建筑豪而不奢，随葬品主要以瓦石为主，目的是为了防止后人盗墓。

人物简评

郭女王的一生，除了众说纷纭的甄氏之死一案外，史料中再也没有记载过她的任何过失。不管怎样，郭女王辅佐曹丕让曹魏一步步走向兴盛，是曹魏王朝上唯一一位为国家的兴旺做出贡献的后妃。正是因为这一点，郭皇后生前风评极好，当世的人们对于她的死怀抱伤感，自然是不会错的。

生平故事

郭氏，文德郭皇后，字女王，魏文帝曹丕的皇后。出生于安平广宗（现今邢台广宗）人，荆州南郡太守郭永的第二个女人。早年孤身流离于乱世之中，后来成为了曹丕的妻子，曹魏王朝的第一任皇后。其在位期间肃恭节俭，动合规矩，谥号文德皇后。郭女王很有智谋，通舞艺，而且天资聪颖、貌美如花。

母仪天下

郭女王的祖上世世代代为长吏，她的父亲郭永在东汉末年官至南郡太守，母亲为董氏，即堂阳君，长兄郭浮担任高唐令。

郭女王出生于公元184年4月8日，出生那一天天空出现异象。据说她从小言谈举止不同一般，所以父亲十分器重她，曾经感叹道："此乃吾女中王也。"意思就是说她有"女中之王"的超凡气质，于是就闺名之外，就为她取名为"女王"。

郭女王的少女时代非常不幸，是在颠沛流离之中度过的。她的双亲和兄弟都在战乱之中不幸去世了，从此她便从官宦人家没落在铜鞮侯家中。

建安十八年五月，她因为自身的美貌才有机会进入曹丕东宫，在此前后很善于舞蹈。郭女王的聪颖明慧、理智冷静很快就引起了曹丕的注意，并且很快崭露头角。为曹丕夺取魏王世子之位出谋划策，因此很受曹丕的重视。

谋士夫人郭女王比丈夫曹丕年长3岁。在郭女王显露出自己的聪明得到曹丕的重视的时候，曹丕的正室甄氏已经在后宫巩固了自己的地位。

甄氏的出身尊贵，其少女时代比郭女王幸福很多。她原是袁熙的妻子，后来袁氏一门被曹操所灭，后被曹丕纳入府中，生下长子曹叡与长女东乡公主。曹丕将元配妻子任氏送回娘家，当时甄氏痛苦着为她求情。就连曹丕的生母卞夫人也十分喜欢这个媳妇，时常在外人面前夸赞媳妇善良、孝顺。

甄氏的聪明更多地表现在家庭事务中，但是郭女王却拥有了参与政治斗争的智谋。

建安二十五年（220年），曹操病逝，曹丕继承父亲的职位到魏王王位与丞相的重要职务。郭女王同时被晋封为"夫人"。曹丕将甄氏留在了邺城，只带着能够为自己出谋划策的郭女王出征，并且一路将郭女王带到了洛阳，和郭女王一起同心协力地策划汉献帝禅位事宜。同年十一月，曹丕登基称帝，建立魏国，是为魏文帝。此时的甄氏39岁，郭女王37岁，两个女人同时失去了让她们引以为傲的美貌。

曹丕如愿以偿坐上了皇上的宝座，不用说，郭女王可谓是功不可没。所以，在之后册立皇后的问题上，曹丕一直犹豫不决，他实际上更多的是偏向与自己情投意合的郭女王。

自从曹丕登基之后，文武大臣们纷纷将自己的年轻貌美的女儿送进宫里，此时，对于甄氏来说，最糟糕的并非来自郭女王的威胁，还有众多佳丽们的献媚。

在曹魏初年有夫人、昭仪等五等，后增至十二等，主要以贵嫔、夫人最高，以下依次是淑妃、淑媛、昭仪、昭华、修容、修仪、婕妤、容华、美人、良人。贵嫔是曹丕新设的等级，地位仅次于皇后。也就意味着郭贵嫔的地位已经超过了甄夫人。

甄氏虽为正室，还生有长子长女，但是毕竟她已经整整两年没有见过丈夫一面，俨然她已处于四面楚歌的困境当中。再加上后宫中的诸位美人对甄氏对这位正室的攻击必定不少啊。

没有办法肯定地说郭贵嫔没有参加这次的争斗，但是从她的为人来看，她绝对不是攻击的最起劲的一个。毕竟攻击一个人会伤害到别人，可能在曹丕的心中还会留下心胸狭窄的印象。政治斗争中走过来的郭贵嫔不可能不明白这一点，因此不管出于什么目的她都不可能是这场毁誉活动当中的中坚份子。

在即皇帝位的第二年6月，失意的甄氏便心生"怨言"，曹丕知道后大为震怒，由洛阳遣使者前往甄氏独居的邺城旧宫，一壶毒酒赐死了甄氏，并令其将尸体"被发覆面，以糠塞口"下葬。

曹丕对甄氏心生杀机，历来被认为在曹丕的面前对甄洛进行诋毁的人，这其中最大的嫌疑人便是郭女王。

从历史记载的郭后的为人看来，她不会是坑害甄氏最厉害的人，只不过是她替代了本该属于甄氏的位置，因此便将矛头都指向了她。

黄初三年，曹丕正式提出册立郭女王为皇后。中郎栈潜斗胆上疏劝谏。曹丕不听，于黄初三年九月庚子日，册立郭氏为皇后。

郭女王自此成为了曹魏王朝的第一位在任皇后。

绰约凤兮

郭女王原本居住在东宫，虽然备受曹丕的宠爱，但是却十分恭敬。对婆母卞皇后更是关怀得无微不至，孝名远扬。

后宫中的嫔妃、贵人一旦有什么过失，郭皇后经常弥补，掩饰她们的过失，她总是向曹丕讲事情的始末详情，曹丕如若有所迁怒，至为之顿首请罪，因此六宫都没有怨言。

郭皇后生性节俭，不事享乐，而且严格要求自己的家人。她的亲兄弟在战乱之中丧生，她便将自己的从兄郭表改立为父亲的继子，郭表被起用为奉车都尉。

郭皇后外家的姻亲刘斐要与别国人订婚，郭后听说这件事之后，就敕令亲戚们说："嫁娶之事，应该安守本分，只要门户匹配的乡里好人家就可以了，不必攀炎附势，与高官贵族攀龙附凤。"

或许是自己亲身经历的关系，郭皇后对于家族中男人三妻四妾的行为十分反感。她的外甥孟武想要纳妾，郭皇后坚决制止，说："现在适龄的女子少而男子多，应该让他们嫁给为国征战的将士。你们本就已经娶妻，就应该与妻子和睦相处，不可以倚仗权势假借因由将她们娶来作妾。如果族人中有谁反对这一规矩，我一定会给予重罚。"与此同时，还经常敕戒郭表、孟武等人："汉室当中的那些汉子，极少能够有人保全自己，都是因为骄奢糜费，对此不能不慎重啊！"

黄初五年（224年），曹丕亲自率领大军征讨东吴，郭皇后留在许昌永始台。当时大雨连续下了3个多月，楼台城墙大多被洪水冲垮淹没。大臣们纷纷上奏郭皇后要离开皇宫，换一个地方居住。郭皇后却说："从前楚昭王出游，妻子贞姜留住渐台，江水暴涨，昭王派人前去接她，但是匆忙之中却忘记了带令符，贞姜便坚决不肯离开，一直到被大水淹没。现在皇上身在远方，我十分庆幸自己没有遇到那样的处境，为什么要换地方呢？"大臣们听后，都哑口无言，谁也不敢在劝了。

黄初六年，曹丕又东征孙吴，到达了广陵郡，郭皇后被留在了曹氏故里谯县的行宫。当时，郭表留在行宫之中当警卫，就想要动用公家的建材建坝拦水捕鱼。郭皇后知道之后就劝阻它说："河流首先应该保证运输军粮的船只畅通无阻，更何况现在正是国家危难之时，家中负责经办这些事的奴客不在，而你却又要私取官府的竹木建造拦水的堤坝。如此说来，你这个奉车校尉不就是'捕鱼校尉'了吗？"

这所有的行为都为郭皇后赢得了宫内、宫外的尊敬。

郭皇后虽然在封后之前帮助曹丕出谋划策，但是在做了皇后之后，她为人处事十分小心，让自己避免陷入政权的争斗中。这从曹洪的遭遇中就可以看出一二。曹洪，字子廉，是曹操的从弟。曹洪家境富足但是性格吝啬，曹丕年少的时候曾经对其有所求借而不获，所以十分痛恨曹洪。

黄初七年，曹洪舍客犯法，曹丕便下令将曹洪本人下狱处死。大臣们

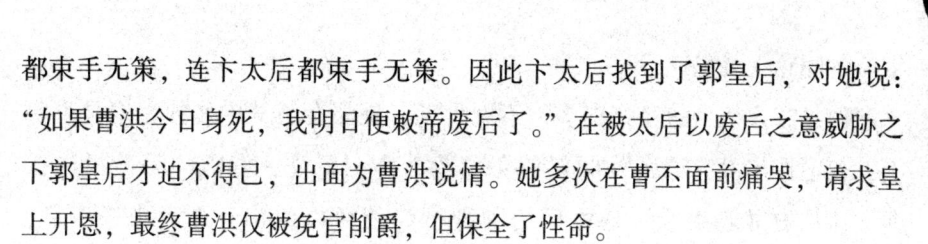

都束手无策，连卞太后都束手无策。因此卞太后找到了郭皇后，对她说："如果曹洪今日身死，我明日便敕帝废后了。"在被太后以废后之意威胁之下郭皇后才迫不得已，出面为曹洪说情。她多次在曹丕面前痛哭，请求皇上开恩，最终曹洪仅被免官削爵，但保全了性命。

曹丕曾经专门颁布过"禁母后预政诏"，"夫妇人与政，乱之本也。自今以后，群臣不得奏事太后，后族之家不得当辅政之任，又不得横受茅土之爵。以此诏传后世，若有背违，天下共诛之"。显而易见，这个旨意是曹丕针对母亲卞太后设立了。可见曹丕对于后宫干政是怎样的深痛欲绝，可是在郭皇后求情的时候他还是不忍心了。

从这件事情上可以看出，即便是卞太后都不可以改变曹丕的决定，但是郭皇后做到了。甄洛是长子和公主的生母，只是说出一些怨言就被杀了，而郭皇后在曹丕下达禁令之后是明显的干涉朝政，曹丕依旧不以为然。由此可见，郭女王在曹丕心目中的地位不低。

曹魏丧后

黄初七年五月，40岁的曹丕在洛阳嘉福殿驾崩，临终之前，他将后宫之中淑媛、昭仪以下的所有姬妾都遣送回娘家另行嫁娶，并且最终册立甄洛的儿子曹叡为继承人。早在郭女王成为皇后的前半年的黄初三月，曹叡已经被封为平原王。因为郭女王当时已经年满40岁，已经不再是生育儿女的黄金年龄，无子几成定局，因此郭女王便收养了曹叡。

郭皇后对这位收养的义子倾注了自己的全部心血。同样，曹叡对于养母也表现出了相当的孝顺之意，可谓是关怀备至。由于甄洛的死事出非常，虽然已经成为郭女王的儿子，但是曹丕依旧不愿意册立曹叡为储君，而属意于其他姬妾所生的孩子。

曹丕共有9个儿子，除了曹叡，还有曹协、曹蕤、曹鉴、曹霖、曹礼、曹邕、曹贡、曹俨。但是儿子们都死得早，最终，曹丕在临终之前还是选择要曹叡继位。在这个问题上，也充分说明了，郭女王对于曹叡自问无愧，在甄洛这个问题上，郭女王并没有怎样的过错，否则他大可以在曹叡继位的问题上捣鬼。

但是有人认为魏文帝很多年不立太子，是郭女王从中作梗。但是事实上，曹丕在还没有称帝的时候就不喜欢曹叡。首先，曹叡的品性怪异扭曲，这从史书记载他登基之后的种种行为就可以看出。再者史书有载："汉世，冕用白玉珠为旒。魏明帝好妇人饰，改以珊瑚珠。晋初仍旧，后乃改。"在那个男尊女卑的封建时代，男子好妇人饰，是很让世人鄙视的。由此可见，曹丕绝对不会乐意将自己的皇位传给一个喜欢打扮女人的儿子。如果不是曹丕其他的儿子太年幼或者早年夭折，为了魏国来日的昌盛实在没有办法，曹叡恐怕是很难登上帝位的。曹叡即位魏明帝。即位的当月丁巳日，他尊奉养母郭皇后为皇太后，称"永安宫"。

十几天之后，曹叡追封生母甄氏为"文昭皇后"，并且立寝庙祭祀。曹叡登基之后，对于养母很有孝心，对于郭家人更是屡加封赏。太和四年，诏封郭表为安阳亭侯，后又进爵乡侯，增邑并前五百户，迁中垒将军，郭表的大儿子郭详担任骑都尉。这一年，追谥郭太后逝世的父亲郭永为安阳乡敬侯，母亲董氏为都乡君。再晋封郭表为昭德将军、加金紫、位特进的地位，郭表的二儿子郭训也当上了骑都尉。

成为皇太后的郭女王依旧十分节俭，依然对外戚严加管束。姐姐去世之后，当年欲娶美妾而又作罢的外甥孟武又想要厚葬母亲，设立祠堂进行祭祀，同样被姨母制止了。郭太后说："自从中原丧乱以来，坟墓无不惨遭发掘，都是由于坟墓过于厚葬；关于葬礼，先帝（魏文帝）的首阳陵就可效法。"

但是，青龙三年（235年）春，也就是曹叡在即为的第八年。郭太后在许昌驾崩，享年51岁。陵墓的规模完全按照其遗嘱修建，3月11日，依照郭后的遗址，将她安葬在了首阳陵（也就是曹丕的陵墓）的西侧。曹叡为郭女王服孝举殡，根据养母生前的功过是非，追封其为德皇后。因曹丕谥号文皇帝，因此称呼郭女王为文德皇后。

之后，曹叡再一次封郭表为观津千户侯，郭详为驸马都尉。追封郭女王的父母为观津敬侯、堂阳君，亡兄郭浮维为梁里亭戴侯、郭都武为城亭敬侯、郭成新为长亭定侯。统统以太牢的礼节进行祭祀。后来郭表去世

了，曹叡更是让郭详继承了父亲的爵位，而郭表的另一个儿子郭述也被封为侯爵。

《魏略》中有过这样的记载，曹叡颁布的哀策："维青龙三年三月壬申，皇太后梓宫启殡，将葬于首阳之西陵。哀子皇帝叡亲奉册祖载，遂亲遣奠，叩心擗踊，号啕仰诉，痛灵魂之迁幸，悲容车之向路，背三光以潜翳，就黄垆而安厝。呜呼哀哉！昔二女妃虞，帝道以彰，三母嫔周，圣善弥光，既多受祉，享国延长。哀哀慈妣，兴化闺房，龙飞紫极，作合圣皇，不虞中年，暴罹灾殃。憨予小子，茕茕摧伤，魂虽永逝，定省曷望？呜呼哀哉！"

而关于郭女王的死因，世间还存在另外一种说法。就是曹叡对于生母的死一直耿耿于怀，对次哭着向郭后询问生母的死因，郭后说："你的生母，是被先皇杀害的，你身为人子又怎么好追究先父的过失呢？难道，你认为你的生母死得冤枉吗？所以你要后母也冤死才甘心吗？"曹叡龙颜大怒，杀心已起，之后，郭后因为曹叡逼迫，悲痛欲绝，自杀身亡，随后曹叡下令将郭后也按照甄氏死亡的时候"被发覆面、以糠塞口"的模样殓葬。

但是这种说法的并不可信。原因之一，这一段材料是陈寿所写的正史《三国志》当中所没有的，裴松之在《三国志》的注本中也并没有提到这件事情，只有《魏略》和《汉晋春秋》提到她的死因与曹叡有密切的关系，并且后来的赵翼在《三国会要》中争辩这件事并非真实，从而写出"盖明帝虽恨郭，犹以先帝所立，崇以虚名，徒居许昌，未逼杀也。"

其次，郭后去世的时候已经51岁，按照古人的寿命已经到了正常的死亡年龄，而那时的曹叡登基已经足8年，虽然不能说曹叡对于郭后没有丝毫的怨恨，但是曹叡如果真想要报复郭后也不应该等到8年之后。而且，后人对于这一说法更加深信，一是因为不了解郭后的为人，二来是因为文人墨客的通病，对后宫的争斗想象得过于丰富，这其中也包含了对于那位美丽甄氏不幸冤逝的缅怀与遗憾。

强忍不死的皇帝——曹叡

魏明帝，名叡，字元仲，魏文帝曹丕的长子，生母为洛神甄氏。曹叡天资聪慧，口吃少年，果断稳健，遇事冷静。在继位之前曾被封为武德侯、齐公和平原王。黄初七年（226），魏文帝病危，册立曹叡为太子。魏文帝死后，曹叡登基称帝。

曹丕十分宠爱的原本是袁绍的儿媳——袁熙之妻甄氏，也十分喜爱甄氏的儿子曹叡，曹叡15岁便被封为武德侯，16岁被封齐公，17岁被封平原王。但是后来甄氏被人陷害，被曹丕赐毒酒杀死，曹丕对于曹叡的态度也渐渐改变了。曹丕始终都没有册立曹叡为太子，甚至一度想要册立别人的孩子为太子，但后来又打消了这个念头，一直到病重期间才正式确立曹叡为太子。

曹叡为什么会在母亲获罪被杀之后，依然可以不失去父亲的信任并最终被确立为太子呢？原来，这与一次狩猎有关系。

有一次，曹叡陪曹丕去打猎，见到一头母鹿领着一头小鹿。曹丕拉弓朝着母鹿射去，母鹿应声倒地。曹丕转过头来让曹叡射死那头小鹿，没有想到的是曹叡拒绝射击小鹿，他解释说："父皇已经杀死了他的母亲，儿臣不忍心再将孩子杀死。"说着竟然流下了眼泪。

这句话让曹丕感到十分震惊，喉咙哽咽，半天也没有说出一句话，更没有再射箭。但是从那一刻起，他的内心已经确定了接班人，便是曹叡。

黄初七年（226），曹丕驾崩，曹叡在这一天登基，即魏明帝。

三国时期，魏、蜀、吴原本就是三个各自对立的国家，硝烟弥漫，没有和平而言。魏明帝登基之后的首要问题就是必须应对各种对魏国的进攻。东南方面，公元226年，东吴孙权亲自率领的大军攻打江夏和襄阳；公元235年，孙权再一次进攻合肥。东北方面，公元237年，辽东公孙渊背叛魏国自立为燕王。对曹魏威胁最大的是西南方面的战争考验，蜀汉丞相诸葛亮连续四次兵出岐山进攻曹魏。

面对这一系列的挑战，年轻的魏明帝始终保持冷静沉着，对吴、蜀采

用战略防御手段，派曹真、司马懿等人镇守关中，抵御蜀汉进攻；让满宠驻守淮南，防止东吴的进攻。之后曾经多次平定了吴、蜀的攻击，镇压了各地的叛乱。

随着各地的进攻逐渐减少，曹叡开始追求享受，在洛阳大兴土木，营建宫殿，纸醉金迷。时间一长，他的身体出现了问题。

从公元238年冬开始，魏明帝的身体每况愈下。公元237年，辽东公孙渊反魏，魏明帝令司马懿攻辽东。司马懿来到辽东，很快就平定了叛乱，杀死了公孙渊，将辽东的统治权回归中央。此时，突然从洛阳传来紧急信件，司马懿打开信件一看，知道魏明帝已经命在旦夕，便放下一切事务，立刻回京接受托孤。

司马懿马不停蹄，日夜兼程，一直到第二年正月才赶回洛阳。

魏明帝见到司马懿来了，就握着他的手说："我已经不行了，今后的事情就拜托你了。"他指着身边8岁的养子曹芳对司马懿说："这便是嗣君，你一定要看清楚，切勿误事啊！"说完，他命令曹芳上去搂住司马懿的脖子。司马懿被眼前的情形深深打动，连忙表示一定会竭尽全力辅佐嗣君。

曹叡说："你要知道，在这个世界上只有死是最难以忍耐的，我之所以强忍着不肯死，就是为了要等你回来啊！现在你回来了，我将这件事情向你托付之后，也可以死而瞑目了。"说完，他又将曹爽召进来，拜曹爽为大将军，都督中外军事，和司马懿一同辅佐曹芳。交代完这些事情之后，他便正式册立曹芳为太子。

当天，曹叡死在了洛阳宫内的嘉福殿，谥号明帝。

附录

薛灵芸——温婉淳朴的针神娘娘

美女档案

☆姓名：薛灵芸

☆民族：汉族

☆国籍：曹魏

☆出生日期：不详

☆逝世日期：不详

☆美女纪念

薛灵芸离开魏宫之后便音讯全无，但是历史上却留下了很多关于她的文学作品。在史书中有过这样的记载：

天下颜色九州分，九州风物竞缤纷；

常山古来灵秀地，客行十步醉清芬；

邺公乡邑为亭长，挈妇将雏官亭旁；

居生贫贱赖妇绩，麻藁自照度时光；

有女灵芸初长成，容貌绝世十五龄；

邻中少年夜相窥，芳容不锁越门庭；

官家太守临常山，闻有丽姝家贫寒；

适逢六宫选美女，意欲献之悦君颜；

千珠百宝威权力，阖家嘘唏失团圆；

生离死别辞爷娘，离泪潸潸湿衣裳；

人道皇家金阙好，怎若天伦乐一堂；

生女养女何以报，梦魂千里两断肠；

既升车兮行就路，珠泪涔涔承玉壶；

壶中凝泪如血色，闻之观之皆惊愕；

带血子规哀哀啼，谁怜楚楚泪血女；

及至京师接相迎，载之文车以十乘；

车皆镂金为轮辋，丹画其毂七彩重；
轭前雕饰腾龙凤，衔铃铿锵和乐鸣；
驾驱骈蹄毛色青，日行百里走如风；
道旁石叶发异香，驱辟恶疠耀神光；
膏烛烨烨明不灭，车徒噎路尘烟长；
尘烟起蔽升紫埃，更筑高峻曰烛台；
望之若列星之坠地，行之以铜表为铭记；
一里一表置道侧，书之载之歌相合；
金宫欲至少十里，帝乘龙车迎彩舆；
盼之切切情急急，欢娱朝云复暮雨；
朝云暮雨悦君怀，君赐灵芸名夜来；
入宫既承恩千重，美衣丽裳俏形容；
针黹依旧常山女，深楼重阁裁罗绫；
灯盏烛照皆弗用，一尺一剪衣可成；
宫中闻之曰神针，宫外传之曰仙人；
自此帝衣夜来出，衣不夜来帝不服；
帝着新衣灯下咏，围之莹莹水晶屏；
夜来失慎触屏堂，留痕有晕胭脂祥；
胭脂妍妍玉人俏，六宫粉黛争相效。

薛灵芸——温婉淳朴的针神娘娘

附录

人物简评

薛灵芸是魏文帝曹丕的宠妃，是后宫争斗中一个清新脱俗的可人儿，她凭借自己善良、淳朴、自然的气质，让曹丕感受到了民间普通夫妻之间真挚的情谊，完成了曹丕的夙愿。当然，最值得一提的还是薛灵芸出神入化的缝织和刺绣工艺，让后世惊叹，人称"针神娘娘"。

生平故事

薛灵芸是三国时期常山人。她的父亲薛业是一位亭长，虽然官职不高，但是为人善良厚道，在当时很有声望。母亲陈氏是一个心灵手巧的人，她的纺织和刺绣在当地堪称一绝。因为受到母亲的影响，年仅10岁的薛灵芸所绣的牡丹花，便可以引来成群的蝴蝶围着花儿上下翻飞，当真到了以假乱真的地步。薛灵芸的母亲跟随父亲住在亭旁，其老家十分贫穷，夜里妇女们时常聚在一起纺纱，在昏暗的月光下点燃麻藁照亮。

黄初二年，薛灵芸15岁，皮肤白皙，脸蛋白嫩，眼睛如水般清澈明亮，个子不高也不矮，这种情形一直到黄初七年都不曾改变。黄初七年，曹丕驾崩，薛灵芸整理好细软杂物，在临出宫之前，摸了摸自己的腰肢，依旧纤细如同15岁那年一样，又照了照镜子，皮肤也和那年没有什么区别，于是走到门前，整理了一个衣衫，照着门框比量一下身高，也与那年相差不大。薛灵芸离开魏国的时候20岁，20岁的薛灵芸和15岁的薛灵芸没有任何两样，20岁的薛灵芸即便是回到常山郡也可以找一个好婆家。

被献魏文帝

在薛灵芸17岁那一年，已经是容颜绝世。乡村中的少年，个个都暗慕

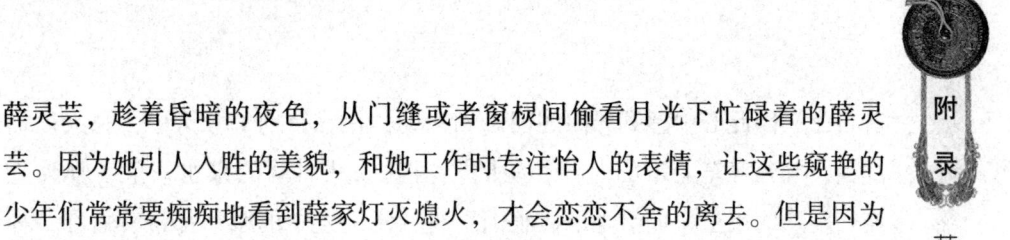

薛灵芸，趁着昏暗的夜色，从门缝或者窗棂间偷看月光下忙碌着的薛灵芸。因为她引人入胜的美貌，和她工作时专注怡人的表情，让这些窥艳的少年们常常要痴痴地看到薛家灯灭熄火，才会恋恋不舍的离去。但是因为薛家的声望和薛灵芸的洁身自好，这些少年也只敢在外面偷偷地倾慕，没有人敢生不安分的念头。薛灵芸的美名就这样一传十，十传百，越传越广，最后居然连帝都洛阳都知道常山出了一位绝色美人，并且将这件事传到了魏文帝曹丕的耳朵里。

黄初二年，甄洛去世，曹丕为此一直闷闷不乐，虽然后宫佳丽三千，但是没有一个人可以让他心动，多情善感的曹丕幻想着在杏花春雨、莺飞草长的秀丽南国，物色一位未经雕琢的璞玉，就在这时，他听人说江南有一位绝色的美人薛灵芸，不仅姿色秀美，而且擅长女红，经她手绣的花鸟栩栩如生，所缝制的衣物更是贴身合体，人们誉为"针神"，因此向往不已。

然而，虽然当时曹丕称帝，但是整个中国并不在他的掌握之中，曹丕虽心有所望，但是却鞭长莫及，正当曹丕懊恼的时候，恰好江东孙权于黄初二年8月底派遣使臣奉表前来投靠魏国，曹丕因此大为高兴，一方面为了他的政权，一方面也为了他能够获得吴国境内的薛灵芸。

于是，曹丕派遣使臣前往吴国，拜孙权为大将军，封吴王，并且加"九锡"之礼。由此可见，曹丕的兴奋是不可抑制的。既然魏文帝这样看重自己，孙权自当十分感激，除了将大批的贡品送往洛阳，还听闻曹丕对于常山的一为姓薛的女子十分向往，就急忙下令常山郡守谷习办理这件事情。

谷习接到命令之后，亲自到薛灵芸家拜访，薛业因此受宠若惊，但是听说要将自己的女儿送到洛阳去当魏文帝的妃子，心中又有些犹疑，他想："一个乡野俗女到了皇宫，怕是不能伺候好皇上，那样，小则女儿受冷落，大则牵连全家遭殃。"这样想来，他便婉言谢绝，谷习放下自己的身份，百般劝说，总算是获得了薛业的肯定。于是留下了千金聘礼，准备选择一个良辰吉日赶行程，送薛灵芸前往魏宫洛阳。

生长在穷山僻壤的薛灵芸，从来没有离开过家乡，也从来没有离开过父母的身边，现在即将要远离故土，况且也不知道是什么样的命运在等待着自己，因此心中感到无限的惶恐和无助，在临行前的几天中，每天以泪洗面。等到等车上路的时候，她的眼泪就像是涌动的泉水一般，哗哗直流，随从们用玉唾壶给她承接眼泪，只见流进壶中的眼泪都带着血红，等到抵达洛阳城的时候，壶中已经装满了血泪，后来世人便称女子的眼泪为"红泪"。后来成为了一个通用的典故，比方说红蜡烛垂的是"红泪"，子规鸟哀啼泣血等。据说唐代杨玉环被召进宫之前，"泣涕登车，时方寒，泪结为红冰"。清朝冒鹤亭曾经写《太清遗事诗》说："太平湖畔太平街，南谷春深葬夜来。人是倾城姓倾国，丁香花发一低徊。"其中的"夜来"一词便是指薛灵芸。在《红楼梦》第六十四回叙众人玩象牙筹："黛玉宝钗取出几根来看，一面刻的是古来美人，一面是词句并各种饮例。大家都说有趣，当下说定由宝钗起令。宝钗抽了一根，刻的美人是薛灵芸，那面词句是'问何因玉筋惹春红'，注'善啼者饮，浓妆者饮'。笑道：'这善啼的，除了林妹妹还有谁？'"或许薛灵芸的哭只有林黛玉可以比拟一二吧。

　　魏文帝曹丕对这位江南女子似乎特别用心，他刚一听说薛灵芸动身的消息，先是派了500名吹鼓手前去迎接薛灵芸，接着亲自督促魏国机械制造部门制作了十辆迎亲专用的"安车"，派遣大批兵马护送，直到长江北岸迎接送亲的队伍。这些安车富丽堂皇，舒适安逸，每一辆车的车棚上都镶嵌着各种金银珠宝，车轮上全是是粉丹画上的漂亮的花纹，安车上装饰着龙凤图案，整个车看上去就像是一个金碧辉煌的小宫殿；车身的四周还安装着百子铃，车行走起来，铃铛锵锵和鸣，清脆的声音回荡在山野中；所驾驶的骈蹄牛，可以日行三百里。这种牛是尸涂国进献的，蹄子和马蹄一样。

　　迎亲的大军在长江边接到了薛灵芸等人，薛灵芸乘坐上安车继续向北，一路上魏文帝曹丕命令从人在道路两旁烧着石叶香。石头层层叠叠，形状就像如同云母一般，所散发出来的香味可以避恶疾，是进献的。曹丕之所以要将迎亲的事情搞得这般铺张气派，一方面是为了倾慕已久的薛灵芸，另一方面也是为了宣扬魏国的实力，更重要的是以此来说明对吴乡一个乡野女子的尊重，从而感化东吴的臣民，让他们对魏国心悦臣服。曹丕还命人在洛阳城外数十里的地方，筑造土台，台高三十几丈，高耸入云，并且在台子的周围点满了蜡烛,取名为"烛台",准备在薛灵芸到来的时候,自己登高等待使臣到来的时候用。

薛灵芸在去京师的路上,经过数十里就要点燃膏烛,久久不熄灭。车子经过的地方,尘土遮蔽了星月,当时的人称为"尘霄"。筑赤土为台,台基足有30丈,膏烛排列在台下,取名为"烛台",远远望去就像是流星坠地。

在大路的两旁,每隔一里就埋设一根五尺高的铜柱子,以此来标注里程。因此有路人歌曰:"青槐夹道多尘埃,龙楼凤阙望崔嵬,清风细雨杂香来,土上出金火照台。"在那时,用铜柱子标志里数,便是"土上出金"的意思。而"火照台"的意思就是膏烛的火焰在台的下面,汉代是火德王、魏代是土德王,"火照台"也就指汉亡而魏兴。"土上出金"则暗示着魏灭而晋兴。

薛灵芸抵达洛阳城外正好是午夜时分,只因从城郊到城里的这段路上,排满了粗大的红烛,烛光闪闪,将周围照耀得如同白昼一般,出生在乡僻、用惯了幽暗油火的薛灵芸,见到这种场面,都惊呆了,甚至怀疑自己是不是登上了王母瑶台。

在距离京师十里的时候,文帝亲自乘坐雕玉的车辇出城迎接,远远地看着,车马滚滚,尘埃腾空,宛如云雾弥漫一般,不禁叹息道:"古人云:朝为行云,暮为行雨。今非云非雨,非朝非暮。"因此,将薛灵芸的名字改为"夜来"。一直到见到薛灵芸,是她娇羞切切,淳朴清雅,就像是一朵远离尘世的荷花,美丽中透着纯洁,让曹操喜出望外,急忙上前手握她的纤纤玉指,一同登上玉辇,进入宫中。

神针娘娘

薛灵芸进入后宫之后备受恩宠。外夷番邦听说魏文帝新娶美妃,就特意派使臣送来了火珠龙鸾钗庆贺,这火珠龙鸾钗是域外奇珍异宝,白天看上去就是普通的龙凤金钗,但是一到夜晚,就闪烁着晶莹剔透的光芒,闪亮夺目。曹丕拿过火珠龙鸾钗,想要插在薛灵芸的发髻上,但是掂了掂,感觉实在太重了,文帝怜惜薛灵芸弱不禁风,于是说:"明珠翠羽都不胜其重，更何况是这样重的龙鸾钗呢？"因此让人将这火珠龙鸾钗替薛灵芸收好，仅作为观赏，不必戴在头上。曹丕对于薛灵芸的关爱之情，从这件小事上就可以看出。薛灵芸就像是一块没有人工雕饰的美玉，凭借她自然、淳朴、善良的风貌生活在后宫中。她不懂得宫廷之中的繁文缛节，也不了解朝廷中的争斗倾轧，她仅仅是将曹丕看作与自己息息相关的丈夫，是以她所能够理解的夫妻之情，真切地、委婉地、无微不至地侍奉夫君。

薛灵芸的到来，犹如一股原野中清新的风吹进了曹丕早已经历经沧桑的心田，让他深切地享受到了一般的帝王所不能体会到的真切的夫妻之情。夫妻挚情，在普通的百姓中很容易产生，一般的人也并不觉得十分珍贵；但是贵为九五之尊，富拥天下的帝王与后妃们因为有着财富、权势和子嗣等因素的影响，反而难以产生真挚的夫妻挚情。而魏文帝曹丕偏偏向往这种真挚的夫妻之情，因此薛灵芸对于他而言是十分难得的，一直到现在他才真正有了感情的归宿。因为有对薛灵芸的真爱，所以他对于薛灵芸的生活习惯与宫中礼制不合的地方也都十分宽容。例如，薛灵芸已经习惯了在昏暗的灯光下缝织刺绣，为了节省灯火，到了皇宫之后，宫殿灯火通明，她也认为十分浪费，因此也要求全部熄灭，只剩下一支蜡烛照着她刺绣。

曹丕应允了她的要求，常常伴坐在一旁，在幽暗的灯光下，默默地望着薛灵芸忙碌的身影。有时候甚至会产生幻觉，以为是自己的妻子，是一对过着男耕女织生活的乡野夫妻。薛灵芸心灵手巧，所缝制的衣服，新颖、大方、美观、精致，自从她进入后宫之后，曹丕所有的服饰，都是由她亲手剪裁缝制的，只要不是薛灵芸缝制的衣服，曹丕统统不穿。薛灵芸可以绣出曹丕最喜欢的迷迭香，宫女们也时常向她学习缝织与刺绣的技巧，人们都称呼她为"针神娘娘"。

有一次，曹丕一不小心，在后花园中刮破了衣服，他立刻脱下旧的衣服，丢在一旁，又换上新装，因为贵为天子的他早已经习惯了不穿破旧的衣服了。薛灵芸见了也不出声，只是默默地拾起衣服，用细针精心地把破口处织补好，并且在织补处巧妙地绣上一些花纹，使破口处完全看不出任何破绽，她把衣服挂好，并不让曹丕换上。几天之后曹丕发现自己丢掉的衣服又挂在床头上，就拿下来看，一看破的地方已经被修补得天衣无缝，

他十分感动，知道是薛灵芸修补的，就立刻将衣服患上。从此之后，他对于薛灵芸缝补的衣服更加爱惜了。

为了慰藉薛灵芸的思乡之情，曹丕下令在后宫筑起了九华台，以便妻子登高远眺，遥思南方的故乡，还命人开凿了流香池，池中种植着从南方引进的荷花，荷叶田田，花香四溢，曹丕与薛灵芸在池中泛舟，仿佛让薛灵芸回到了江南故乡的水乡之后。为此，曹丕写下了传诵不衰的《芙蓉池》一诗：乘辇夜行游，逍遥步西园。双渠相溉灌，嘉木绕通川。卑枝拂羽盖，修条摩苍天。惊风扶轮毂，飞鸟翔我前。丹霞夹明月，华星出云间。上天垂光采，五色一何鲜。寿命非松乔，谁能得神仙。遨游快心意，保己终百年。

但是好景不长，黄初七年夏天，魏文帝一病不起，于嘉福殿驾崩，享年仅40岁。在他临终之前，他下令尽遣后宫没有子嗣的嫔妃出宫回家；在他死后，薛灵芸也辗转回到故乡常山老家，从此音讯全无。

曹丕三哭

曹操的三个儿子当中，曹彰擅长带兵，曹丕没有自己的特长。但是他却毫不费力地击败了这两个人，坐上了太子的位置。究其缘故，后来被人们总结为"曹丕三哭"，每一次哭的都很有特点、很有寓意，就是这三哭让曹操对自己刮目相看，最终册立为太子。

一哭

汉代末年，三国纷争，战争不断。有一天，曹操带领大军，三个儿子都来送行，曹植特意作了气势磅礴的诗词，因此得到曹操的称赞。曹彰同样不甘落后，上前请求与曹操一同征战。大家看到曹彰早已经身披铠甲，一副誓死相随的样子，纷纷出言赞扬，曹操当即表示同意。此时，不远处传来一阵哭声，大家睁大眼睛一看，那个人不是曹丕吗？曹操就让人将曹丕叫来询问原因，曹丕泪流满面地说，父王马上就要出征了，这一去少则三五月，多则一年，父王不在的时候，谁来教导我呢？而且今后很长时间不可以和父王共享天伦之乐，所以十分伤心难过。曹操听到这番话之后十分感动，忍不住流下了眼泪，并且不住地安慰曹丕。

这一哭哭得太是时候了，在零成本的情况下就俘获了曹操的心。

二哭

曹操的三个儿子时刻都在寻找机会想要表现自己。曹操十分喜欢诗词，曹植就直接与他交流，曹彰就利用自己高强的武艺与曹操切磋。那么曹丕该怎么办呢？此时，有人在曹操面前告发曹丕，说他不读书，还经常睡到日上三竿。曹操一听十分生气，一天早上，他到曹丕府上暗访，却看到曹丕正拿着书在院子里看书。曹操十分怀疑。了解了曹操的意图之后，曹丕顿时大哭起来，说，父王，我是您的儿子，别人说什么你就相信什么，您如此不了解我，我真的是十分痛苦啊！曹操一听觉得很有道理，就安慰曹丕，并且表示以后经常召见了解其生活情况。其实，那个告密者是曹丕自己派去的。

这一哭将曹丕拉到了和曹植、曹彰竞争的同一起跑线上。

三哭

曹操想要确立太子的消息传出去之后，群臣认为曹植与曹彰的机会会更大一些，于是纷纷投靠到他们的门下，逐渐形成了两大阵营。曹丕的身边则很少有人献计献策。而曹植和曹彰也纷纷摩拳擦掌，准备就此大干一场。

曹丕什么都没有准备，而是跑到曹操面前痛哭流涕。曹操感到十分不解，就问，别人都在为争夺太子之位积极准备着，你为什么要跑到我这里哭泣呢？曹丕说，父王，我对太子的位置并不像他们那样感兴趣，而是为了你和国家感到难过啊！曹操感到十分不解，就问，这话是怎么说的呢？曹丕说，父王要立太子，说明父王已经年纪大了，身体状况越来越差了，所以在为自己以后的事情做准备，倘若父王不在了，我们这个国家要依靠谁来治理呢！我们怎么能担起这个重担呢？

曹丕的一番话让曹操老泪纵横，更是觉得曹丕难能可贵了，一来在别人都为太子位置争得你死我活的时候，曹丕却反过来想到自己的身体，说明他重情重义；二来他想到了我离开人世之后国家应该如何治理，说明他十分有远见。

就这样，曹丕在争夺太子的竞争中取得了先机，越来越多的人开始向他靠拢，并促使他最终登上了太子的宝座。

第八章

甘夫人——乱世中的悲情佳人

美女档案

☆姓名：甘夫人

☆民族：汉族

☆国籍：蜀汉

☆出生日期：公元 188 年

☆逝世日期：公元 209 年

☆美女纪念

甘夫人死后被追为"昭烈皇后"，同刘备合葬于惠陵。

惠陵，位于成都市武侯祠内。整座陵墓的占地面积为 2000 平方米，封土高达 12 米，周围是 180 米长的砖墙。陵墓的前方写着"汉昭烈皇帝之陵"碑，清乾隆五十三年（1788）立。根据历史记载，刘备在 223 年 4 月于白帝城病逝之后，就被运回成都安葬，之后将甘夫人与之合葬在一起。

人物简评

甘夫人三国蜀汉昭烈帝刘备的皇后,是三国时代著名的美女之一,同时也是乱世中的悲情之人。自从嫁与刘备,备受恩宠,却也免不了胆战心惊,虽然刘备多次弃她而去,但是她始终无怨无悔地爱着刘备,没有一丝一毫地怨恨之意,由此可见,甘夫人是一个至情至圣的女人。

生平故事

甘氏(公元188~209年),三国汉昭烈帝刘备的皇后,是三国时期最著名的美女之一。刘备发兵之后,在沛城娶甘氏为夫人。后来,甘夫人随刘备到荆州,生下阿斗(也就是后来的蜀后主刘禅)。可以这样说,甘氏与刘备的结合,便是她悲惨人生的开始。

迎娶甘夫人

刘备字玄德,生于东汉延熹三午(公元161午,也是曹操卞夫人出生的同一年)。他出生于涿群涿县(现今河北涿县),是汉景帝之子、中山靖王刘胜的玄孙。

据说,刘备祖屋东南的篱笆旁,有一棵高五丈的桑树,远远望去,就好像一个王车华盖,路人都啧啧称奇,认为预示着刘家将要出贵人。在刘备小的时候,和几个同族的小孩在树下玩耍,告诉他们说:"等我长大之后也要乘坐像这样的羽葆盖车。"童言无忌,但是却把叔父刘子敬吓了一跳,告诫道:"你可不要乱说,说不准全家老小都会因为你的一句话被朝廷灭了。"随着刘备渐渐长大,母亲真心希望他可以好好读书,送他外出游历。不过出乎母亲预想的是,刘备对于书本上的知识完全没有兴趣,读的十分勉强，他喜欢的是斗狗跑马、弹琴作乐、鲜衣美服，四处招摇。他的模样生得和常人大不一样，高七尺五寸（汉尺，约合一米八），双手放下可以垂到膝盖上，而且还长着一对大耳朵，大到自己侧目就可以看见。非但一表人材，更兼出人意表。刘备从不多话，但却十分善于交朋友，待人谦和，喜怒不形与色，所以在江湖上的人缘非常好，很多江湖侠客、豪强少年都争着抢着要和他来往，并且甘心奉他为领袖。如此声名远播，招来了中山国的巨商马贩张士平、苏双的青睐。这两个人或许是想要学习吕不韦，资助刘备组建一支军队，把他平日交往的人都收编进来。这支小小的军队成为了刘备日后发家的资本，在184年的黄巾起义中初显身手，成为镇压黄巾起义的后起之秀，虽然势力薄弱，却已经崭露头角。

196年，刘备终于掘到了人生的第一桶金，被举荐担任豫州刺史，驻小沛（江苏沛县），不久又得到了陶谦的徐州，从此声名大振，被曹操代献帝封为宜城亭侯、镇东将军，正式成为了乱世枭雄中的一员。

但是世事不能两全。就在刘备左奔右突，闯荡前程的同时，他的私人生活却搞得一塌糊涂。

就在刘备成为豫州刺史之后，刘备在小沛纳甘氏为妾。这一年，刘备已经35岁。

当然，甘夫人并不是这个35岁男人的第一个女人。刘备的第一妻子究竟是谁，历史上并无记载，史书上只留下这样一句话："先主数丧嫡室"。也就是说，在甘夫人来到刘备身边的时候，刘备已经娶纳过好几个嫡妻，只是他们前后都死去了。所以，甘夫人便成为嫡妻，以嫡妻的身份管理刘氏家族的内务。和刘备那些连姓氏都没有记载的妻妾相比，甘夫人的命还算好一些，她跟着刘备到处奔波，就在陪着丈夫一起依附刘表的时候，她怀了身孕，而且做了一个梦，梦见北斗星在她的口中划入。不久她在新野生下了一个儿子，以梦为征，起名为"阿斗"。

甘夫人是三国时期著名的美女，所谓"有美如玉"，恐怕也不过如此。

真正的美女往往出生于乡野之中，甘夫人就是这样。她出身微贱，但是从小就与众不同相士们看了都说："这个女孩子贵不可言啊，能够位极宫掖。"长成之后，她便成为了刘备的妻子。据说刘备曾经得到一个玉雕的美人，便在月光月色下将玉美人放在甘夫人的身边，自己在帐外端详，却发现甘夫人的肌肤白皙与这玉人没有什么区别，竟然分不清哪个是甘夫人哪个是玉美人。

刘备的其他姬妾都嫉妒甘夫人专宠，而甘夫人却妒忌玉美人和自己不相上下，时常想要把玉美人毁掉，便对刘备说："从前子罕不以玉为宝，得到《春秋》的赞美，如今天下还未平定，你怎么可以玩物丧志呢？像这样的东西，还是不要再拿进来了。"刘备听了甘夫人的话，从此再也不把玩玉人。

乱军之中数度被甩

刘备虽然听从甘夫人的话抛弃玉人，但是在面对取舍的时候，他对待妻儿的态度与先祖刘邦有异曲同工之妙。甘夫人因此被丈夫抛弃在乱军之中。第一次被甩在乱军中的时候，甘夫人还是新婚燕尔，阿斗还没有出生。当时是建安元年，吕布偷袭徐州得手，刘备在仓皇之中脚底抹油，丢下甘夫人，独自一人跑回了广陵。甘夫人落到了吕布手里。

在广陵，刘备迎娶了亲信糜竺的妹妹为妾。吕布此时已经占据了徐州，知道这个消息之后，大概是觉得将甘夫人作为人质没有意思（刘备居然不惦念自己的老婆，又去当新郎，这个人质也已经失去了作用），算是做个顺水人情，将甘夫人送还给刘备。甘夫人在惊吓之后，好不容易才返回小沛，却没有想到丈夫这个时候还有闲情逸致迎娶小妾，心里十分不是滋味。当然，事情到这里还没有结束，如果甘夫人能够预知未来的话，她应该感谢糜夫人：因为刘备为她找了一个同生共死的伙伴。

刘备这时已经变成了吕布的附庸。吕布希望刘备可以做自己的手下，共同对抗袁术，但是吕布麾下的将领都认为刘备靠不住，应该找个茬子处死。吕布却不合时宜地发起了善心，被刘备表面的温良恭敬所迷惑，不但没有处死刘备，反而把将领们的意思透露给了刘备。然后还接受刘备的请托，将他和家眷、旧部都隆重安排在小沛屯扎。

刘备躲开了吕布和吕氏将领的耳目，在老据点小沛重整旗鼓。不久，他又重新拥有了上万名士兵。

建安三年（198）春天，吕布派人带着重金到河内买良马。没有想到在半路上连银子带马匹一同被刘备的军队洗劫了。吕布因此大怒，派中郎将高顺、北地太守张辽等人大举进攻。刘备力不能胜，于同年9月大败。

眼看败局已定，刘备再一次不假思索地单身逃遁，这一次被甩下的家眷有两位：甘夫人与糜夫人。刘备投奔曹操，得到了曹操的厚待，被任命为豫州牧，还给他充足的粮草去小沛收拾旧部散卒，并且派夏侯渊协助反攻吕布。但是结果依旧是失败，刘备仍然大败。甘夫人和糜夫人再一次被高顺活捉，第二次落到了吕布的手中。

曹操在盛怒之下，亲自东征，终于马到成功，在下邳（现今江苏睢宁），吕布由于没有采用谋士陈宫的计策，被生擒活捉。

当军士将吕布用绳索捆绑着送到曹操面前的时候，刘备刚好在场。曹操早闻"人中吕布，马中赤兔"，很想将吕布收到麾下，便命令解开捆绑着吕布的绳索。哪知道刘备却在一旁插话了，说："不可！当年吕布先后归降丁原、董卓，又先后杀了他们！"吕布怎么也没有想到，刘备竟然会在这个节骨眼上恩将仇报，全不记当初辕门射戟的情分。最终，曹操按照刘备的意思做了，将吕布与陈宫一起杀了。

实际上，刘备在投奔曹操的时候，程昱曾经劝说过曹操："刘备虽然有英雄之才，又十分得人心，不可能甘心做您的副将，与其等着他日后和你作对，倒不如现在就杀了他。"——这番劝诫，和当初吕布属下劝说吕布的言辞十分相似。但是曹操也像吕布一样，没有采用。——其实就刘备屡屡战败、到处投奔，之后又时时反叛的行径来看，他自己的做部属之道，并非比吕布高明多少。但是他却终究没有被杀死，反而屡叛屡升发，不得不说这是天意。

吕布虽然死了，甘夫人和糜夫人当然也可以逃出，再次回到丈夫的身边。虽然丈夫没有同甘共苦的情谊，她们妻妾之间的情谊却更加深厚了。这为第三次遭劫打下了深厚的基础。

曹操对于刘备十分重视，封他为豫州牧、左将军，待遇丰厚，出则同车，坐则同席。此时，汉献帝刘协正和曹操在一起，他虽然无才无德，但是依旧奢望着可以做一个掌控天下、手握实权的皇帝，不甘心做曹操的傀儡，于是，他便让自己的岳父董承招徕人马。在董承相中的人马中，便有刘备的大军。因为刘备是刘胜的后代，正赶上现在汉献帝也已经是今时不同往日，急等着用人的时候，只要沾个"刘"字，就全部买账。于是屈尊

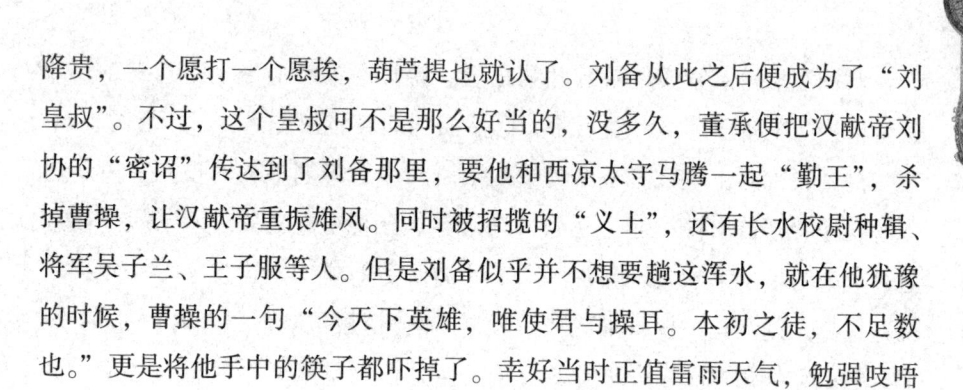

降贵,一个愿打一个愿挨,葫芦提也就认了。刘备从此之后便成为了"刘皇叔"。不过,这个皇叔可不是那么好当的,没多久,董承便把汉献帝刘协的"密诏"传达到了刘备那里,要他和西凉太守马腾一起"勤王",杀掉曹操,让汉献帝重振雄风。同时被招揽的"义士",还有长水校尉种辑、将军吴子兰、王子服等人。但是刘备似乎并不想要趟这浑水,就在他犹豫的时候,曹操的一句"今天下英雄,唯使君与操耳。本初之徒,不足数也。"更是将他手中的筷子都吓掉了。幸好当时正值雷雨天气,勉强吱唔了过去。

不久(200),衣带诏的事情泄露了,董承等人被曹操杀得一干二净,只留下了刘备,提前逃离了许州这个是非之地,返回了自己的老窝,保住了自身的安全。但是刘备与曹操的反目,到此已成定局。

甘夫人、糜夫人终于撒手人寰

建安五年,曹操亲自率领大军东征。刘备原本以为曹操不可能这样快就来找自己的麻烦,所以当兵士快马来报的时候,他根本不相信,亲自带了几十名骑兵出来看风头。一看之下,曹操的大军已经压境,旌旗猎猎,刀光闪闪。刘备一时间手足无措,来了个"留得青山在,不怕没柴烧",头也不回,就径自逃之夭夭了。

这一仗,不用说,也是曹操胜,刘备败。一场混乱之后,曹操把刘备的军队整体收编,关羽被活捉,甘夫人和糜夫人更是不用说,再一次被丈夫抛弃了,姐妹二人又变成了俘虏。

但是刘备与众不同的就是:他虽然屡战屡败、狼狈万般,世上的人却依旧将他当做英雄看待。他虽然逃跑,却仍然在曹操的死敌——袁绍袁谭父子那里得到了隆重的接待、倾心的接纳。

刘备有了安身之所的消息很快就传到了陷于曹军中的关羽耳朵里。于是他带着甘夫人和糜夫人一同逃离了曹军,回到了刘备的身边。

此时正是官渡之战的时候,袁绍虽然手握十二万大军,却依旧被曹操的四万兵打得溃不成军。刘备看形势不好,又在暗地里盘算着离开袁绍,派人去荆州与刘表联络感情。

曹操在取得了官渡之战的胜利之后，就打断乘胜追击，捉拿刘备。却完全不提防刘备早已经留有后手，已然溜到刘表那儿去了。

俗话说得好，一笔写不出两个刘字。刘表对于刘皇叔的投奔，表示热烈的欢迎，亲自出城相迎，还分人马给他，让他屯驻新野。——就是在这里甘夫人为他生下了儿子阿斗：未来的蜀后主刘禅（刘禅生于207年，就在这一年，刘备与关羽、张飞"三顾茅庐"，请得了诸葛亮出山）。

刘备在荆州过了一段平静的日子。但是他不是重耳，不会满足于"老婆孩子热炕头"的日子。于是他又开始重新招兵买马、收揽人心。很快，便有很多荆州的豪杰前来投奔于他。这样刘表对于刘备的用心颇有怀疑，开始百般提防起来。

建安十二年（208），曹操北征乌丸，刘备劝说刘表趁机偷袭许州，刘表既然已经对他产生了疑心，当然不会采取他的建议，因此失去了一个大好的机会。北征归来之后，曹操再一次率军南下，攻打刘表。就在此时，刘表病逝，将荆州刺史的位置传给了儿子刘琮。刘琮不敢跟曹操作战，想要投降。刘备知道了这个消息之后，大惊失色，因为如果落到了曹操的手中，就只有死路一条了。于是跟刘琮翻脸，刘琮原本就是一个懦弱无能的纨绔子弟，几句话就被吓得站不起来了，于是刘琮的部属和荆州百姓都归了刘备。当然，刘备不会白拿刘琮的人财物，他专程去向刘表的坟墓辞行，一把鼻涕一把泪地表示自己完全是不得已而为之。

下面的事情大家都清楚了，刘备再一次实施了他的"妻子如衣服"的宗旨，将甘夫人、糜夫人连同婴儿刘禅一同丢下，让张飞、赵云断后，自己溜之大吉了。

曹操派精兵五千追赶，一日一夜追了三千多里，来到了当阳长坂坡，追上了张飞的殿后军。在乱军之中，甘夫人与糜夫人被冲散，赵云冲出重围之后才发现两位夫人没有跟上，于是又杀回重围，终于将甘夫人带了出来。等到张飞和赵云会合，才发现甘夫人手里并没有抱着阿斗。一问才知道，阿斗由糜夫人抱着。没有办法，赵云又冲回乱军阵里，找到了糜夫人。

等到赵云看到糜夫人的时候，才发现她已经身受重伤，根本无法行走，但是怀中依然死死地抱着阿斗。为了不增加赵云的负担，糜夫人将阿斗交给赵云之后，便跳进水井中自尽了。赵云只得带着阿斗和甘夫人回去见刘备。

甘夫人虽然逃过一劫，并且重新看到了儿子和丈夫，但是产后虚弱的她又遇到这一场生离死别的灾难，终于坚持不住，从此之后一病不起，几个月后（209）便撒手尘寰，和自己的好姐妹糜夫人会给去了。

甘夫人生于188年，去世时年仅22岁。糜夫人的年龄无可考，但是可以推想也不过20岁左右。这两个女人短暂的人生尽是在生死恐慌中苦苦挣扎，在丈夫的屡次抛弃中相依为命。

甘夫人落葬于南郡（湖北江陵县北）。12年后，刘备在蜀称帝，改元章武。章武二年，刘备追谥甘夫人为"皇思夫人"，并派人前往南郡为甘夫人迁葬。甘夫人的柩棺还没有到达，刘备就在章武三年四月于白帝城病逝，甘夫人所生的儿子刘禅继位为帝。于是又追封母亲为"昭烈皇后"。章武三年八月，刘备与甘皇后合葬惠陵。

至此，相士在甘夫人儿时所说"位极宫掖"的预言总算是实现了。可惜的是，甘夫人生前没有过过一天安稳日子，更不要说什么奢华享受了。而糜夫人，或许比她更不幸吧。

刘备借荆州

民间一直流传着一句歇后语："刘备借荆州——有借无还"，留给世人的印象就是，刘备是在耍赖，借了东西都不还。人们还以为他借的是整个荆州，但事实并非如此。东汉末年，刘表占据荆州地。荆州地处长江中游地区，这里土地富饶，人口众多，政治、经济、文化都比较发达。再加上，其地理位置十分重要，向西可以进取益州，向东可以进击江东。

荆州主要有七个郡——南阳郡、南郡、江夏郡、长沙郡、零陵郡、武陵郡、桂阳郡，经过赤壁一战后，七郡便被魏、蜀、吴三家瓜分殆尽：曹操虽然吃了败仗，但是依然保有北面的南阳、襄阳两郡；孙权出的力最大，但是只得到了南郡、江夏、武陵三郡；刘备得到的最多，一下就收获了荆州的江南三郡——长沙、零陵、桂阳。

周瑜去世之后，东吴的鲁肃基于战略考虑，他竭尽全力劝说孙权将东吴占据的部分荆州"借"给刘备，从而让刘备在关中站稳脚跟，和东吴一起对抗曹操。孙权思量着也是这个道理，就将荆州的南郡"借"给刘备，一来可以让刘备成为对抗曹操的战略前哨，二来以此向刘备表示友好。

因此"借荆州"其实是借了荆州的南郡和确认刘备可分得武陵和桂阳两郡。而孙权也借此收回了长沙的部分地区，并设汉昌郡。

之后，刘备一举拿下了益州，孙权就立即派人去讨要荆州，双方因此剑拔弩张，关系一度十分紧张。

曹操的大军攻取汉中，刘备担心会因此失掉益州，就派遣使者去向孙权求和，孙权也害怕凭借自己一人之力难以获胜，于是两家又重新商量划分了荆州，以湘水为界：长沙、江夏、桂阳三郡以东属于孙权；南郡、零陵、武陵以西属于刘备，孙权和刘备各占据三郡。如此算来，刘备不但"还"掉了一郡，还让出了一郡。刘备解除了荆州的矛盾，和曹操争夺汉中地，在建安二十四年（219年）攻克汉中。于当年7月，自称为"汉中王"。

但是孙权依旧不知足，他认为，荆州处于东吴的上游，刘备始终是东吴的一个强大的威胁。若是将刘备的大军赶出荆州，那么东吴不但巩固了长江上游地区，还可以发展巴蜀的势力；之后以整个南方与曹操的北方对抗，进而统一中国。

建安二十二年（217年），鲁肃病卒，吕蒙取代了他的位置。若是说鲁肃是联刘派，那么吕蒙就是一个十足的反刘派。

建安二十四年（219年），魏军的主力和刘备在汉中大战，驻守荆州的关羽积极配合刘备的行动，亲自率领荆州主力进攻魏军占据的樊城和襄阳，一举击溃曹操的大将曹仁并且趁机围困襄阳、樊城，曹操四处调兵遣将解困襄樊，其中包括于禁率领的七军、徐晃军团、张辽军团等。关羽巧妙利用汉水暴涨的时机水淹七军，生擒于禁、立斩庞德，中原地区遥相呼应关羽北伐，关羽也因此威震四方，面对强大的势力，曹操差一点想要迁都躲避关羽的锋芒。

在司马懿等人的强烈建议之下，曹操联合东吴的孙权，让孙权乘机偷袭关羽的大后方荆州，关羽的荆州后方空虚，给了东吴吕蒙以可趁之机。最后，关羽在公元219年年底，败走麦城，痛失荆州这个战略要地。关羽的错误不在于北攻樊城，而是在于没有对孙权违背盟约有所防备，没有认识到巩固后方的重要性，才丢失了荆州这个战略要地！

第九章

孙尚香——巾帼不让须眉的烈性女

美女档案

☆姓名：孙尚香

☆民族：汉族

☆国籍：东吴

☆出生日期：不详

☆逝世日期：不详

☆美女纪念

北固山后山峰上的甘露寺，传说是刘备与孙尚香结婚的地方，始建于东吴初期，寺门上的匾额是张飞亲笔题写。

在甘露寺的北后方有一座北临大江的一座画梁飞檐楼阁，这里便是多景楼，它和湖北黄鹤楼、湖南岳阳楼合称为长江中下游的三座名楼。多景楼创建于唐代，楼阁的名字取名于唐朝宰相李德裕《临江亭》中"多景悬窗牖"的诗意。多景楼分为上下两层，回廊四通，站在楼阁的长廊上，四周的美景皆收眼底。

多景楼还有很多别名，相传三国时刘备于甘露寺招亲，吴国太曾经在这里相亲，所以又叫做"相婿楼"。孙权的妹妹孙尚香在出嫁之前曾经在这里梳妆，因此还叫做"梳妆楼"。

人物简评

孙尚香的死或许是必然的吧,在那样的年代,每一个女子都不会拥有自己想要的幸福,男人们想的只是如何达到自己的目的,不管是哥哥还是丈夫,她们对亲人的看待只是一件具有利用价值的工具。这不仅仅是孙尚香命运的悲哀,而是属于那个时代的悲哀。

生平故事

孙尚香是三国时期孙坚的女儿、孙权的妹妹,她的家室显赫,父亲孙坚曾担任长沙太守、乌程侯以及破虏将军,曾一度成为名震四方的一代霸主。她的母亲吴夫人,出身于东吴豪族,她的哥哥是孙权和孙策,都是三国时期能够呼风唤雨、叱咤风云的英雄。孙尚香本人后来嫁给了刘备,变成了孙刘两家联盟的纽带,算得上是一个悲情人物!

赔了夫人又折兵

孙尚香小时候,她的父亲就在战争中不幸身亡了。后来年幼的孙尚香就跟随母亲,过了几年寄人篱下的生活。但是没几年,大哥孙策再一次雄风重振,带领军队扫荡了江东地区,建立了比父亲更加广阔的基业。孙尚香也因此变成了豪门大户的"郡主小姐"。

因为家室显赫,地位尊贵,孙尚香从此就被视为掌上明珠,又加上她出身于军旅世家,受到家庭环境的影响和熏陶,又让她形成了一种男孩子的性格,所以她时常在家中和一些比自己年纪小的兄弟们一起舞刀弄枪,而且还煞费苦心地训练一支手持枪棒的侍女队伍。就是她的闺房中,也摆满了各种兵器,不知情的人,还以为走进了某位将军的军帐呢。

建安十三年时，曹操将袁绍的势力灭掉之后，一统北方，之后就率领大军开始南下，气势汹汹，颇有一扫江南的气势。荆州牧刘表正好就在这个时候死了，他的儿子刘琮投降了曹操。一代枭雄刘备也被曹操杀得毫无招架之力，带领狼狈大军慌忙逃回了江夏。

曹操兵锋直指孙权，但是孙权却不甘心就这样臣服于他。但是要想抵抗曹操的大军，显然有些力不从心。在无可奈何之下，军中的谋士建议他与刘备联合。这样两家同心合力抵抗曹操，胜算也会更大一些。这才得以在后来的赤壁之战中大获全胜，烧得曹操落荒北逃。

经过赤壁之战后，又是一番钩心斗角的博弈，刘备最终占据了荆州，作为自己一个暂时的栖息之地。在历史上，这也是当初孙权为了拉拢刘备，使出的一个计策，帮助他一起对抗曹操而采取的战略措施。荆州地区物产丰富，而且战略位置十分重要，的确是一个好地方，但是眼看着刘备就要顺利拿下荆州，孙权也没有办法阻止，只好打掉牙齿往肚子里吞。

孙权向刘备索要荆州，开始的时候刘备拿刘表的儿子刘琦来搪塞，他说刘琦才是荆州真正的主人，只要刘琦在，荆州就应该姓刘家，刘琦死了，他就会把荆州让给孙权。没过多久，刘琦真的因为体弱多病去世了，孙权再次派鲁肃向刘备索要荆州，没想到刘备却号啕大哭，说他现在根本就没有立锥之地，将荆州还给了孙权，他就没有地方待了。因此他请求孙权能够宽限一段时日。事实上，这只是刘备的缓兵之计，孙权明知道他在耍赖，却没有办法。

孙权手下的大都督，便是历史上威震江东的美男子周瑜，他对孙权可谓是忠心之致，整天想着怎样拿下荆州这块风水宝地。

有一天，周瑜听到刘备的妻子甘夫人去世，眉头紧锁，立刻计上心来，对东吴的大将鲁肃说："我有一个计策，一定可以让刘备老老实实地将荆州交出来！"

鲁肃问："是什么计策，赶快说？"

"刘备刚刚丧妻，必然会续贤。公主孙尚香，侠肝义胆，刚武英豪。可以假意以招婿为名，骗刘备来东吴成婚。只要他一来，我们就将他囚在牢中。在派遣人用刘备换取荆州。此时他们一定会将荆州交出来。之后，

放与不放、杀与不杀，还不全凭我们做决定吗？"

鲁肃认为这个计策非常好，表示赞同，就对主公孙权说了这个计策，孙权同意了。于是派遣大臣吕范前往荆州做媒，说："得知近期刘夫人去世。我有一妹，想要招刘备为婿。永结姻缘，共同破曹，匡复汉室。这做媒的事情，我看还是您做比较合适，麻烦您跑一趟吧！"

吕范接到命令之后，立刻动身前往荆州。

再说刘备，中年丧妻的他悲痛懊恼。这一天正在和诸葛亮闲聊，忽报东吴派吕范来了。诸葛亮笑着说："一定是周瑜想要夺回荆州，又有什么阴谋。我在帐后躲起来，不管吕范说些什么，您都要答应下来。之后我们再商量对策。"

刘备于是接见吕范。

两人一见面，吕范先是对刘备表示慰问，之后就将来意说明了："人若无妻，就好比房屋上没有梁一样。所以我是特意来做媒的。主公孙权派我前来做媒，希望将公主孙尚香嫁给你。"紧接着，又将联姻之后的利害关系陈述了一下。最后说道："因为吴太夫人十分疼爱自己的小女儿尚香，不愿意远嫁，因此请皇叔前去东吴举行婚礼。"

刘备顿了片刻，知道这是孙权使出的计谋，所以以年龄相差太大等理由婉拒。但是吕范是一个十分称心且热心的媒人，一再劝说。最后刘备没有理由再推辞了，就说："您先住下来，明天我告诉您决定。"

到了晚上，刘备与孔明仔细商量这件事。孔明十分高兴，劝说刘备答应这桩婚事，并且马上派遣孙乾与吕范回见孙权，商定婚姻事宜，择日便前往东吴成婚。

刘备并非等闲之辈，因此，不解地望着诸葛亮："这一定是周瑜的阴谋，我怎么可以草率地进入虎穴呢？"

孔明笑道："周瑜虽然可以用计，但是又怎么能轻易地骗过我呢？主公您放心，只要我略施小计，一定会让周瑜一筹莫展，让孙尚香顺利成为主公的妻子，而且保证荆州万无一失！"

刘备虽然相信诸葛亮的神机妙算，但是对于只身入虎穴仍然有些担忧，十分犹豫。孔明道："我已经定下了三个计策，再让赵子龙保主公过江，绝对不会出现任何差错！"立刻将赵云找来，安排了周密的任务，又将三个锦囊教到他的手中："你跟随主公入吴，可以依次按照这三个锦囊行事。"

于是，在建安十四年冬十月（公元209年），刘备在孙乾、赵云的陪同下，进入吴国境内。刚刚来到吴国的第一个城市南徐，赵云就依照诸葛亮的吩咐打开了第一锦囊。看完之后，就立刻命令随行的五百名士兵，一个个披红挂绿到市面上购买各种婚礼需要的东西，同时大肆宣扬刘皇叔要与公主孙尚香即将成婚的消息。东吴士官百姓听到这件事情之后，一时间便传播开来，不多时，这个喜庆的消息就传遍了吴国遍地。孙尚香听到这个消息又哭又闹，誓死都不嫁刘备，尤其怨恨自己的哥哥，竟然在自己完全不知情的情况下，将自己拱手送给了死对头刘备。于是跑到母亲那里哭闹起来。

吴国太一听，气得捶胸顿足。这时，孙权来进见母亲。国太怒气冲冲责问："在你的心里还有我这个母亲吗，女儿是我生我养的，你招刘备为婿，如此大的事情为什么要瞒着我?!"

孙权吓了一跳，心想母亲是怎样知道这件事的。在迫不得已的情况下，只好向母亲说出事情的原委：这只不过是一项计策，仅仅是为了将刘备骗到吴国，好以此要挟、讨还荆州。并不是真的要将妹妹嫁给刘备。

国太听到这个更是火冒三丈，大骂周瑜道："难怪周瑜还是一个堂堂六郡八十一州大都督，怎么会如此没有出息！没有本事要回荆州，便利用我女儿的名义，使出这个美人计！杀了刘备，我女儿就是望门寡，这以后还怎么嫁人啊？"接着又怒斥孙权："你们这群没有本事的家伙，干的这样好事！"

孙权平日里对母亲十分孝顺，只是站在一旁默不作声。

国太平了平心中的怒火，说道："我明天要见见刘备，如果不能符合我的心意，这件事情就由着你们去做，若中我的意，就将女儿嫁给他！"

孙权十分无奈，只好答应。但是预先在见面的地点埋伏了一些士兵，一旦国太不满意刘备，便立刻将他拿下。

不料，第二天在甘露寺，国太一见到打扮齐整、相貌堂堂的的刘备就十分喜欢，连连称赞说："这才是真正配得上我尚香的人！"吴国太于是决定择日成婚！紧接着，国太就为刘备和孙尚香准备了一场盛大的婚礼。

到了洞房花烛夜的那一晚，刘备心中充满了期待。在招待完所有的宾客之后，略带醉意的他，兴冲冲地赶到了婚房。

但是他的一只脚刚刚踏进门槛，酒意立即清醒了一半，一股寒气从脚底蔓延到心底。

只见洞房之内，所有的侍女们都手握剑戟，杀气腾腾，双眼圆睁盯着他。坐在婚床上的孙尚香，身配长剑，英姿飒爽，一副大义凛然的神情。此时的刘备只感觉心中一阵凉意，两腿直打颤，几乎想要逃走。无奈心里这么想着，脚却不听使唤，连迈步都觉得困难。那一刻，刘备心里暗想：诸葛亮你智慧过人，机关算尽，给我三个锦囊，却唯独算不到最厉害的这一招原来在这呢。

就在他惶恐不安的时候，孙尚香看着他的表现微微一笑，开口说："大名鼎鼎的刘备原来如此胆小"刘备听了，心里反而轻松了不少，而且孙尚香的声音确实非常悦耳。不过，这也让孙尚香看到了刘备憨厚可爱的一面，再加上他常年征战，多少也带一些英气，而且刘备的肤色很白，俗话说一白遮百丑，因此刘备的样子也看得过去，孙尚香因此心里也有一些欢喜。

周瑜听到这件事之后，十分懊悔，后悔自己不该将孙尚香嫁与刘备。不过，此时他又心生一计，要孙权将刘备软禁在宫中，并且提供锦衣玉食、音乐歌女，借此软化刘备的志向，让他贪图享乐，乐不思蜀。之后，再伺机挑拨他与关张二人之间的关系，疏远他与诸葛亮之间的关系。最终设计夺回荆州。总之，绝对不可以让刘备再跑回去！

于是孙权依照计策行事：修建豪华宫室让刘备与孙尚香居住；每日玩花弄木，歌女乐师；至于金玉锦绣、车马服饰，更是应有尽有。

刘备常年在战场上奔波劳碌，一下子进入温柔富贵之境，果真乐而忘返，沉醉其中。

赵云见到这种情况，十分忧虑。突然想到诸葛亮给的锦囊，打开之后仔细看过，急匆匆来到正在看歌舞的刘备面前："今天早上接到孔明来报，

159

曹操起精兵五十万，直奔荆州而来！军情紧急，请主公速回荆州！"

刘备虽然贪恋享乐，但是并没有到沉迷的地步。一听荆州危险，感到十分吃惊。但是又舍不得离开孙尚香。

赵云于是有意地几次三番催促刘备。

刘备也感到十分为难，时常面容悲戚。

孙尚香在探知内情之后，就果断地说："大丈夫立世，怎么可以被儿女之情牵绊，妾身已经是夫君的人，不管你到哪里，我都会跟着你！"

刘备听后十分高兴，夫妻于是商定：以到江边祭祖为名，离开吴境，潜回荆州。

元旦的时候，夫妻二人给国太拜年。之后，孙尚香代替刘备说："祖宗父母的坟远在涿郡，想到江边，望北遥祭，以表人子之情。"

"这是孝道，当然是可以的！"国太用爱戴的眼光看着刘备，便立刻应允了。

于是，当天下午，刘备、孙尚香和赵云带着五百士兵，在孙权毫不知情的情况下，悄悄地向长江岸边进发。

第二天，孙权得到刘备逃走的消息，立刻派遣士兵去追。周瑜只怕刘备会逃走，也一直早在必经之路严加防守。结果，刘备腹背受敌，被敌兵团团包围，情况万分危及。

赵云立刻按照诸葛亮的嘱托，"在危及时刻打开第三个锦囊"。看过之后，将诸葛亮的计策告诉刘备。刘备立刻赶到孙尚香的车前，流着热泪说道："刘备有几句心腹之语，要告诉夫人。"接着，就把和孙尚香结婚前后的经历与周瑜、孙权利用她作为钓饵要谋杀自己的事情全部告诉了孙尚香。之后，又十分虔诚地对孙尚香表现出爱恋之情。最后表示：如果夫人可以不帮助自己脱离险境，宁愿自杀在夫人面前。

孙尚香一听到事情的经过，不由得怒火中烧。因为夫妻之间的感情很深，当然不会让刘备有任何的危险，就将孙权、周瑜派来的人大骂了一顿，就连带着自己的哥哥和"不可一世"的东吴大都督都没能逃脱。之后她立目扬眉，大声怒骂着这些人！否则杀无赦！！

士兵们见到公主如此大的火气，哪里敢动手呢？觉得人家毕竟是王族

亲贵，自己只不过是下人、走卒，何必参合在主子的家务事之间受窝囊气？又见赵云横枪立马，怒气冲天的准备厮杀。自知是费力不讨好，甚至会被赵云杀死，最后还会遭到父母的谴责，就让开了道路，放刘备走了。

刘备死里逃生，快马加鞭，来到了长江边上。后面的追杀声又起：吴军将领新接孙权之令——宁可杀死亲妹妹，也不可以让刘备逃走！正在惊慌失措之际，江岸芦苇荡中，摇出20多艘船来。原来竟然是诸葛亮在此等候，准备接刘备和孙尚香回荆州！

刘备心中大喜，立刻上船和诸葛亮相庆。

此时，上游又铺天盖地地杀出来。中间的帅字旗下，周瑜亲自统领水军杀了过来。

刘备在孔明的指引下，弃船上岸，乘马疾行。

周瑜只好也弃船上岸。但是水军少马，只好带领数名兵士追击刘备。没有想到的是，追至半途，大将关羽杀了出来，威风凛凛挡在了周瑜的面前。

周瑜心惊胆战，手足无措。吴兵死伤无数。

周瑜逃了性命，回到了船上。还没有等到喘息平静，就听到刘备的兵士大声齐喊："周郎妙计安天下，赔了夫人又折兵！"这刺耳的喊声在周瑜的耳边久久回响。

周瑜恼羞成怒，大叫一声，一口鲜血喷了出来，倒在了地上。

在诸葛亮的妙计之下，刘备终于抱得美人归。

截江夺阿斗

小时的孙尚香虽然是个顽皮的小女孩，但是随着年龄的长大，她也逐渐蜕变成为一个内心温柔善良的小女人，尤其是在婚后，她的苦恼也慢慢增多了。她越来越感觉自己就像一块夹心饼干，一边是丈夫，一边是娘家，她夹在中间，真的很为难，她不想伤害任何一方，然而，当时的情况并不会按照她的美好意愿发展。随着刘备的羽翼渐渐丰满，他的地盘也在不断扩张，四方的贤能之士也纷纷前来投诚，使他的势力不断扩大，逐渐对孙权构成了威胁。更让孙权气恼的是，他虽然娶了孙尚香，却一直都没有归还荆州，而且还因为刘备不断扩大的势力将孙权向益州发展的道路阻断了。

孙权气急，建安十六年十二月，刘备西征，孙权趁着刘备不在的时候，给妹妹孙尚香写了一封信，信中说国太生病，而且命在旦夕。让她立即回娘家见母亲最后一面。而且还说母亲想看看自己还没有见过面的外孙刘禅，希望她能够将刘禅一起带回东吴。

孙尚香看了书信之后，泪如雨下，说道："母亲现在命悬一线，我一定要带着阿斗去东吴探望母亲。"于是立刻带着阿斗登上了去东吴的船。

刘备知道这件事情之后，十分着急，诸葛亮说道："这一定是孙权的计谋，快一点将赵云叫来商量对策。"

赵云来到营帐后，诸葛亮即刻发令："你们两个人立刻乘坐一只快船，火速将孙夫人追回来，而且一定要要回阿斗，这样才可以确保阿斗的安全！"

于是，赵云挑选了一艘快船，登上了甲板，船夫马上就开船了。船行的速度非常快，不一会儿就追上了追上了孙尚香的船，赵云大喊道："快快停下船，请允许我和夫人同行。"前方的船上走出了一个人，说道："你究竟是谁，竟然敢挡皇叔之妻。"赵云说道："我是赵云，前来要回阿斗！"

船舱内传来孙尚香的声音："将军何故无礼？"赵云回答道："嫂嫂前往看望吴国太，就去吧，希望将阿斗留下。"孙尚香说："既然我和玄德已经结为夫妇，阿斗便是我的孩子，为什么我不可以带他回东吴？"赵云道："主公这么多年，就这样一个孩子，若是公子有什么三长两短，我怎么和主公交代呢？"孙尚香说："母亲病危，只是想要见一见外孙啊！再说了，如果我把他留在荆州，没有人可以照顾他啊！"赵云说："我即便是死，也要要回阿斗，回到荆州，到时主公自然会安排人照顾他的。"

正说着，只见前方突然冒出了几艘大船，赵云道："坏了，是孙权的人来了。"赵云想着这下糟糕了，但是出人意料的是，出现在他面前的竟然是张飞，他一颗悬着的心总算是放下了。张飞大喊着："嫂嫂，您要看望国太，请自便，还请将公子留下！"并且纵身一跃来到了孙尚香的面前，

孙夫人无可奈何，只好将阿斗交给了他们。

这就是历史上有名的"截江夺阿斗"，这一事件成就了赵云和张飞的又一个功绩，而孙尚香也变成了丈夫和兄长争权夺势下的牺牲品。

如此一来，孙权的计划落空，当孙尚香回到吴国之后，发现自己的母亲好好的并没有生病，才醒悟自己被哥哥骗了。她十分生气，但是在那一个利欲熏心的年代，女人根本没有什么地位可言，更加不可以掌握自己的命运。孙权不许孙尚香再回到荆州，于是，当年锣鼓喧天、热热闹闹的婚姻也只不过维持了两年的时间，就被当时的执权者扼杀了。

刘备知道这件事情之后虽然心有不舍，但是他一直都在告诫自己，好男儿应该志在四方，不可以被儿女私情所牵绊，所以这段婚姻就这样被遗忘了，曾经陪伴在枕边的人也变成了他们利益之下的牺牲品。

后来刘备将西川打下之后，又迎娶吴夫人作为自己的妻子。那个年代的男人怎么都不会对一个离开自己的女人留有旧情呢，他们从来只见新人笑不见旧人哭，孙尚香和他在荆州两年耳鬓厮磨的情分，或许早已经被他抛到了脑后。

建安二十四年，刘备占据了东川和西川之地，他派关羽从荆州北伐中原，但是孙权却在背后捅了刘备一刀子，偷袭了荆州，不仅将这块宝地夺了回来，还使得关羽败走麦城，最终落得个身首异处的下场。刘备为了给自己的两个结拜弟弟报仇，一贯隐忍的他终于做出了最意气用事的事情，他倾尽了自己所有的兵力去攻打东吴，结果致使自己一败涂地，公元223年在白帝城内抑郁而终。

孙尚香虽然知道自己仅仅是男人利益之下的牺牲品，但是刘备毕竟是自己的丈夫，一日夫妻百日恩，当她听到刘备去世的消息之后，还是百感交集，悲痛万分。更何况她自从被自己的亲生哥哥骗回来之后就感觉到自己的处境凄惨，一直有一种寄人篱下的感觉。这两种愁绪交杂在一起，最终让她柔弱的心没有办法承受这样的悲痛，来到江边，结束了自己的生命。

关于孙刘感情的争论

作为三国时期著名的美女，孙尚香的命运令人同情。与大多数的美女一样，她也没有留下全名。现在的孙尚香只不过是后人随意冠上的。

关于孙尚香与刘备的感情关系，正反两方的观点，向来打得不可开交，孙尚香与刘备的结合是十分典型的政治联姻，两个人之间到底有没有真正的爱情呢？反方说没有，正方说有。

认为两个人没有真感情的反方称孙尚香嫁给刘备的动机不纯。（双方都清楚地知道这是一场政治阴谋。）就在洞房花烛夜之前，两个人根本就是素不相识，又有什么感情基础呢？正方说这种婚姻在封建社会几千年的历史长河中已经十分常见，此种说法不足为据。反方列举出两人的第二个证据——诸葛亮说的那一句话："主公在公安时，北畏曹公之强盛，东惮孙权之进逼，近则惧孙夫人生变于肘腋之下；当此之时，进退狼跋……"正方说，刘备对孙尚香存在戒备心理是十分正常的事情。因为吴国终究是蜀国在战略上的劲敌。刘备忌惮她，并非就是不爱她。这句话出自诸葛亮的口中，并不能代表孙夫人的真实感受，也并非刘备所言。

反方认为这两个人缺乏感情基础的第三个依据就是两个人的年龄相差悬殊。刘备迎娶孙尚香的时候已经年过半百，而孙尚香却正值花季少女，所以孙尚香是不可能爱上刘备的。正方认为反方的这一理由实在有些过于勉强。老少恋、忘年交古已有之。刘皇叔名闻四海，是三国争霸时期的重要人物，对于年轻的女孩子自然有很强的吸引力。孙刘联姻，正所谓淑女配君子，又哪里来的年龄悬殊的顾虑呢？

反方的第四个理由是来自对孙尚香的心理进行推断的。年轻漂亮、出身高贵、文武兼备的孙尚香，一定期望自己的终身托付于当世的某一个大英雄。刘备不管从哪一个方面看，都和她心目中的白马王子相差甚远。在曹操的眼中，刘备或许还算得上是一个英雄，因为刘懂厚黑学。但是在孙尚香的眼中，或者说在一个美少女的眼中，刘备却是一个十足的窝囊废。论武力，刘备并非孙尚香的对手。论财富，刘备空有一个皇叔之名，却穷

得叮当响，就连栖身之处都是找别人借的。论长相，刘备已经年过半百，头发花白，肌肉松弛，两只大耳朵明显和五官躯体不协调。不管是男人的责任感和温柔，刘备更是天生的缺乏。小说《三国演义》曾经说："玄德正行间，忽听得背后喊声大起。玄德又告孙夫人曰：'后面追兵又到，如之奈何？'夫人曰：'丈夫先行，我与子龙当后。玄德先引三百军，望江岸去了。"这段文字十分清楚地记载着刘备是一个多么自私的人。他明明知道周瑜与孙权是怎样的手辣心狠，老婆仅仅是和他客气几句，让他先走，他居然二话没说就逃之夭夭了。

反方还对一组数据进行了统计：从刘备和孙尚香洞房花烛之夜开始到逃离东吴，刘备流露害怕表情3次——在洞房看到刀枪棍棒是一次，在私奔的路上看到追兵是一次，在渡河途中误以为是伏兵出现是一次。没有主见是2次——与孙夫人商量私奔的理由是一次，怎样对付追兵是一次。在两次的商讨中，刘备就像是一个傻子，不仅没有半点主意，也无任何果敢之举。——如果孙尚香事先知道刘备对待老婆和结义兄弟的很多恶劣行为，再加上吃女人肉的记录，（猎户刘安之妻）估计绝对不会等到最终跳江，在私奔的途中就会坚决了断。仅仅从以上数据来看，孙尚香爱上刘备的可能性是零。

正方据理反驳说：上面的数据可以换一个角度来分析，就可以得出完全相反的结论。孙刘的感情是两个人的事情，后人武断猜测与否定绝对是轻率的。刘备是一个见过大世面的人。孙尚香横眉立目的时候的确十分恐怖，但是温柔起来也是惊天动地的销魂。（有一首诗是这样写的："刀光如雪洞房秋，信有人间作婿愁；烛影摇红郎半醉，合欢床上梦荆州。"）孙尚香可以让刘备沉醉在温柔乡，自有其流连忘返之处。至于孙尚香喜欢舞枪弄棒，是战争年代环境的熏陶使然。人们称她"弓腰姬"，更是对她的高度认可和赞美（孙尚香喜欢穿男装，褒姒喜欢穿戎装。）刘皇叔可以被关羽、张飞这种古今罕世的大英雄尊为长兄，令天下第一谋士诸葛亮心甘情愿为其效劳，这足以说明他的号召力和凝聚力。不管是英雄还是枭雄。试想，若是没有孙尚香的真心帮助，刘备又怎么可以突出重围呢？整个逃跑过程，孙夫人都参与和策划，这从一个侧面证实了孙夫人对刘备感情的执着和跟随他回荆州时的自愿态度。至于孙尚香在得知自己的母亲重病返回江东之后，究竟因为什么原因才投河自尽，或者究竟是不是投河自尽，那已经是史学家们讨论的话题了。

面对上述正反两方面的观点，很多人都莫衷一是。在品三国渐热的今天，一定还有很多人持有高见。

第十章 羊献容——命运多舛的『多情人』

美女档案

☆姓名：羊献容

☆民族：汉族

☆国籍：西晋

☆出生日期：不详

☆逝世日期：公元 322 年

☆美女纪念

　　羊献容去世之后，刘曜伤心欲绝，《晋书·刘曜载记》中记载："亲如粟邑以规度之"，不惜国力、财力、人力，为她建造了一座"下锢三泉，上崇百尺，积石为山，增土为阜"的陵墓——显平陵。可以说，显平陵绝对可以和印度泰姬陵相媲美。但遗憾的是，显平陵早已经在滚滚的历史长河中成为废墟，后人也没有机会再来瞻仰和拜谒这一位跨国皇后了。

人物简评

羊献容经过四废四立，最后还是做了两朝的皇后，虽然其中有很多因素，但是她自己也肯定具有超强的生命力、意志力和在夹缝之中生存的智慧，才可以一次一次顶住打击，承受住屈辱，逃脱一次次明刀暗箭的袭击，最终找到了属于自己的那一份幸福，虽然这是建立在国家的灭亡与千万尸骨之上的幸福，虽然遭到无数人的鄙视、嘲讽、骂名千秋，甚至诅咒她为什么不早死，但是作为一个没有政治野心的女人来说，她历经千辛万苦，终于赢得了一个还算是美满的结局。

生平故事

羊献容是一个浑身上下散发着无限魅力的女人，之所以这样说，最主要是因为她嫁过两个丈夫，虽然第一个丈夫是匈奴人。事实上，羊献容的一生除了坎坷之外，再也找不到其他的特征。她五次被打入冷宫，四废四立，从嫁给司马衷开始就变成了一枚政治棋子。如果她不懂得随机应变、随遇而安，恐怕早已经在乱世之中香消玉殒了。

一朝为后

羊献容第一次出嫁，就是嫁给了历史上的白痴皇帝晋惠帝司马衷。司马衷是西晋开国皇帝司马炎的儿子，从小就只知道吃喝玩乐，不务正业，被历史上称为"白痴"。司马炎之所以册立其为太子，有两种说法，一种是说司马炎长子司马轨在很小的时候就死了，才不得不将二儿子立为太子；另一种说法便是司马炎很早就生下了司马衷，而司马适天资聪慧，是一个难得的帝王人选。司马炎为了让司马衷成为未来的帝王人选，才勉强保住了司马衷的太子之位。

无论司马衷的太子之位是怎样得来的,他成为了西晋的君主已经是不可否定的事实。当初司马炎临终之前,特意将司马衷托付给了叔父、汝南王司马亮。在司马亮的竭力扶持下,司马衷在永熙元年(公元290年)顺利登上了皇位。不过,司马亮之所以答应司马炎的临终托孤,大多是为了获得左右朝政的大权。

就在司马衷登基之后不久,皇后贾南风就联合司马亮一同铲除了皇太后的家族势力,整个朝政大权就都落到了司马亮的手中。但是,贾南风是一个比司马亮更加心狠手辣的人,她在利用完司马亮之后,竟然卸磨杀驴,将他杀死了,还连同其党羽一并铲除。之后不久,贾南风又拉拢赵王司马伦除掉了楚王司马玮。整个王朝被她搅和得乌烟瘴气、鸡犬不宁。

永康元年(公元300年),贾南风被司马伦用毒酒处死,从此之后皇后之位空缺。司马衷虽然昏庸无道,甚至有点蠢有点笨,但是毕竟是一国之君,身边总要需要一个母仪天下的人来衬托皇室的完整。这时候掌握朝政大权的人是司马伦,皇后的人选当然由他来定了。

司马伦派遣自己的心腹孙秀主持皇后的推荐事宜。这样一来,孙氏家族还没有出阁的女儿便成为了皇后的不二人选。经过一番精挑细选,孙秀本家、平南将军孙旂的外孙女羊献容凭借其才情和容貌夺得了皇后的桂冠,并且在同年受册封。

就这样,因为权贵亲戚的做媒,羊献容在一夕之间成为了风雨飘摇的大晋皇朝的新国母——皇后。全家人里里外外忙得不得了,浩大的迎亲队伍已经来到了王府外,羊家美丽的少女穿上了华丽庄重的皇后礼服,戴上了珠围翠绕的皇冠准备出发……突然,随身的侍女发出了一声尖叫声,羊献容的礼服着火了!还好人多,火很快就被扑灭了,也没有人受伤,但是华贵的礼服却一片焦黑。一时之间,几乎所有人的心里都产生了四个字——"不祥之兆",但是婚礼还是要举行。这一天,羊献容走上了她坎坷崎岖的命运之路,成为了中国历史上的一大笑话——赫赫有名的白痴皇帝晋惠帝司马衷的第二任皇后。

这是羊献容第一次当皇后,看上去似乎是在光耀门庭,但却是一个噩梦的开始。

四次废立

　　一国皇后，母仪天下，是一件多么令人羡慕的事情，但是只有十几岁的美丽少女羊献容在面对愚钝懦弱，年过40的愚蠢皇帝惠帝时会有什么样的感受呢，这些都没有人理会。当然，对于司马衷来说，与人丑心更丑的前任妻子贾南风来说，这个新皇后就像是上天赐给他的礼物，可谓是宠爱有加。但是这样一个软弱、无能、弱智的丈夫，又身处在政治风暴的中央，是根本不可能为妻子带来任何意义上的幸福的。

　　果然大婚不到一年，赵王司马伦就觉得撑着这个傀儡皇帝有些烦了，于是在永康二年（公元301年），司马伦便在孙秀的支持下谋权篡位，自己登基坐了皇帝。羊献容与司马衷就一起被请到了冷宫，从此过上了太上皇与皇太后的生活。无论冷宫的生活多么的凄苦，对于羊献容与司马衷而言，可以保住性命就已经算是不错的了，因为司马伦篡位之后的第一件事便是杀死司马衷最为出色的几个儿孙。

　　当上皇帝的司马伦原本以为自己可以像司马祖先一样过上安稳的日子了，但是司马家族的分支繁复，各个势力都没有学好如何才能安分守己。王爷们一听到司马伦篡权，心中的权利欲望无限膨胀，混着难熄的怒火瞬间迸发。

　　这一年，司马家族的其它贵族纠集了全部人马，联合起来向帝都洛阳进发，征讨叛贼。司马伦在慌乱之中只能求助于神明，但是奔波数日，却没有哪路神仙可以向他伸出援助之手。这一年4月，王爷们的军队不费吹灰之力就撬开了洛阳城的大门，并且轻轻松松地将司马伦在龙椅上赶了下来。司马衷一家人也被从冷宫中请回来，重新回到皇宫。

　　但是，司马家并非只有一个"司马伦"，那些扛着讨逆大旗的王爷们，都想要在龙椅上坐一坐。于是，一场讨逆与被讨逆的大战开始了。先是齐王司马同，他认为自己在讨伐司马伦中所立功绩最大，于是就私自做主封了很多的头衔，开始执掌朝政。第二年12月，心中一直不甘的河间王司马

第十章　羊献容——命运多舛的"多情人"

171

颙联合成都王司马颖、长沙王司马乂，一起将司马伦赶下了皇位，并且一路送到了阴曹地府。

接下来，司马乂又想要当皇帝，又被司马颙和司马颖烧死。永安元年（公元304年）年初，司马颙与司马颖以胜利者的名义住进了洛阳城，开始了一番夺位之战。他们到达都城之后，联名上书司马衷，要求立即废除羊献容与太子，废黜的理由十分简单，羊献容是司马伦选出来的皇后，是同谋者。傻瓜皇帝司马衷在无奈之下只好同意，就这样，皇后羊献容再一次被打入冷宫。半年之后，司马颖被各王联兵讨伐，最终兵败邺城。羊献容得以复位，完成了生命当中的第二次废立。

公元304年，成都王司马颖再一次起兵，东海王司马越多次上书希望惠帝可以亲征作战，在混战之中惠帝身受重伤就要被饿死的时候被成都王找到，还算是受到了良好的待遇。这期间，河间王司马颙遣派其手下将领张方率领亲兵帮助成都王，此时的成都王、东海王挟持着惠帝在邺城展开混战，张方轻而易举地便进入了都城洛阳。不知道是什么原因，或许是和羊家有仇，或许仅仅是为了显摆权威，张方再一次将皇后羊献容废黜，再次被囚禁在金墉城。后来张方捉到了惠帝和成都王颖，在河间王司马颙的授意之下将都城迁往长安，古都洛阳被士兵洗劫一空，百姓民不聊生，饿殍遍野，惨不忍睹（被废的羊后这个时候并没有随行，而是留在了洛阳）。因为朝廷要重新组建，晋惠帝这个傀儡象征依旧是各方的需要，于是晋帝复位，羊献容再一次回到后位。

第二年正月，也不知道是什么原因，还是天生八字不和，手握兵权的中领军兼京兆太守的张方再一次废掉了羊献容。到11月，立节将军周权谎称接到皇帝的密旨，宣布恢复羊献容的皇后之位。然而，随后张方的手下洛阳令何乔率领军队杀死周权，又废皇后。

只要羊献容还活着，西晋王朝就依然存在，最起码名义上是这样。于是，羊献容的消失便成为了谋逆者最迫切的愿望。

张方在长安安定好之后，就将司马颙接了过来，希望他来主持大局。司马颙册封张方为太宰，将长安视为是晋王朝的新都。他上任之后的第一件事情就是假传圣旨，让洛阳朝廷以谋逆之罪杀了羊献容。

洛阳方面拿着假诏书，不知道该怎么办。且不说羊献容是西晋王朝存在的象征，就说羊献容在嫁给司马衷之后所受的苦楚，就让大臣们难以狠下心，所以这件事情一再拖延。司马颙见到洛阳方面迟迟没有消息，便三番五次催促，在被逼无奈之下，竟然拿着毒药亲自前往洛阳对羊献容执行死刑。

这个消息一经传出，便立刻遭到了驻守洛阳的司隶校尉刘暾、尚书仆射荀藩等一干人的坚决反对，他们联合上表了抵制赐死诏书。司马颙因此大怒，派遣陈颜、吕朗率领五千兵马去抓刘暾，刘暾带着羊后一起逃到了高密王司马略管辖境内避难，就这样她总算是死里逃生，躲过了一劫。

羊献容虽然死里逃生，但是处境依然不乐观，最开始还是有人逼迫皇帝下旨废后，现在王爷、将军、县令都可以私自做主废黜皇后了。

八王争权的斗争，实际上是各方势力的一场拉锯战，让北方匈奴、鲜卑等民族的势力复兴，成为了各王拉锯借助的力量，让整个局面变得更加混乱。第二年6月鲜卑骑兵杀进长安，大肆掠夺了三天三夜，两万多名百姓被杀害，大臣、官员、老百姓纷纷逃难，饿死了很多人，就连皇帝也到了没吃没喝的地步，还好东海王司马越及时赶到送来粮草。很显然，长安已经是呆不下去了，众大臣又用唯一的一架牛车将惠帝送回了故都洛阳，在旧殿废墟中重新修建了宫廷。在此期间，废后羊献容是如何存活下来的，没有人知道。总之，大难不死的她又重新回到了洛阳，此时，她的死对头张方因为骄横无理，不服管教，被其主子司马颙派人暗杀了，羊献容终于又重新被立为皇后。

行尸走肉

此次被复立之后，羊献容过了几年安稳日子。光熙元年年底，司马衷突然暴病而死，这一年他48岁。关于他的死因，《晋书》中有过这样的记载："后因食饼中毒而崩，或云司马越之鸩。"是否是司马越设计害死了司马衷，现在还没有定论，唯一可以肯定的是，羊献容的倒霉日子又来了。

司马衷刚刚离世，司马炽便在同一日登基称帝。司马炽是司马炎的第二十五个儿子，生母为中才人王媛姬，按照道理来说没有即位的资格。但是这时候的晋王朝已经乱作一团，谁还会在乎什么长幼之序。于是，在司马越的极力拥戴之下，司马炽继位，是为晋怀帝。

司马炽做皇帝的第一件事，就是将自己的生母尊为皇太后，将羊献容封为惠皇后，驱赶到了弘训宫。不管怎么样，羊献容还是活了下来，而且还有一个惠皇后的封号，不至于被贬为庶民。从此之后，她远离朝政，幽居深宫，过着行尸走肉的生活。在这样一个动荡不安的年代，让自己变成行尸走肉，恐怕是活下来的最好的办法。几乎所有的人都将羊献容忘了，一直到刘曜的出现。

二次嫁人再做皇后

早在东汉年间，匈奴被打败之后拥附汉朝，于河套地区定居，曹操将其分为五个部分，完全成为了中国的一个少数民族，到西晋时期已经没有了自己独立的力量。匈奴五部名义上的大都督刘渊（因为"和亲"的原因，匈奴王室是汉室的外甥，得到了"刘"姓）年轻的时候一直在洛阳当人质，并且在成都王司马颖的手下做事情。自从"八王之乱"的时候起，他趁机向成都王颖建议凭借自己的威望组织匈奴兵来作战，并获得赞同，于是回到阔别已久的故乡左车城。久受欺压的匈奴人很是愤怒，纷纷建议起兵灭晋恢复匈奴的帝国，但是刘渊的眼界更高，他可不想要回到贫瘠的北方草原做自己的单于，而是要以汉朝的继承者的身份继续逐鹿中原，入继大统，所以自立为汉王，尊刘备、刘禅为先帝，并且在公元304年，正式称帝，国号"汉"，史称"后汉"。

刘渊的左膀右臂是他的第四子刘聪与侄儿刘曜，他们三个人可不是传统意义上的那种粗犷、野蛮、蒙昧的胡人，而都是汉化程度特别重的贵族武士，擅长书法、通晓诗文，可谓是能文能武，相对于那些腐朽无能、只知道窝里斗的司马一家当真是有能力、有生气多了。就这样，匈奴与鲜卑、羯、氐、羌共称五胡，其中也卷入了其他汉族的各种势力，缠斗不休，中国北方地区，狼烟四起。

刘渊去世之后，刘聪继承了"后汉"事业，刘曜被册封为中山王，大单于，在朝廷中的位置举足轻重。在外敌环伺的情况下，西晋王朝依旧不曾忘记窝里斗，终于在公元 311 年，刘曜的大军围攻洛阳。围城多时依然没有外援出现，城中的人们已经饿到"人人相食"的地步了，城池最终还是没有守住，最终城破，皇宫街市被掠夺一空，男人屠杀殆尽，匈奴人挖了晋朝诸位皇帝宗室的祖坟，烧毁宫庙，将天下第一繁华都城洛阳在一夜之间变成了废墟，而女人尤其是皇宫中的美女们也成为了胡人们的战利品。而刘曜也收获了自己的心水宝物——羊献容。这时候的羊献容早已经年过三十，经过这么多年的磨炼、孤苦寡居，甚至饿得半死，居然还有着迷倒一代英豪的魅力。又或许刘曜所看中的并不是羊献容的美貌，而是他身上独有的冷静与淡然，以及机智的应变和深邃的内心。显然，羊献容是被坎坷的生活磨砺出坚毅的性格与良好的心理素质，可以让她做到临危不惧，随遇而安。

刘曜在迎娶羊献容之前，大概就已经对她的身世与过往有了大概的了解，所以对她身上体现出的沉着与机智并不感到诧异，反而十分欣赏。要知道，西晋的冷宫并不是一般人能呆的地方，在那里，除了践踏别人的尊严之外，还随时都可能有性命之危。这座冷宫建立在洛阳城外的伊阙山上，而伊阙山是整个洛阳城的盾牌。也就是说，若是洛阳城遭遇贼人的攻击，伊阙山就是最先被摧毁的地方。即便是没有遭到攻击，王宫中任何一个有权势的人都可以左右冷宫中人们的生死。羊献容在冷宫中待了这么长时间，还亲身经历了羊氏宗亲被司马家族血洗的悲惨往事。有过这样复杂遭遇的女人，可以在乱世当中活下来，需要足够的智慧和冷静。这也就不难想象，当刘曜喜欢上羊献容的时候，会以怎样急切的心情想要给她幸福。

究竟发生了什么事情，谁也说不清楚，但是幽居别院被人遗忘的前皇后应该并不是很容易在一堆人中被找到，尤其是在兵荒马乱的混乱中，所以有很大的可能，刘曜就是奔她而来。

这些都已经不再重要，重要的是羊献容的人生再一次发生了改变。刘曜成为皇帝之后，便立刻册封羊献容为皇后。

为了羊献容，刘曜废掉了前任妻子，抛弃了儿子，不惜背上抛妻弃子的恶名。不仅如此，刘曜对羊献容的宠爱完全没有节制，就连很多朝政大事都会让她参与。有夫如刘曜，算得上是老天对羊献容坎坷一生的一个弥补。

　　传说，羊献容被刘曜册立为皇后之后，刘曜问她说："我与司马家哪一个白痴的丈夫相比怎么样？"羊皇后说："那根本就是天壤之别。皇上是开国明主，他是亡国之君，他连自己的妻儿都保护不了。他虽然贵为帝王，而妻子却被大臣四次废黜。当时我被你俘虏的时候当真是不想活了，哪里想到今天会被你册立为皇后。我也是出身于高门望族，见惯了那些负心的男子。但是自从嫁给你之后，我才深深体会到什么是大丈夫的本色！"

　　在当时，羊献容的这一番话是离经叛道的，也绝对的够狠够绝，作为曾经的大晋皇后，她背叛了祖国；作为汉人，她背叛了民族；作为妻子，她背叛了自己的丈夫；作为世代就被隆恩的贵族，她还背叛了宗族门庭。在当时的那个年代，羊献容的这番话不啻重磅炸弹，其对于传统伦理纲常的杀伤力是难以估量的。

　　在唯我独尊的传统的大汉主义者眼中，戎狄人是残暴的，是不仁的，而正是这一群人面兽心的戎狄人，例如刘渊、刘曜等，无一不是全能英雄，能文能武，能征善战，比起司马氏那一帮神经兮兮、智商等同弱智的昏聩无能之人，不知道强了多少倍。羊献容从一个女人的角度，得出了这样的结论，在正统的汉族士大夫们的眼中，的确是可恶至极。按照他们的想法，这个可恶的女人应该赶快死去，最低限度也应该是"忍辱偷生"，但是恰恰相反，她一改往日的倒霉相，竟然活得十分享受。

　　羊献容嫁与刘曜后，为他生了两个儿子，刘熙与刘袭，其中刘熙被立为太子。依照长幼之序的祖训，应该是刘曜和前妻所生的孩子刘胤做太子，但刘曜过分宠爱羊献容，所以坚持要立刘熙为太子。

　　光初五年（公元322年），羊献容在平静中死去。虽然是生不逢时，但是能够死逢其时，也算得上是一种幸运。在中原大地上的"八王之乱"的血腥还没有散尽，五胡乱华的烽烟又悄悄燃起。对于人生稍感厌倦的羊献容轻轻地闭上了那双依旧美丽如初的眼睛，嘴角上带着一丝不易被人察觉的淡淡的笑意，我已经得到，我已经拥有，我已经满足，我已经可以含笑而去……

羊献容死后，被刘曜赐其谥号为献文皇后，并且亲自为她选择了一块墓地，将她安葬，极尽哀荣。一个生在乱世的美女，最终竟然可以如此安详地离去，这的确是一个奇迹。

一个国家的灭亡反而成全了她的幸福，尽管这并非她所希望的，因为那根本不是她的错。因此后人体谅她，并为她找到真正懂得她疼惜她的人而感到欣慰。

羊献容去世之后，刘曜过度悲伤，逐渐酗酒成性。7年后，刘曜被石勒杀害。这样看来，羊献容的早逝算得上是一种幸福，否则她活到前赵灭亡，又会重复之前的噩梦。对于任何人而言，死在最幸福的时刻，都是上天给予的一次眷顾。

人丑心更丑的皇后——贾南风

作为历史上相貌最为丑陋的皇后，她的故事可谓是说也说不尽啊。有些人是人美心丑，有些人是人丑心美，还有一些人是人美心也美，但是贾南风确实人丑心更丑。

贾南风的母亲郭槐是一个以悍妻之名闻名京城的。她的这一特点同样被女儿贾南风继承，甚至表现得比她的母亲有过之而无不及。

相貌丑陋的贾南风继承了父母身上所有的特点，她就像父亲一样能言善辩，善弄权术，阴险狡诈，还继承了母亲凶悍的本性。她母亲的妒忌闻名天下，几乎达到了神经质的地步。贾充虽然权倾朝野，几乎没有人敢惹，但是在这只母老虎面前也只能唯唯诺诺，唯夫人命是从，夫人的一句话比皇上的圣旨还要重要。

贾南风不仅长得丑陋，而且攻于心计，狡猾奸诈。被选为太子妃的她，几天的时间就将太子司马衷牢牢地控制在手里，任其玩弄。贾南风身为东宫之主，只想着霸占太子，绝对不允许其他妾侍或宫女共同沾染，一同分享太子的阳光雨露。在东宫之中，只要是稍微有些姿色的女子都会成为她嫉恨的对象，她让长相美丽的宫女去做粗活，只留下那些又老又丑的宫女服侍太子的起居。她对宫女们动不动就打骂，宫女们也只能忍着，却不敢言说。但是"满园春色关不住，一枝红杏出墙来"。宫中的美女如云，贾南风即便是再厉害也不能时时刻刻盯着太子，更何况太子有时候也会趁贾南风不备，主动偷腥，和一些宫女发生关系，可是事情一旦败露，宫女们必将会落得悲惨的下场，没有一个可以幸免。

有一天，贾南风在宫女的陪伴下在花园中赏花。时值初夏时节，百花争艳，姹紫嫣红，十分好看。贾南风正在兴致勃勃地欣赏着，忽然，她看到一个宫女在前面的亭阁前一闪而过，她觉得十分奇怪：什么人竟然在御花园中乱逛？怎么还躲躲闪闪？这里面一定有什么见不得人的事情。想到这里，她花也不赏了，对身边的众位宫女说："前面究竟是什么人鬼鬼祟祟的？你们立刻去给我找来，带到东宫，我要亲自审问。"说完就让身边的宫女去找，贾南风带着几个贴身侍女回宫等待。

众宫女在亭阁的拐角处看到了一个宫女，大腹便便，战战兢兢地躲在那里。那宫女见到众位宫女找到她了，竟然"扑通"一声跪在众位宫女的面前，面对众人说："各位姐姐们，求求你们救救我吧，千万不要带着我去见贾妃娘娘，如果我去了就会没命的啊，只是可怜了我的孩儿，我给你们磕头了。"

说完，挺着肚子向众位宫女磕起头来。

宫女们们面面相觑，不知道该怎么办。她们知道这件事情关系重大，也知道贾妃娘娘残忍无情，更是关系到众人性命的大事情，怎么会答应她呢？这时，一个进宫时间较长的宫女走到这个宫女面前，将她搀扶起来，叹口气说："我们也不忍心将你交到贾妃娘娘的手中，我们也十分同情你。但是娘娘的命令难以违抗，若是放你走，我们众姐妹只怕就要没命了，你还是跟我们走吧。"

那个宫女也没有办法，只好跟着大家去见贾妃娘娘了。

到了东宫，贾妃早已经坐在那里气势汹汹地等着她们了！众宫女将那个宫女押上来，报告说："娘娘，人已经带来了。"

贾妃抬头一看，那个宫女虽然穿着宽松的衣服，但是依然没有办法掩盖住那高高隆起的肚子，贾妃的怒火马上涌上来。她气得捶胸顿足，大喊大叫："大胆的贱人，你的肚子里坏的是谁的野种？"

那个宫女扑通一声跪在地上，吓得面如死灰，结结巴巴地说："回娘娘的话，奴婢怀的是……是太子的骨肉。"

贾妃一听到这句话，就像是水珠掉进了油锅马上炸开了，她"腾"地从座位上站了起来，几个大跨步走到宫女的面前，怒吼道："什么？太子的骨肉？不是属狗的吗，到处乱咬人，我要听你说实话，究竟是怎么回事？赶快说！"

那个宫女声音颤抖着，声音已经嘶哑："启禀娘娘，奴婢怀的的确是太子的骨肉，绝对不敢有半句假话。奴婢是在后花园负责采花的宫女，年初的时候，太子到后花园散步的时候刚好与奴婢巧遇，太子一时性起，就在后花园临幸了奴婢。没有想到竟然暗结瓜蒂，并非奴婢有意所为啊。奴婢所说句句属实，请娘娘明鉴。"

"好啊，小贱人，勾引太子还不承认，竟然将所有的责任都推到太子的身上，说是太子骨肉，还不一定是哪里来的野种。你认为你说是太子的骨肉我就拿你没有办法了是吗，竟然敢如此放肆，今天就要让你尝尝我的厉害。"

贾妃说完之后走到侍卫的身边，从侍卫手中夺过大戟，狠狠地向宫女刺过去，宫女惨叫一声就命丧黄泉。宫女与侍卫们都吓得闭上了眼睛。

贾妃将大戟从宫女的身上拔出，狠狠地摔在了地上，转身走到座位上坐下，说："将这个贱人拖出去埋了。"

众侍卫七手八脚地将这个可怜的宫女埋了，唉，又有两个冤魂到阴曹地府中去了。

埋掉宫女之后，贾妃依然不解气，她把所有的宫女都召集到大厅中，恶狠狠地对她们说："你们这些废物，我交代给你们的事情是怎么办的？难道你们这么多人就看不住太子一个人吗？竟然让一个如此下贱的奴婢玷污了太子的身子，你们都干什么去了？竟然敢玩忽职守！"

众位宫女一听都吓掉了魂，急忙跪下叩头求饶："娘娘息怒，奴婢罪该万死，望娘娘饶命。"

贾妃黑着一张脸说："饶了你们，说得轻巧，饶过你们，你们怎么能知道我的厉害呢？来人啊，统统拖出去重打三十大板。"

外面传来的板子声和宫女们的阵阵哀嚎声。三十大板打完之后，宫女们都遍体鳞伤，鲜血已经湿了衣衫，几个身体瘦弱的宫女已经昏死过去了。贾妃见到宫女们狼狈的样子，说道："哼，这次就便宜你们了，若是再敢有下次，我一定要了你们的脑袋，将你们送去见阎王。"说完，转身就走了。

武帝听到这件事情之后非常生气。自从贾南风进宫以来，武帝在已经对她的行为产生不满，没有想到自己的这个儿媳妇不仅人长得丑，而且心都这样狠，就连皇室子孙都不放过，简直让人无法忍受。于是下诏修建金墉城冷宫，打算将贾妃废黜，打入冷宫。

消息一经传开，贾南风立刻乱了阵脚，想想自己千方百计才成为太子妃，难道就这样毁于一旦吗？不，绝对不可以就这样结束。她在东宫中走来走去，就像热锅上的蚂蚁，绞尽脑汁才想出对策。

在危急之中，她想到了父亲，这个时候也只有父亲才可以救自己。想到这里，贾南风就马不停蹄地赶往贾府，而贾充也听到了女儿要被废的消息。此时，十分喜欢玩弄权术的父女相见，把朝廷中所有可以动用的资源全部整合一遍，终于商量出一个对策，父女二人便分头行动去了。

一天，赵充华正在后宫与杨皇后聊天，武帝上完朝，见到她们就坐下来和她们一起谈起废太子妃的事。武帝深深叹了一口气说："唉，这件事现在想起来真是后悔啊。当年原本我要选择卫瓘女为妃，你姐姐死活都不同意，结果选择了这样一个丑女人贾氏为妃，没有想到她的心竟然这样狠毒，太子又如何驾驭得了她呢，她将来一定会祸乱后宫，不如现在就废了她。"

赵充华见到武帝谈到这件事，急忙说着："陛下，您就不要为这件事劳神了。忌妒原本就是妇人的事情，贾妃年纪还小，嫉妒当然在所难免，等到她长大之后自然就会好的。还希望陛下可以原谅她一次，给她一个改过的机会。"

杨皇后也在一边帮腔说："陛下，您不看僧面看佛面，贾妃是贾充家

的女儿，贾公对于司马家的社稷立下了汗马功劳，千万不能因为一件小事就废黜了。况且贾妃年幼无知，嫉妒之心难免，当然也是妾身教导无方，还希望陛下可以多多宽容她，今后妾身一定会严加管教她，让她改过自新，这样不仅不会伤害贾公的面子，还可以免去另选太子妃的麻烦，这难道不是两全其美吗？"

武帝听到这些话之后有些动容了，就说："等到明天上朝，朕再和大臣们商量商量吧。"

武帝不知道的是，贾充早已经在朝臣之间活动好了，就等他询问呢。

第二天上朝，晋武帝和大臣们商议好政事，将杨珧等一干大臣留下，询问说："众位爱卿，朕有一件家事想要与你们商议一下，希望你们可以直言，不必隐讳。太子妃贾南风生性善妒，残害皇室子孙，残暴不仁，朕想要将她废黜，打入冷宫，再给太子另选贤妃，不知你们是什么看法？"

大臣们相互看了看，杨珧走上前去，说："陛下，这虽然名义上是皇上的家务事，但是这件事情关系到皇室的安危。嫉妒是妇女的本性，贾妃虽然有些过分，但是她出身高贵，善于辅佐太子，操办事情稳妥干练，是太子未来的好帮手。何况贾充曾经有功于晋室江山，难道陛下不记得了吗？"

荀勖也进言说："贾妃还年轻，难免气盛，一时糊涂犯下的错误并不能够掩盖住她的功绩，希望陛下三思啊。"

冯统接着说："另选太子妃，又恐怕会误选到不好的女子，若是多对贾妃进行劝导，等到她渐渐长大就好了，不是也省去了很多麻烦吗？"

武帝见到大臣们这样说，气也慢慢消了。在"内外夹攻"之下，终于放弃了废除贾妃的打算，不提废黜太子妃的事情了。

第十一章 褚蒜子——「寡居一生」的后宫之主

美女档案

☆姓名：褚蒜子

☆民族：汉族

☆国籍：东晋

☆出生日期：公元 324 年

☆逝世日期：公元 384 年

☆美女纪念

褚蒜子与晋康帝司马岳同葬于崇平陵，位于江苏省江宁蒋山，陵墓依山而建，内部结构复杂，规模庞大。

人物简评

身为女人，褚蒜子实在是很可怜，虽然禀性聪颖，美丽动人，但是命运多舛，年纪轻轻就死了丈夫，人到中年又死了儿子，凄苦一生。但是作为皇后、皇太后来说，她又经历了三度垂帘，把持东晋朝政长达40年之久，与东晋历史上众多著名的人物有过密切的合作或机智周旋，例如庾冰、何充、桓温、谢安等人，为稳定东晋司马氏家族立下了不可磨灭的功绩。

生平故事

褚蒜子，晋明帝太宁元年（公元323年）在河南禹县出生。褚家世代为朝中高官，是自东汉以来家世显赫的名门望族之一。

显赫家世

褚蒜子的曾祖父褚䂮在西晋武帝统治时期担任安东将军，她的祖父褚洽曾经担任武昌太守，置于她的父亲褚裒更是一代名人。

褚裒字季野，在当时可谓是声名远播，老练稳重，桓彝因此评价说："季野有皮里春秋。"意思便是说他遇到任何事都不露声色、面无表情，从来不对任何事物表态，更不评价人和事的优劣高低，事实上已经将所有的一切都看得清清楚楚曲直褒贬自己有数。谢安也十分推崇他，说"裒虽不言，而四时之气亦备矣。"

褚裒十分有主见，但是魏晋时期很多名人高士都因为只言片语被卷入政治斗争当中，自己命丧不说，连累了家族。褚裒这种态度的形成与环境有着密切的关系。他因此成为了"皮里春秋"的代表人物，只是这种明哲保身的态度主见成为一种流行趋势后，十分拖国家的后腿。

据说，褚衰15岁时，曾经前去拜望晋明帝的小舅子庾亮，庾亮让术士郭璞为这个少年占卜前程，谁知道这个结果一出来让郭璞当场惊呆了，说："这并非人臣之卦象，20年后，这卦才能得到应验。"

因为褚家的门第高贵，声名远扬，当晋成帝为弟弟琅琊王司马岳挑选妃子的时候，褚蒜子才得以被选中，被聘为琅琊王妃。褚衰也由此成为皇亲，担任豫章太守。

咸康七年（公元341年）三月，21岁的晋成帝皇后杜陵阳不幸早逝，咸康八年（公元342年）六月，22岁的晋成帝司马衍也病得十分严重。他的周贵人为他生下了两个儿子司马丕与司马奕。但是此时这两个孩子才只有三四岁而已。成帝的舅舅庾冰借着国危子弱的招牌，竭力劝说成帝册立长君。成帝于是留下遗诏，命胞弟琅琊王司马岳继承自己的皇位。同月甲午日，司马岳即位，是为晋康帝。

褚蒜子就这样意外地登上了晋王朝皇后的宝座，当时她只有19岁。

三度垂帘听政

两年之后，康帝司马岳便一病不起。康帝在病重的时候关于选什么人继承皇位，在朝中引起了很大的争议，庾冰依旧主张册立年长之君，建议推会稽王司马昱嗣君，因为这时康帝的长子，褚皇后所生的儿子司马聃仅仅是一个2岁的婴孩。这时候，何充已经回朝任职，他与庾冰素来不和，建议立康帝儿子司马聃为太子。康帝满心答应了。

建元二年（公元344）九月，下诏册立司马聃为太子。由此便奠定了褚蒜子的母后地位。三天之后司马岳病逝。

司马聃登基称帝，即为穆帝，尊封褚后为太后。这时的穆帝年仅2岁，褚太后临朝听政。褚氏只做了两年的皇后，就被封为皇太后，大臣们对于这位太后的政治才能是相当有信心的，因为在康帝统治时期，她就帮助处理了很多军政大事，而且都十分有分寸。因此，当她成为皇太后以后，以司徒蔡谟为首的群臣联名上奏，请求她垂帘听政，代替婴儿皇帝掌管国家。

褚氏阅罢奏章，下了一道诏书，字字句句感人至深，大概意思就是：皇帝尚且年幼，应该依靠公卿大臣同心辅政，今天既然大家恳切上词，不辞从众请，只是心中难免又怕又恐，自当竭力从事。

褚太后答应垂帘听政之后，以何充为代表的大臣们再一次上表，要求褚太后的父亲褚裒进入京都总揽朝政。更有甚者，还要求给太后的父亲掌政的权利，还要给他加以不臣之礼，让满朝文武都来参拜他。

但是何允这一次拍错了对象。褚裒素来不愿意卷入朝廷政治的争斗中，宁愿为百姓做一些实实在在的事情。其实早在褚蒜子还是王妃的时候，他就早早地离开了京城，去当豫章太守。在担任太守的这段时间里，褚裒官声清廉，就连自己家中煮饭使用的木柴，都让自家的仆人去山上采伐。当女儿当上皇后之后，他更是拒绝了皇帝女婿给予自己的侍中、尚书等官衔，千方百计地远离京城这个是非之地，以建威将军、江州刺史的职位出镇半洲。而今面对女儿登上太后宝座、自己作为姻亲身价暴涨的形势，褚裒忍不住冷汗直冒，他并不愿成为众矢之的，于是再一次选择避嫌，坚决要求只做地方官员，不管怎样都不入朝。

褚裒的坚持起了作用，最后褚蒜子给了父亲这样的任命：都督徐州兖州青州及扬州二郡军事，兼徐州兖州二州刺史，卫将军，出镇京口。褚裒拒绝入朝为官，褚蒜子就决定依然请庾冰入朝。但是庾冰的禄命已经走到尽头。就在褚蒜子做出决定的时候，11月，他就病逝在江州刺史任上。庾冰去世了，可以遏制各方大员的人又少了一个。晋穆帝永和元年（公元345年）正月，22岁的皇太后褚蒜子设置白纱于太极殿，抱着2岁的儿子垂帘听政。

褚裒虽然身在地方，但是只要避嫌就可以，实际上对于女儿执掌的政权无时无刻不在关心着、关注着。面对这种情况，他向褚蒜子竭力推荐会稽王司马昱担任扬州刺史，之后又晋升为抚军大将军、录尚书事。司马昱是先帝晋元帝之子，此时也不过二十五六岁，正好是年轻气盛的时候。他的入朝，让何充的势力逐渐削弱。司马昱入朝为官之后，褚裒再一次举荐名士殷浩担任扬州刺史、建武将军。

在褚裒与褚蒜子父女的一连串动作之后，东晋出现了一个全新的局面：司马昱入朝，沿着长江，分别驻扎着两员大将，分别是上游桓温、下游殷浩，褚裒本人则于江北坐镇。几个位高权重的大臣相互牵制，东晋的政局相对稳定下来，也让之后东晋的军事渐兴创造了有利的时机。

永和五年12月，褚裒因病去世。自此之后，27岁的褚蒜子将要凭借一人之力应对东晋王朝的各位悍将权臣。

升平元年（公元357年）春正月，晋穆帝司马聃已经15岁，褚太后在为他举行了冠礼之后，便提出要将政权交给穆帝。她在诏书上说：皇帝虽然已经成年，但是国家面临危机，四海尚没有统一，百姓依然困苦不安，希望大臣们可以将眼光放得长远一些，戮力同心，匡扶幼主，我这未亡人也好回归别宫，了此残生，安心度日。这份手诏字字句句委婉动人，满朝大臣听了之后无不感动落泪。

19岁的穆帝司马聃在升平五年（361）夏五月，突然暴病而亡。穆帝没有子嗣，辅政大臣司马昱请求里成帝的长子琅琊王司马丕为帝，在询问褚太后的意见时，褚太后深表同意。司马丕登基成为晋哀帝。

21岁的司马丕正直年轻气盛，原本应该励精图治，振兴国家，但是他偏偏就是一个昏庸糊涂的皇帝，对于朝政之事不感兴趣，反倒十分迷信方士，整天不吃饭，只吃一些金石药饵，日复一日，年纪轻轻的就病倒了。治病吃药拖了一年的时间，依然没有任何好转。大臣们忧急异常，于是便萌生了让褚太后再一次垂帘听政的想法。

褚蒜子在归隐的这几年中，朝中以司马昱为首的重臣们虽然身为男子，却没有褚蒜子那般的权谋之术，政权在他们手中发挥不了什么大的作用，因此桓温的势力一步步扩大起来。

无可奈何的朝臣们只得再一次上表，请求褚太后代皇帝治理国家。褚蒜子再次垂帘不到一年，哀帝司马丕终于驾鹤西去了。兴宁三年（公元365年）正月、二月，哀帝妻王皇后和哀帝先后去世。哀帝逝世时只有25岁。

儿子和侄儿都这样早死去，褚蒜子哀痛万分。可怜的是哀帝也没有儿子，经过反复思量,,褚蒜子决定立哀帝司马丕的同胞弟弟司马奕为帝。

就在哀帝崩逝的第二天，褚蒜子便颁下了又一道迎立司马奕为帝的太后诏书。

就在此时，因为丞相司马昱软弱无能，朝廷中又缺乏有力的牵制力量，桓温的势力已经形成尾大不掉的气势。他是一个十分有雄心大志的人，但是随着几次北伐的不尽如人意，这成就功业的心思便渐渐转向，逐渐产生了篡位为帝的想法。也就在这个时期，桓温说出了让所有人瞠目结舌的话："如果不能流芳后世，那就要遗臭万年！"

太和四年（公元369年），桓温已经将近60岁，为了实现自己的"远大抱负"，他发起了第三次北代，想要建立大功，再一次谋取帝位。但最终宣告失败。桓温又接受臣僚们的意见，准备废黜司马奕，拥立新帝，借以树立自己的权威。于是，他命人到处散布谣言，说司马奕身患性病，不可以生育。一时之间，京城内外谣言四起。

咸安元年（公元371年）十一月，桓温亲自赶往建康地，对褚蒜子施以暗示，请求废黜司马奕，拥立丞相司马昱为帝，并且代替太后拟好诏书呈上请太后过目。

说来好笑，在等待褚蒜子批复的时间里，等在宫外的桓温却是汗流满面、胆战心惊，他敢于统率千军万马，敢于诽谤皇帝、敢于蔑视群臣，却在与一个连面都没有露的中年妇人决定翻牌的时候吓得神魂不定。

这时褚太后正在烧香礼佛，内侍报告说外面有急奏。太后走进屋里，靠在门上浏览诏令草文，一边看一边说："我早就知道会是这样。"看到一半的时候，随手丢给侍从，取笔答道："我未亡人正值忧愁之日，感念存没，心焉如割。如今要以社稷为重，只要六卿们做主就是了！"实际上是对更换皇帝的诏令表示同意。桓温见到诏令之后心中大喜，立刻召集百官，宣布此诏，将司马奕降为东海王，册立司马昱为帝。褚蒜子自然也就没有理由再垂帘听政了，被尊为崇德太后，移居到崇德宫。司马昱身穿龙袍，升座接受百官的朝拜，这便是晋简文帝。

司马昱虽然已经被立为帝，但是朝政大权依然在桓温的手中，晋简文帝成为了一个傀儡皇帝，每日战战兢兢，只怕被废。但是就在即位之后的第二年6月，简文帝病重，册立10岁的司马曜为皇太子，并且下遗诏"大司马桓温依周公居摄政放事"，"少子可辅者辅之，如不可，君自取之一。这正好中了桓温的心意。只不过，诏书还没有发出，便被侍中王坦之所谏止，改为"家国事一禀大司马，如诸葛武侯、王丞相故事"。既然就像王导、诸葛亮那样辅佐君主，也就等于断了桓温废主自立的口实。7月，简文帝病故，群臣拥立太子司马曜为帝。司马曜年幼无知，只能请出褚蒜子太后再次听政。桓温原本以为简文帝会感激自己拥立他为皇帝的功劳，临终之前会将帝位传于自己，没有想到事情发展到今天这种地步，心中十分愤怒，于是就气冲冲地带着人马赶回建康。满朝文武见到桓温来势汹汹，都不免有些担忧。

桓温在回朝的这一天，谢安和王坦之两个人与文武百官赶往郊外迎接桓温，但是桓温在数百名武士护卫下怒气冲冲地走过来，刀光剑影，旗甲鲜明，吓得众位大臣手脚冰凉。就只有谢安淡定从容。桓温见到谢安这样，不禁肃然起敬，连忙请谢安入座。谢安平静地对桓温说："明公为什么要在壁后藏人呢？"桓温听到这句话，反而大吃一惊，假惺惺地笑着说："只是事情出现变故，才不得不这样做的。"紧接着，立刻命令左右撤去帐后的所有武士。第二天，桓温入朝拜见孝武帝，见到谢安站在皇帝肩下，目光炯炯，端然严肃中透着一股正义之气，让桓温不禁悚然。只是向皇上说了一些琐碎之事，就告辞出宫了。

谢安与王坦之一起去桓温府中商议政事。3个人坐在书房中，忽然一阵风吹来，掀开后帐，只见帐内的榻上躺着一个人。谢安一眼便认出这个人是桓温的亲信、中书侍郎郗超。原来，郗超得到桓温的受命，卧在帐内，想要偷听谢安说什么，这件事让谢安揭穿之后，桓温与郗超都很不好意思。经过这件事之后，桓温便一病不起，只好辞别孝武帝回到镇地姑孰（现今安徽当涂），上表请求加九锡（皇帝赐给有功大臣的九种东西，以表示特殊的荣宠）。谢安虽然不敢拒绝。但是他知道桓温的病日益严重，故意拖延着不给答复。没过几天，桓温病故。

桓温在临死之前，留下遗嘱让弟弟桓冲率领他的部众，接替他的位置。桓冲便被册封为中军将军，都督杨、雍、江三州军事，兼领豫、扬二州刺史，依然镇守姑孰。谢安害怕桓冲手中握有兵权，将桓温的故事重

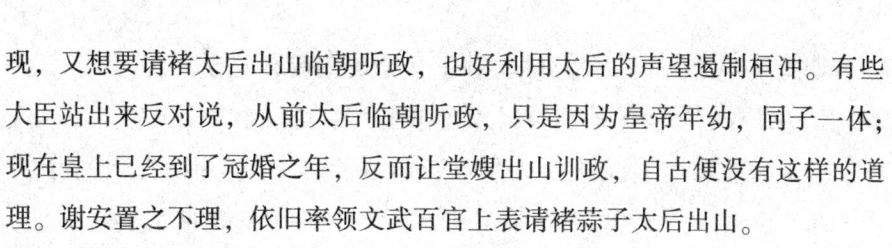

现，又想要请褚太后出山临朝听政，也好利用太后的声望遏制桓冲。有些大臣站出来反对说，从前太后临朝听政，只是因为皇帝年幼，同子一体；现在皇上已经到了冠婚之年，反而让堂嫂出山训政，自古便没有这样的道理。谢安置之不理，依旧率领文武百官上表请褚蒜子太后出山。

褚蒜子是一个非常有政治头脑的人，为了平衡朝中的政治势力，让晋室有足够的力量牵制北方的敌人，她欣然同意了。

8月，50岁的褚蒜子再一次垂帘听政，开始了她的第三次临朝听政。朝中的大小事物，都由"皇太后诏令"颁布施行。这同样是褚蒜子的最后一次临朝听政。3年后，桓冲履行了自己对长兄的承诺，将爵位给了守孝期满的桓温幼子桓玄。这时的桓玄还是一个7岁孩童，褚太后与谢安等众臣成功地将桓温六子的权力官职都予以了削减，局面已经相当平稳。

宁康三年（公元374年）八月，褚蒜子为孝武帝举行了盛大的婚礼；太元元年（公元376年）正月，褚太后又为他举行了冠礼。在局势初步平定、少年皇帝已经长大成人的情况下，褚蒜子颁布了她的最后一道皇太后诏令。从此，她便深居内宫显阳殿，过上了平静安逸的生活。

太元九年（公元384年）6月，就在举国欢腾、庆祝"淝水之战"胜利的时刻，诸蒜子与世长辞了，享年61岁。她的一生几乎很少清闲，总是在皇位悬虚、政局动荡的时候，出来平衡局势、稳定人心。

只是可惜，她身为女人身，只能几度垂帘却不能连续执政。若不是这样的话，或许东晋王朝可以出现另外一番景象。

历史上最窝囊的皇帝——司马曜

孝武帝司马曜，是东晋王朝最后一位有作为的皇帝。在他称帝的24年的时间里，晋王朝多多少少出现了一些振兴之象，还曾经创造了军事史上的伟大战役——"淝水之战"，典故"风声鹤唳"、"草木皆兵"等也是出自这一时期。在他之后，东晋虽然又传了两位皇帝，但是那已经不可同日而语，只能算的上是捱日子了。

孝武帝司马曜，字昌明，是简文帝司马昱的第三个儿子。作为司马昱苦苦期盼多年的儿子，司马曜受到了父亲的疼爱，兴宁三年（公元365年）七月，年仅3岁的他就被封为会稽王，咸安二年（公元372年）七月，病重的司马昱又在临终之前将年仅10岁的司马曜封为皇太子。在这一天，司马昱离世，字"昌明"的司马曜成为了东晋王朝的新皇帝。

司马曜刚刚称帝的三年间，是由堂嫂褚蒜子代为处理朝政的大事。宁康三年（公元375），在亲政的同年八月癸巳，13岁的司马曜迎娶了皇后王法慧。王法慧是太守王蕴的女儿，比司马曜年长3岁。

当初在立后的时候，丞相谢安和中军将军桓冲都认为王家的声望高，所以养出来的女儿也是温柔贤惠、端庄大方，可以母仪天下。但是这位王皇后却是让所有的人都大跌眼镜：她不仅奢悍妒，而且还嗜酒如命，特别擅长借酒装疯，让整个后宫鸡犬不宁。司马曜真是叫苦不迭啊，却很难抑制住这位姐姐级别的皇后娘娘。在无奈之下，只好向岳父王蕴求助，将自己被皇后收拾的场面一幕幕地血泪控诉。王蕴听后十分惊恐，实在过意不去，摘下帽子向皇帝女婿道歉，并承诺一定会好好教育自己的女儿。从此之后，王法慧有所收敛，总算可以让司马曜勉强维持场面。

在做了五年皇后之后，年仅21岁的王法慧病逝，18岁的孝武帝总算可以过几天安稳日子了。

3年之后，在谢安运筹帷幄的率领下，东晋在淝水之战中以少胜多、大败前秦，两年之后前秦苻坚大帝被斩杀，东晋王朝终于迎来了新的希望。

但是孝武帝却没有继续重用谢安等名将名臣，他就像历史上大多数的皇帝那样，对于那些曾经立下汗马功劳的大臣开始疑心。为了加强皇权，他任命自己的弟弟琅琊王司马道子任录尚书事。从此，他认为没有后顾之忧，开始专心享乐了。

当初年少的孝武帝被一个整日酗酒的皇后折腾得死去活来，谁知道长大之后的他，却也成为了一个酗酒之人。——他的宠妃淑媛陈归女为他生下了两个儿子：未来的安帝和恭帝。弟弟恭帝司马德文倒是一个品格高尚、才貌出众的人，但是哥哥安帝司马德宗确实一个冷暖、饥饿都不知道的白痴。

太元十五年，以美色歌舞艳冠后宫的陈归女早逝，司马曜追封她为"夫人"。

随着陈归女的离世，后宫中的其它美女开始冒出来。

在这些美女中，有一位姓张的贵人。她虽然没有为司马曜生下一男半女，但是却十分受宠，在后宫很有地位。

孝武帝在纸醉金迷中逐渐失去了人生的目标，当日的壮志雄心早已经不复存在，整天在醉生梦死中徘徊。当时的士人们感叹说："人生苦短"、"浮生如梦"，常做"秉烛夜游"的及时行乐。孝武帝对此十分有感触，时常搂着美女喝得日夜不分，很少有一天他的头脑是清醒的。

可惜，老天爷似乎不想要司马曜逃脱命运的安排。太元末年，金星经常在西方的天际出现——金星出现在东方称为"启明"，出现在西方称为"太白"或者"长庚"，预示着凶兆。更加糟糕的是，这颗"太白金星""李长庚"不但整年整年挂在西方天空不落，甚至在白天还时常跑出来闲逛。

司马曜对于这个凶兆十分嫌恶，控制不住自己内心的愤怒，竟然在华林园中举酒向天祝祷道："长星，劝汝一杯酒，自古何有万岁天子邪？"但是太白金星无动于衷。

司马曜看祝祷没有任何作用，越发地破罐子破摔，沉溺于酒色中尽做长夜饮。

太元二十一年九月，他将张贵人召来，命令左右侍女护卫都退下去，喝得烂醉的司马曜不仅没有和张贵人享受床第之事，反倒是撒气了酒疯："你当年是因为貌美才被封为贵人，现在你已经年近30，容貌已经大不如前，又没有生下孩子，白白占着一个贵人的名位，不知道哪一天我就会废了你，从哪些美貌的妃嫔中再选。"

胡言乱语之后，司马曜已是烂醉如泥，沉沉的睡去了。

但是，他刚才的一番话，对于张贵人来说，简直是晴天霹雳。俗话说得好"酒后吐真言"，更何况司马曜十分贪恋美色，她对于皇帝的这番话自然是只可信其有不可信其无。回想起自己多年来小心翼翼的服侍却换来了被打入冷宫甚至被赐死的下场，她对于眼前这位昏昏欲睡的男人简直恨之入骨。

在愤恨和惶恐之后，张贵人心生杀人之意，趁着左右无人，向卧榻上的负心汉下了杀手。

就在这一天晚上，35岁的晋孝武帝司马曜暴死于清暑殿。

这时，录尚书六条事的皇弟司马道子已经不再过问政事，和司马曜一样整天沉迷于酒色，所有的政事都交给自己年仅16岁的儿子司马元显代为处理。

张贵人当然知道自己犯下了怎样的大罪，于是拿出重金贿赂司马元显等人。——果然其效如神，司马元显竟然对于伯父的死因不做任何追究。新皇帝司马德宗就是一个白痴，连自己的肚子是不是饱了都不知道，就更不可能提出任何异议了。于是，张贵人就这样蒙混过关。

不久，张贵人借着皇宫混乱的局面，收拾好金银细软逃跑了，从此之后史书中再也没有关于她的记载。想来以她的胆量和机谋，从此又会开始一片新的天地！这个女人的幸运"另类"程度之高，可以说无人能及了。

而司马曜呢，也从此奠定了他"中国历史上死得最窝囊的皇帝"的名号。

附录

杨芷——风华绝代的悲情皇后

美女档案

☆姓名：杨芷

☆民族：汉族

☆国籍：西晋

☆出生日期：公元259年

☆逝世日期：公元292年

☆美女纪念

杨芷死后奉于晋武帝庙——峻阳陵。

峻阳陵是西晋开国皇帝司马炎的陵墓，位于偃师市南蔡庄以北2.5公里的山坡上，背靠鏊子山，面对伊洛平原。鏊子山的海拔高达252.8米，山顶十分平坦，东西方向大约长200米，从南面望去，气势巍峨。山体的两端分别有一个独立的山头，向南伸出较为平缓的山梁，对墓地形成三面环抱的形式，实在是一座风水宝地。此墓地一共发现墓葬23座，均坐北朝南，内部布局层次分明，排列有序，充分显示了死者生前的尊卑关系，峻阳陵位于墓地的最东端，居于尊位，墓道总长为36米，宽约10米，墓室长5.5米，宽3米，高2米，在整个墓地中的规模最大。

人物简评

杨芷，是一个悲情人物。历史上对她的评价是"种善因，得恶果"，主要是因为，杨芷在姐姐杨艳的哀求之下成为一国之母，并竭尽全力照顾姐姐的孩子——司马衷夫妻。但是最终却被司马衷的皇后贾南风设计害死，全然不顾当初的情谊，当真是令人悲痛啊！

生平故事

杨芷，字季兰，小字男胤，武元皇后杨艳的堂妹。父亲名叫杨骏，官至太傅。咸宁二年被武帝册立为皇后，史称"婉嫕有妇德，美映椒房"。后来得宠于晋武帝，生子渤海殇王，却不幸早逝，之后再无子女。

杨芷是西晋武帝的第二任皇后，性情温和，美丽乖巧，柔弱聪慧。而她的入宫，还是要从她的姐姐——武帝的第一任皇后杨艳说起，这一切的祸根都是杨艳种下的，但是却统统被无辜的杨芷承受了。

姐姐遗言　入宫为后

杨芷的姐姐杨艳是西晋武帝的第一任皇后，可谓是才貌俱佳，小时候有人给她看相，说她是"极贵"的后妃之相。

杨艳的父亲杨文宗是曹魏的贵族，封亭侯，司马昭当时虽然也是曹魏的贵族，却早已经存有异心，在听到消息之后，便携重礼到杨家提亲，将杨艳聘为长子司马炎的妻子。公元256年（三国魏元帝咸熙二年），司马炎建立了晋朝，即为晋武帝，册立杨艳为皇后，

杨艳共生有3男3女：毗陵悼王司马轨、晋惠帝司马衷、秦献王司马柬、平阳公主、新丰公主、阳平公主。

在杨艳的三个儿子中，长子司马轨早逝，次子司马衷是一个天生的弱智，三子司马柬则天生聪明伶俐。依照常理来说，司马衷既然是白痴，皇位就应该传给同为嫡子的司马柬了。但是杨艳却坚决反对，说是必须册立长子，一定要司马衷做太子不可。她深知一个白痴皇帝给国家带来的严重恶果，但是身为母亲，她却对儿子的天生白痴感到十分内疚，一定要将最好的一切补偿给司马衷不可。武帝正好在这一方面与皇后杨艳很有同感：他也是长子，但是却从来得不到司马昭的欢心。于是夫妻同心，其利断金，不管满朝文武怎样反对，白痴司马衷还是在9岁这一年坐上了太子的宝座。

然而，痴肥白胖的司马衷小时候看着或许还有几分可爱与可怜，随着年龄越来越大，简直蠢到无以复加。有一次，民间发生了饥荒，很多百姓流离失所，甚至饥饿而死，司马衷听到之后居然瞪着眼睛质问左右侍从："他们怎么会被饿死呢？没米饭吃，还可以吃肉糜嘛！"

司马衷的"独到见解"让朝野上下哗然一片。司马炎也慢慢觉得自己当初的决定错了，萌生了改立太子的念头。

然而，杨艳在听说这件事情之后勃然大怒，严厉指责司马炎不遵"立长"的"古制"，意图坑害自己的儿子。司马炎实在不愿"后院起火"，只好作罢。

倘若说在杨艳册立储君这件事情上有大错，那么在为白痴儿子挑选老婆这件事上，她就更是大错特错了。

泰始七年（公元271），司马衷13岁，已然到了挑选太子妃的年龄。

晋武帝原本拟立卫瓘的女儿为太子妃，但是贾充的妻子郭槐，花重金贿赂杨皇后，结果册立贾充的女儿贾南风为太子妃。

在贾南风入宫的第二年8月，司马炎大规模征选美女，杨艳盛怒，最终积郁成疾，很快就病倒了。整整拖了一年的时间，她就在泰始十年的秋天去世了。

在临终之前，杨艳不甘心让自己的情敌贵嫔胡芳、夫人诸葛婉取代自己的皇后之位，最主要是担心别人当上皇后诞下皇子，会对自己儿子的太子之位构成威胁，便临终要求丈夫继娶自己的堂妹杨芷为皇后，并且要求杨芷百般关照司马衷夫妻俩。丈夫武帝看到妻子这般央求自己，又怎么能忍心不答应呢。

没多久，杨艳驾崩，杨芷正式进入后宫成为皇后。此时，司马炎对于美丽纯情的杨芷十分喜爱，不久，杨芷就生下了一个皇子——渤海殇王司马恢。

杨芷进宫之后对司马衷和贾南风百般招抚，太子妃贾南风是一个生性骄横、粗暴残忍的女人，她害怕其他妃子生下孩子之后对自己的位置构成威胁，竟然做出残害皇嗣的事情，武帝得知这件事情之后一度想要废黜贾南风，在危难之际，杨芷想到姐姐临终时的话，心存不忍，便在武帝面前替贾南风求情，晓之以理动之以情，武帝终于打消了废妃的念头。

心地善良的杨皇后怎么也不会想到，贾南风并未对其心生感激，甚至在多年之后，亲手将自己杀死。不过这一切要从杨芷的父亲说起。

父亲擅权　引发宫廷政变

公元283年，年仅2岁的司马恢不幸夭折。杨芷的父亲杨骏懦弱无能，更没有什么威望，只做过类似于县令这样的小官，还做过骁骑将军的从僚，后来凭借女儿的关系，被封为临晋侯，成为了车骑将军。朝廷中很多人都轻视他的为人，一向识人知鉴的尚书郭奕还上书劝皇帝，说杨骏这个人心胸狭窄，气量狭小，无法承担社稷重任。但是司马炎却有着自己的一套想法：他认为前朝的弱主当朝、宗室强盛，都是因为重用了像王莽、霍光这样名声卓著、手段强硬的权臣辅政，才会挟持弱主与宗室争权。因此，杨骏的平庸无能，反而被司马炎看成是辅佐新君的不二人选。因为杨骏没有能力便不会生有异心，也因此可以搞好宗室与皇亲之间关系的平衡；其次，他是司马衷的外公、杨芷皇后的父亲；最重要的是，杨骏"孤公无子"，即便是产生了非分之想也是无济于事。经过诸多方面的考虑，司马炎并没有理会大臣的说法，而是更加重视杨骏。

太康十年（289），因为纵欲过度，司马炎的身体时好时坏。于是，他将朝中的大小事务都交给杨骏打理，自己退居后宫养老去了。太康十一年

(290) 3月，杨骏为了和重臣卫瓘争权，他请求司马炎下诏书夺回已经嫁给卫瓘儿子卫宣的繁昌公主。杨骏说卫宣好酒，时常喝酒闹事。晋武帝问身边的黄门郎是不是真有这样的事情？黄门郎说有，于是司马炎立刻准奏。此时，又有人上书说要罢免卫瓘，将卫宣交给廷尉治罪，司马炎没有同意。

不久，卫瓘便说自己年老希望回乡养老。此时的司马炎才顿然大悟，杨骏表面上是在攻击卫宣，实际上是在逼迫卫瓘退位。司马炎召来黄门郎质问他是否与杨骏虚构诬蔑卫宣，黄门郎承认了。于是，司马炎想要让卫宣与公主复婚，但是此时的卫宣已经忧愤而死。而此时的司马炎，身体已经越来越差了，神智时而昏聩、时而清醒。

有一次，他清醒过来的时候，睁开眼睛发现眼前都是杨骏替换的新面孔，便令中书华廙起草诏书，召汝南王火速入朝觐见。这时候，司马炎已经全都明白了，他那个貌似憨厚的老丈人也是一样靠不住。他仅仅是看中了杨骏能力不足，但是却忽略了另外一个问题：越是能力不足的庸人，越是容易自不量力。志大才疏，这似乎是所有庸人的一个通病。但是他万万没有想到的是，杨骏竟然将诏令偷着藏下，根本就没有送出宫去。等到武帝回光返照的时候，他才知道事情已经无法挽回，于是带着无限的遗憾离开人世。

武帝驾崩之后，太子司马衷继承皇位，杨芷被尊为皇太后，贾南风被册立为皇后。杨骏变成了唯一的顾命大臣，他根本就没有将32岁的惠帝司马衷放在眼里，不仅住进了武帝当年的寝宫太极殿，还煞有其事地翻阅奏章。这所有的一切都被刚刚册立为皇后的贾南风所忌恨。

永平元年（291），贾后策动楚王司马玮发动了宫廷武装政变。同年3月8日，贾南风指使死党向司马衷上书，诬陷杨骏谋反。司马衷就是一个白痴，立刻宣布将帝都洛阳全部戒严，撤销杨骏的全部职位。接着，楚王司马玮与东安王司马繇奉皇诏亲率400名殿中兵诛杀杨骏。杨太后听到这个消息之后，万分焦急，于是在帛书上写下"救太傅者有赏"的字样，用弓箭射到了宫外。但是被贾南风的亲信拦截，贾后当即便把书信公布于众，宣称太后与杨骏共同谋反，并且以惠帝的名义下诏幽禁杨芷。她又指使手下的人请求罢黜皇太后,并且将杨芷贬为庶人。

杨芷是个心地善良、贤淑宽厚的女人,她既未参与朝中的权力争斗,又未对贾后存有任何歹意,甚至在贾后落难时还苦心劝说武帝收回废黜贾南风的决议。谁知贾南风不仅不因此而感恩戴德,反而恩将仇报,甚至欲置杨芷于死地而后快。

悲惨结局

公元292年4月,杨骏死后,被诛灭三族,株连而死的共有上千人。在杨芷的母亲庞氏被捆绑着送往刑场的时候,杨芷呼天喊地,跪在行刑官面前苦苦哀求。泪流满面的行刑官也是无可奈何,杨芷在万般无奈之下只好夺下卫士手中的宝剑,割下散乱的头发,表示愿意成为贾后的侍妾以保住母亲的性命。但是这样依旧于事无补,庞氏最终还是被斩。庞氏一死,杨芷就被押送回金墉城。贾后随后将她的内侍和宫人全部遣散,并且不给杨芷食物。最后,连续8天汤食未进的杨芷,在元康二年(292)三月六日,被活活饿死了,死时年仅34岁,贾南风并没有因为杨芷的死而善罢甘休。她听信巫师之言,害怕杨芷将这件事情告诉武帝,于是在杨芷棺材上贴了灵符,并且让杨芷面向下永世不得翻身。

永嘉元年(307),追封杨芷为武悼皇后,并且恢复了她的尊号,但是另立一庙,神主不可以和武帝相配。晋成帝咸康七年(341),才将她的灵位供奉于晋武帝之庙。

白痴皇帝——司马衷

晋武帝司马炎与他的祖父、伯父、父亲都是善于玩弄权术的人,但是他的儿子——太子司马衷偏偏就是一个什么都不知道的低能儿。朝廷上下都在担心,若是晋武帝一死,让这个低能儿继承了皇位,真不知道会闹出什么样的乱子。

有些大臣想要劝说武帝改立太子,但是又不敢明说。有一天,在晋武帝举行宴会的时候，大臣卫瓘假装酒醉，倒在晋武帝的御座面前，用手抚摸着座位，嘴里面含含糊糊地说：

"真是可惜了这个座位了！"

晋武帝马上就听懂了他的意思，只是假装听不懂，说："你是在胡说什么呢，一定是喝醉了。"接着，吩咐侍从把卫瓘扶起来送走了。

自从那之后，再也没有人敢向武帝提起过这件事情。

晋武帝毕竟还是有些迟疑。他想要试试儿子究竟糊涂到什么地步。有一次，他特地送给太子一卷文书，里面提到了几件事情，要太子进行处理。

太子的妻子贾飞，是一个十分聪慧的女子，见到这卷文书之后，立刻将宫中的老师请来，帮助太子解答。那个老师十分有学问，写出了一个卷子，引经据典，答得有理有据。

贾妃看到之后十分满意，旁边有一个略懂文墨的太监却提醒她："这一份答卷好是好，但是皇上明明知道太子不是很懂事，现在写出这样一份卷子，反而会让他生疑心。万一查究起来，事情就糟了。"

贾妃说："对，幸亏有你提醒，那么还是由你来另写一份吧。写得好，还怕将来没有你的好处吗！"

那个太监就另外起草了一份粗浅的答卷，让太子依葫芦画瓢抄了一遍，然后送给晋武帝。

晋武帝一瞧，卷子虽然写得不是很高明，但是总算是有问必答，由此可见太子的脑子还是清楚的。俗话说：癞痢头儿子自己的好，能将就就将就过去了。

公元290年，晋武帝病重。太子司马衷已经30多岁了。按照常理来说，30多岁的人已经可以处理政事了。但是晋武帝终究还是不放心，立了一份遗诏，要皇后的父亲杨骏和他叔父汝南王司马亮一同辅政。但是在晋武帝临死的时候，只有杨骏一个人在身边。杨骏为了独揽大权，另外拟定了一份诏书，指定杨骏一个人辅政。

晋武帝一死，太子司马衷即位，是为晋惠帝。

晋惠帝即位之后，国家的政事他一件也处理不好，反倒是闹出了很多笑话。

有一次，他带了一批太监，在御花园中玩。那时候正值初夏季节，池塘边的草丛间，响起一片癞蛤蟆的叫声。

晋惠帝呆头呆脑地问身边的太监说："这些小东西叫的这样欢实，是为官家，还是为个人啊？"

太监面面相觑，不知道该怎样回答。有一个比较机灵的太监一本正经地说："在官地里的为官家，在私地中的为个人。"

惠帝听懂非懂地点了点头。

西晋出了这样一个白痴的皇帝，周围的一群野心家当然开始蠢蠢欲动了。

附录

梁绿珠——西晋的桂花花神

美女档案

☆姓名：梁绿珠

☆民族：汉族

☆国籍：西晋

☆出生日期：不详

☆逝世日期：公元300年

☆美女纪念

金谷园的遗址在现在的洛阳老城东北方向七里处的金谷涧内。园子随着地势高低筑台凿池。清溪萦回，水声潺潺，楼榭亭阁，高低错落有致，金谷水穿流其间，鸟鸣声不绝于耳，鱼跃荷塘，穿梭自由。园内的屋宇上满是珍珠、玛瑙、琥珀、犀角、象牙等极为贵重的物品，到处珠光宝气，犹如一座宫殿。金谷园的景色一直被人们传诵。每当阳春三月，风和日丽之时，柳丝袅袅、桃花灼灼，楼阁亭树交辉掩映，蝴蝶于花丛中翩翩起舞；小鸟啁啾，对语枝头。因此人们将"金谷春晴"誉为洛阳八大景之一。当你行走于园中时，是不是也会想到那个为情而痴的女子梁绿珠呢？

人物简评

后人凭吊绿珠的诗词名篇数不胜数；白居易曾经在《洛中春感》中这样写道："莫悲金谷园中月，莫叹天津桥上春；若学多情寻往事，人间何处不伤神。"这首诗让读者心伤，咏者流泪。杜牧所咏《金谷园》一诗中，更是增添了后人无限的感叹："繁华事散逐香尘，流水无情草自春；日暮东风怨啼鸟，落花犹似坠楼人！"落花好比这坠楼之人！人们借助桂花的散落比喻绿珠一跃而下的凄美，因此尊其为"八月桂花花神"。

生平故事

绿珠（？~公元300），出生于现今的广西博白县双凤镇绿罗村，西晋时期石崇最宠爱的妾侍。西晋太康年间，石崇有幸担任交趾采访使，途径博白境内，因为惊艳于绿珠的美貌，不惜花费十斛明珠买她成为自己的妾侍，并且在都城洛阳修建了一座富丽堂皇的金谷园，内部筑造有百丈来高的崇绮楼，似乎登楼便可以即望南天，以此寄托绿珠的思乡之情。绿珠的美让人竟然从骨子里透着一股咄咄逼人的灵气，平时喜欢用吹笛打发时间，当然，还擅长歌舞。石崇每一次在金谷园设宴款待宾客，一定会让绿珠出来献舞助兴，每一个见到绿珠的人都忘魂失魄，正因如此，绿珠的美丽得以闻名于天下。可是，就是这样一位绝色美女，最终逃脱不了命运的安排，成为了石崇悲剧中的重要人物。

王崇斗富　迎娶绿珠

绿珠，于白州境内的双角山下出生，天资聪慧、美丽。古时候，根据越地的民俗——以株为上宝，生女称为珠娘，生男称作珠儿。绿珠的名字便因此而来。

绿珠的不幸是从她成为歌妓的那一刻开始的。由于绿珠的家庭窘困，只好做歌妓混口饭吃。偏偏绿珠长得既水灵又秀气，嗓音甜美不说，模仿能力还十分强，学艺更是十分刻苦。

绿珠的丈夫石崇（249～300），西晋人，出生于渤海南皮（现今河北南皮东北）人，字季伦。最初在朝中担任修武令一职，后经过多次升迁为侍中。永熙元年（290），出任荆州刺史，因为时常掠夺客商而成为巨富，其奢靡程度可与贵戚王恺等人相媲美。

有一次，石崇担任交趾采访使，监察当地的官员，经过广西博白，听说这里有一绝色美女，希望可以一睹其芳容，便亲自前往探寻，就这样与绿珠不期而遇。当他见到绿珠的第一眼时，就被眼前这位清丽脱俗的女子迷住了，立刻奉上十斛珍珠将绿珠带回家成为了妾侍。

绿珠想要回家与父母道个别，但是石崇说："还是免了吧，倒不如给你的父母带回两斛珠子。"绿珠就这样被石崇带回了金谷园。

石崇有一座别馆在河南金谷涧，只要是远行的人都到这里来送别，因此被称为"金谷园"。金谷园内根据地势的高低筑造筑台凿池。园内清溪萦回，水声潺潺。石崇根据山形水势，筑园别馆，挖湖开塘，周围的几十里之内，建造有高低错落的亭台楼阁，金谷水萦绕并穿流其间，鸟鸣幽村，鱼跃荷塘。郦道元的《水经注》中曾经这样写道："清泉茂树，众果竹柏，药草蔽翳"。

绿珠刚刚来到金谷园，角色一时转变不过来，思家心切，每天郁郁寡欢。于是石崇为她建造了百丈高楼"崇绮楼"，登高可极目南天，从而让绿珠的思乡之情得以慰藉，其中装饰有珍珠、犀角、玛瑙、琥珀、象牙，可以说是穷奢极欲。绿珠从来没见过这样慷慨的男人，从此将思乡之情深深埋藏在心底，曲意呈欢。

石崇和当时的名士左思、潘岳等24人结成诗社，号称"金谷二十四友"。每一次宴会都要让绿珠出来歌舞侑酒，每一个见到绿珠的人都会忘失魂魄，绿珠的美名也因此传扬出去。

绿珠不仅善于吹笛，更善于舞《明君》，明君指的就是汉元帝时期的王昭君。石崇让绿珠吹奏这首曲子，她还自编自唱了一首新歌："我本良家女，将适单于庭。辞别未及终，前驱已抗旌。仆御涕流离，猿马悲且鸣。哀郁伤五内，涕位沾珠缨。行行日已远，遂造匈奴城。延我于穹庐，加我阏氏名。殊类非所安，虽贵非所荣。父子见凌辱，对之惭且惊。杀身

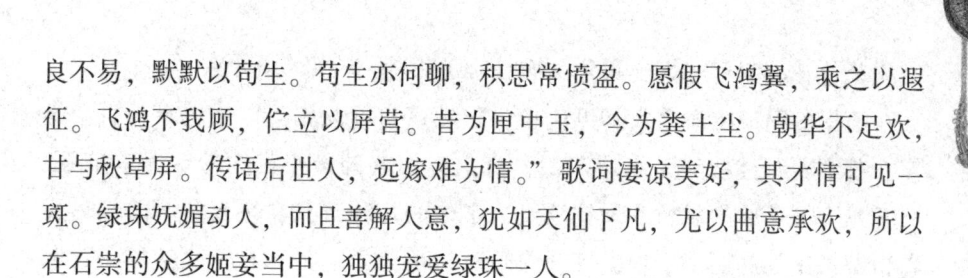

良不易，默默以苟生。苟生亦何聊，积思常愤盈。愿假飞鸿翼，乘之以遐征。飞鸿不我顾，伫立以屏营。昔为匣中玉，今为粪土尘。朝华不足欢，甘与秋草屏。传语后世人，远嫁难为情。"歌词凄凉美好，其才情可见一斑。绿珠妩媚动人，而且善解人意，犹如天仙下凡，尤以曲意承欢，所以在石崇的众多姬妾当中，独独宠爱绿珠一人。

苦劝无意　穷奢极欲

绿珠的家境十分贫寒，刚刚来到石崇府上的时候极为不适应，因为不管走到哪里都是一群下人伺候着，让人好不自在。不过慢慢地，绿珠就习惯了这种生活，但是对于丈夫石崇的金钱观念依旧不敢苟同。

说到石崇，他似乎全然不知"匹夫无罪，怀璧其罪"的道理，不但府上建筑富丽堂皇，甚至还和皇亲斗富，也因此结下了仇恨。

根据《世说新语》等书的记载，石崇家中的厕所都修得富丽堂皇，准备了各种香水、香膏给客人抹脸、洗手。时常有十多个女仆在一旁伺候着，而且一律穿着锦绣，打扮得艳丽夺目，排着长队伺候宾客们上厕所。客人上过了厕所，这些婢女要客人将身上原来的衣服换下来，穿上新的衣服才让他们出去。只要是上过厕所，衣服就不可以再穿了，从而很多客人都不好意思上厕所。官员刘寮在年轻的时候十分贫穷，不管是骑马还是独自外出，每到一处歇息，从来都不劳烦主人，砍柴挑水都是自己动手。即便是后来做了大官，依然保持着勤俭朴素的良好美德。

有一次，刘寮前往石崇家拜访，上厕所的时候，见到厕所里面有绛色蚊帐、垫子、褥子等十分讲究的陈设，还有婢女捧着香袋侍候，慌忙退出来，笑着对石崇说："真是不好意思，我错进了你家的内室。"石崇呵呵一笑说："那是厕所！"刘寮说："这怎么使得，我享受不了这个。"于是，又改去了别的厕所。

石崇每一次宴请宾客，时常让美人斟酒劝客。若是美人不喝酒，他就命令侍卫将美人杀死。一次丞相王导与大将军王敦一同去石崇家赴宴。王导向来是滴酒不沾的，但是害怕石崇杀人，当美女行酒的时候只好勉强喝下。但是，王敦却不买账，他原本倒是可以喝酒的，却偏偏执拗着不喝。结果石崇连续斩了三个美人，他依然不喝。王导责备王敦，王敦说："他杀得是他自己家里的人，跟你又有什么关系呢！"

石崇的财产山海之大不可比拟，宏丽室宇彼此相连，后房有几百个姬妾，都穿着刺绣精美无双的锦缎，身上装饰着璀璨夺目的珍珠美玉宝石。只要是天下美妙的丝竹音乐都已经进了他的耳朵，只要是水陆上的珍禽异兽也都进了他的厨房。根据《耕桑偶记》中记载，外国进贡火浣布，晋武帝制成了衣衫，穿着前往石崇的家里。石崇故意穿着平时的衣服，却让从奴的五十几个人都身穿火浣衫迎接武帝。

石崇的姬妾中美艳绝伦者有一千多人，他从中选择十个人，穿着打扮一模一样，乍然一看，甚至分辨不出。石崇刻玉龙佩，又制作金凤凰钗，昼夜声色相接，称为"恒舞"。每一次想要召幸哪个人，不称呼姓名，只要听到佩声看到钗色即可。佩声轻的居前，钗色艳的在后，次第而进。侍女各含异香，笑语和香气从风而飘。石崇还将沉香屑洒在象牙床上，让所有宠爱的姬妾在上面践踏，没有留下脚印的便赏赐珍珠一百粒；如果留下脚印，就让她们节制饮食，让体质轻弱。因此闺中相戏说："你不是细骨轻躯，又怎么能够得到百颗珍珠呢？"

与王恺为敌

王恺、羊琇都是皇亲，他们的权势比石崇大得多，但是在豪富方面却不能与石崇一较高下。石崇的钱财究竟有多少呢，没有人知道。但是这些钱是怎样得来的呢？原来石崇在担任荆州刺史的这段时间，他除了加快搜索民脂民膏之外，还干过很多掠夺商客的卑鄙勾当。有些外国的使臣或者商客途径荆州的时候，石崇就派遣手下敲诈勒索，甚至像江洋大盗一样，公开杀人劫货。这样一来，他就掠夺了无数的金银、珠宝，成为了当时最大的富豪。绿珠曾经多次劝说石崇，不要太过招摇，否则定会招致灾祸，想不到苦口婆心竟然换不出半点悔改之意，石崇依旧肆无忌惮，丝毫不知道收敛。

石崇来到洛阳之后，一听说外戚王恺等人十分富足，便有心与他比一比。他听说王恺家里洗锅子用饴糖水，就命令他的家奴买成吨的蜡烛当做薪柴用。这件事情一经传开，人们都说石崇比王恺家阔气。

王恺不服气，为了炫耀自己家中的富足，又在他家门前的道路两侧，夹道四十里，用紫丝编成屏障。只要是来王恺家的人，都要经过这四十里的紫丝屏障。如此奢华的装饰，在整个洛阳城轰动起来。

石崇见状，不慌不忙，心想："王恺，等着瞧，我一定会让你输得惨不忍睹，先让你得意两天吧！"过了两天，石崇用比紫丝贵重的彩缎，铺设了五十里屏障，比王恺的屏障更长、更宽、更豪华。王恺一见，傻了眼，心想又输了一招。但是他并没有善罢甘休，希望得到外甥晋武帝的支持，帮他扳回一局。晋武帝一听来了精神，认为这样的比试很有意思，就把宫里收藏的一株两尺多高的珊瑚树赐给王恺，好让王恺在满朝文武中间炫耀。有了皇上的帮忙，王恺比阔的劲头儿更足了，他特地请石崇和一大批官员到家中吃饭。宴席进行到一半的时候，王恺得意洋洋地对大家说："我的家里有一株十分罕见的珊瑚，请大家观赏一番怎么样啊？"

大家一听都来了兴致，争先恐后地想要观赏这世俗罕见之物。王恺命令身边的侍女将珊瑚捧了出来。那株珊瑚足足有两尺高，长得枝条匀称，色泽粉红鲜艳。大家观看之后纷纷赞不绝口，都说真是一件罕见的宝物。只有石崇一人在旁边冷笑。他看到案头正好有一支铁如意（一种器物），大跨步过去，一把抓起，朝着大珊瑚树的正中央，轻轻一砸。只听到"克朗"一声，一株珊瑚就被砸得粉碎。

周围的官员忍不住大惊失色。主人王恺更是满脸涨红，气急败坏地责问石崇："你……你知道自己在做什么吗？"石崇嬉皮笑脸地说："您不用生气，我还给您就是了。"王恺又是痛心，又是悔恨，连声说："好啊，你说的，赶快还我。"石崇立刻命令随从回家去取，将家中的珊瑚树统统搬来供王恺挑选。只一会儿工夫，一群随从回来，搬来了几十株珊瑚树。这些珊瑚树中，光三四尺高的便有六七株，最大的竟然比王恺的珊瑚高出一倍。株株条干挺秀，光彩夺目。像王恺那样的珊瑚，就更多了。官员们看到这种情景都惊呆了。王恺这才知道石崇家的财富，比他不知道要多多少倍，只好乖乖认输。

豆粥是十分难煮熟的东西，但是石崇想要让客人喝豆粥的时候，只要吩咐一声，片刻就可以将热腾腾的豆粥端上来；每到寒冷的冬季，石家却依然可以吃到绿莹莹的韭菜碎末儿，这在还没有暖房生产的那个时代是十分稀罕的事情。石家的牛从力气、体形上来看，似乎不如王恺家的，但是说来也奇怪，石崇和王恺一起出游，两人抢着进洛阳城，石崇的牛总是疾行若飞，将王恺的车马远远落在后面。这三件事情，都让王恺十分气愤，于是花重金贿赂石崇的家人，问其原因。石崇府上的下人说："豆粥的确是十分难煮的，先预备下加工成的熟豆粉末，只要客人一到，先煮好白粥，再将豆末投放进去就可以了。韭菜是将韭菜根捣碎之后参在麦苗里。牛车总是跑得快，是因为驾牛人的技术好，对牛不加控制，任由其跑。"于是，王恺效仿着做，所以和石崇势均力敌。后来，石崇知道了这件事情，就杀死了告密者。

终于，这场比阔气的闹剧就这样结束了。石崇的豪富在洛阳城内出了名。当时有一个大臣傅咸，给晋武帝上了一道折子。他说，这种严重的奢侈浪费，简直比天灾还要严重。现在这样比阔气，比奢侈，不仅受不到惩罚，反而被当做一件光荣的事情。这样下去怎么是好呢。晋武帝看了奏章，便丢在一边，不予理睬。由此也更加助涨了石崇、王恺等人的嚣张气焰。

惹杀身之祸

石崇在朝廷中的靠山是贾谧，他为了迎逢贾谧可谓是无所不用其极，甚至在贾谧出门的时候，他站在车旁，望车尘而拜，为人所不齿。等到后来贾谧因祸被诛杀，石崇因为和贾谧同党被免官。当时正值赵王司马伦专权，石崇的外甥欧阳建和司马伦有仇。在赵王伦身边依附的孙秀早已经对绿珠的美色垂慕已久，过去因为石崇有权有势，他只能想想而已。如今石崇已经被罢免，他便明目张胆地派人向石崇索要绿珠。那时的石崇正好在金谷园登凉台、临清水，和妻妾们饮酒作乐，吹弹歌舞，极尽人间之乐，忽见孙秀派人来索要美人，石崇将其婢妾几十个人叫来让使者挑选，这些婢妾身上都散发着兰麝的香气，穿着绚丽的锦绣，石崇说："这些你随便选。"使者说："虽然这些婢妾一个个都美艳绝伦，但是小人奉命来索要绿珠姑娘，不知道是这里的哪一个呢？"石崇一听勃然大怒："绿珠是我最爱，那是万万不可的。"使者说："君侯博古通今，还望您三思。"意思就是在暗示石崇已经今非昔比，应该懂得审时度势。但是石崇坚决不肯。使者无奈只好回去禀报孙秀，孙秀听后大怒，劝说赵王伦将石崇诛杀。

悲惨下场

赵王伦于是派遣士兵将石崇杀死。石崇在临死之前对绿珠叹息说：

"我现在是因为你才惹来杀身之祸。"绿珠满含泪滴说:"那就让我和你一起死吧。"说着,绿珠就从楼台上坠身而亡,石崇想要拉住她已经来不及了,绿珠当场便七窍流血而亡。石崇没有了跳楼的勇气,所以当场被被乱军抓获,于东市处死。在临死前他说:"这些人,还不都是为了我的钱吗!"押他的人说:"你既然明白人为财死的道理,为什么不早一点将钱散了呢,也可以做一些好事?"

石崇最终被杀死,虽然源自于绿珠,但是事情已经由来已久。当年石崇为荆州使臣杀客商;在宴席中无缘无故杀死行酒美人。古语说得好:"祸福无门,惟人所召。"石崇动不动就杀人,手上沾满了鲜血,又怎么会得到善报呢?不过话说回来,如果不是因为绿珠,石崇不会死得那样快。

绿珠在香消玉殒的十天之后,赵王伦政变失败后被杀,左卫将军赵泉将孙秀斩杀,军士赵骏把孙秀的心肝挖了出来,炒了一盘杂碎之后下酒吃了。曾经奢华无比的金谷园迅速衰萎。

只有绿珠最令人难忘。因为绿珠的惊人一跳,其名节让人惊叹。

但是绿珠究竟值不值得为石崇一死呢?石崇的一生都作恶多端,积怨颇多,动乱年代不可以果决就去,假设没有绿珠的存在,也一样会成为赵王伦和孙秀的刀下亡魂。孙秀派兵前往抓捕石崇,石崇却对绿珠说:"我今天获罪,都是因为你。"意思就是让绿珠自尽。绿珠纵身一跃,其中包含了多少的不得以,只有她自己才知道吧!

石崇将明珠视作瓦砾,说丢就丢,那么对待娇艳美好的绿珠何曾看重过呢?只因为石崇在其生前造就的"顽福",虽然他并不是真正看重绿珠,却得到了绿珠的真情。

掌权篡位 建立晋朝——司马炎

公元265年,司马昭不幸病死,享年55岁。司马炎继承了晋王、相国位,掌握全部军政大权。经过精心的准备,同年12月,效仿曹操代汉的故事,为自己登基做准备。

在司马炎接任相国一职之后,就有一些人受到司马炎指使劝说魏帝曹奂早一点让位。没过多久,曹奂下诏书说:"晋王,你的家族世世代代辅佐皇帝,立下赫赫功绩,四海均要蒙受司马家的恩惠,上天让我将皇帝之

213

位让给你，请顺应天命，不要再推辞了！"司马炎却假惺惺地多次推让。

司马炎的心腹太尉何曾、卫将军贾充等人，带领满朝文武多次劝谏。司马炎在多次推让之后，才接受曹奂禅让，封曹奂为陈留王。司马炎在公元265年登上帝位，改国号为大晋，史称西晋，改元泰始，晋王司马炎一朝之间变成了晋武帝。历史有惊人的相似之处，大魏王朝从曹丕让汉帝禅位称帝，延续了45年的时间，到此时宣告结束。司马炎也同样让魏帝以禅让的手段夺取了帝位，曹魏因此灭亡。但是此时司马炎的心中并不轻松，他十分清楚，虽然自己已经登上了皇帝的宝座，但是危机依然存在。

从内部看来，他的祖父、父亲为了给司马氏家族篡夺皇位铺平道理，曾经对以曹爽为首的三族和附属势力进行了残酷的屠杀，这件事情造成的阴影到现在为止还横亘在人们的心中。从外部看，蜀汉虽已平定，但是孙吴依旧存在，虽然说此时东吴的势力已经不足以和东晋抗衡，但是毕竟依然是一个不小的威胁。想要巩固政权，进而吞并东吴、统一中国的大业，就是要首先强固统治集团本身的凝聚力，但是要达到这一目的，就需要采取怀柔政策。司马炎在登基的前一年，即下诏让已经成为陈留王的魏帝载天子旌旗，行魏正朔，郊祀天地礼乐制度皆如魏旧，上书但并不称臣。同时又赐安乐公刘禅子弟一人为驸马都尉，第二年还解除了汉室的禁锢。这不但缓和了朝廷的内患———尤其是消除了已经成为司马氏家族统治对象的曹氏家族心理上的恐惧———而且还安定了蜀汉的人心，进而赢得吴人的好感。

为了尽早地让国家从动乱不安的情境中摆脱出来，为统一奠定基础，无为和宽松政策成为了西晋立国之初的精神。这种立国精神在国家的各种领域中充分体现出来。公元268年，司马炎诏书中明确体现出来："为了永葆我大晋的江山，现在以无为之法作为统领万国的核心。"同一年，又向郡国颁布5条诏书：一曰正身，二曰勤百姓，三曰抚孤寡，四曰敦本息末，五曰去人事。当年，曹魏王朝的奠基者曹操继东汉的动乱政权之后，为了人心安定，富国强兵，曾经实行了比较宽松开放、节俭求实的治国方略。但是到了曹叡统治的后期，政治逐渐严厉，社会风气日益腐败，曹操当年的雄风已经不复存在。皇帝为了满足私欲，往往不断将强大的物质重负强压到百姓身上，而长期的战乱更是让百姓在惨淡的生计之外，还在心理上增加了一种恐惧与疲惫之感。在这样的情况下，司马炎反其道而行之，提出无为而治的强国方略真是再合适不过了。

第十二章 苏若兰——才情过人的窦滔妇

美女档案

☆姓名：苏若兰

☆民族：汉族

☆国籍：东晋

☆出生日期：公元357年

☆逝世日期：不详

☆美女纪念

《璇玑图》，总计841字，除了正中央的一个"心"字是后人加的外，原诗总共840字，纵横分别29个字，纵、横、斜、交互、正、反读或退一字、迭一字读都可以成诗，诗中有三、四、五、六、七言诗体，目前统计可以组成7958首诗。例如在最右侧的直行开始读起，随文势折返，可以发现右上角外围顺时针读是"仁智怀德圣虞唐，贞志笃终誓穹苍，钦所感想妄淫荒，心忧增慕怀惨伤"，但是原诗如果以逆时针方向读则是"伤惨怀慕增忧心，荒淫妄想感所钦，苍穹誓终笃志真，唐虞圣德怀智仁"，堪称回文诗中之千古力作！没有任何标点的"璇玑图"，全文如下：

（读时须排列成横竖各二十九行的方阵）

琴清流楚激弦商秦曲发声悲摧藏音和咏思惟空堂心忧增慕怀惨伤仁
芳廊东步阶西游王姿淑窈窕伯邵南周风兴自后妃荒经离所怀叹嗟智
兰休桃林阴翳桑怀归思广河女卫郑楚樊厉节中闱淫遐旷路伤中情怀
凋翔飞燕巢双鸠土逶逯路遐志咏歌长叹不能奋飞妄清帏房君无家德
茂流泉情水激扬眷顾其人硕兴齐商双发歌我衮衣想华饰容朗镜明圣
熙长君思悲好仇旧蕤葳粲翠荣曜流华观冶容为谁感英曜珠光纷葩虞
阳愁叹发容摧伤乡悲情我感伤情徵宫羽同声相追所多思感谁为荣唐
春方殊离仁君荣身苦惟艰生患多殷忧缠情将如何钦苍誓穹终笃志贞
墙禽心滨均深身加怀忧是婴藻文繁虎龙宁自感思岑形荧城荣明庭妙

面伯改汉物日我愁思何漫漫荣曜华雕顾孜孜伤情幽未犹倾苟难闱显
殊在者之品润乎兼苦艰是丁丽状观饰容侧君在时岩在炎在不受乱华
意诚惑步育浸集悴我生何冤充颜曜绣衣梦想劳形峻慎盛戒义消作重
感故昵飘施愆殃少章时桑诗端无终始诗仁颜贞寒嵯深兴后姬源人荣
故遗亲飘生思愆精徽盛翳风比平始璇情贤丧物岁峨虑渐孽班祸谗章
新旧闻离天罪辜神恨昭感兴作苏心玑明别改知识深微至嬖女因奸臣
霜废远微地积何遐微业孟鹿丽氏诗图显行华终凋渊察大赵婕所佞贤
冰故离隔德怨因幽元倾宣鸣辞理兴义怨士容始松重远伐氏妤恃凶惟
齐君殊乔贵其备旷悼思伤怀日往感年衰念是旧愆涯祸用飞辞姿害圣
洁子我木平根尝远叹永感悲思忧远劳情谁为独居经在昭燕辇极我配
志惟同谁均难苦离戚戚情哀慕岁殊叹时贱女怀叹网防青实汉骄忠英
清新衾阴匀寻辛凤知我者谁世异浮奇倾鄙贱何如罗萌青生成盈贞皇
纯贞志一专所当麟沙流颓逝异浮沉华翳曜潜阳林西昭景薄榆桑伦
望微精感通明神龙驰若然倏逝惟时年殊白日西移光滋愚谗漫顽凶匹
谁云浮寄身轻飞昭亏不盈无倏必盛有衰无日不陂流蒙谦退休孝慈离
思辉光饬粲殊文德离忠体一违心意志殊愤激何施电疑危远家和雍飘
想群离散妾孤遗怀仪容仰俯荣华丽饰身将与谁为逝容节敦贞淑思浮
怀悲哀声殊乖分圣赀何情忧感惟哀志节上通神祇推持所贞记自恭江
所春伤应翔雁归皇辞成者作体下遗葑菲采者无差生从是敬孝为基湘
亲刚柔有女为贱人房幽处己悯微身长路悲旷感生民梁山殊塞隔河津

人物简评

苏若兰与蔡文姬、谢道韫并称为魏晋时期的三大才女。苏若兰的容颜俏丽，性格率真，极富有才情。因为思念远方的丈夫，创作出五彩斑斓的回文织锦《璇玑图》。武则天称其为"才情之妙，超迈古今"。

生平故事

苏若兰，名蕙，东晋五胡十六国时期武功（现今陕西）人，和与蔡文姬、谢道韫并称为魏晋时期的三大才女。大约产生在永兴元年（公元357年）。

璇玑出世　挽回情意

苏若兰生长于一个当地的一个富实人家，容貌秀丽，性格率真，极富才情，从小就聪明过人，三岁学画，四岁做诗，五岁抚琴，九岁就学会织锦，年未及笄，就已经学会描龙绣凤。琴棋书画，都被她修在了锦帐中。

正所谓"一家有女百家求"，才貌俱佳的苏若兰，让方圆百里的豪门望族都纷纷登门求亲，都被苏若兰一口婉拒了，后来苏若兰跟随父亲到法门寺庙会，巧遇右将军窦滔。窦滔从小就习文练武，气度不凡，二人一见倾心，经媒人提亲，结成只好。结婚之后夫唱妇随,，感情十分和谐。

好景不长，苻坚派窦滔带兵攻打晋国，厌战的窦滔磨磨蹭蹭，找各种理由按兵不动，苻坚在一怒之下将其贬到流沙（现今甘肃敦煌）。原本恩爱的夫妻就这样被活生生的拆散了。苏若兰日日夜夜思念自己的夫君，三年时间竟然写下了相思的情诗7900多首。

天长日久。寂寞难耐的窦滔竟然在流沙遇到了歌妓赵阳台，娶作了偏

房。这赵阳台，不但能歌善舞，而且娇媚可人，窦滔对她十分宠爱。空帏独守，对丈夫的情深意长的苏若兰听到丈夫另有新欢，心如刀绞。不久，苻坚重新启用了窦滔。窦滔从敦煌回来，带回了宠妾，苏若兰看到赵妾那一副千娇百媚的模样，气就不打一处来，对赵阳台横竖看着不顺眼，不由得拿出正室的身份叱责她。赵妾也不敢与她正面发生冲突，就不时地在窦滔耳边数落苏若兰的不是，窦滔因此对苏若兰越来越冷淡。

不久，窦滔奉命出任襄阳，本想要带着妻子一同前往，但是性情执拗的苏若兰却负气不从，窦滔无可奈何，只好带着赵阳台一个人赴任，将结发妻子留在了秦州（现今甘肃天水市）。

好不容易将丈夫盼了回来，现在又要眼睁睁的看着他远行，深深的失落袭上了心头。时间一长，苏若兰就觉得思念难耐，痛苦不已，内心十分悔恨当初不应该负气。

没有办法，苏若兰只好夜以继日地用吟诗作文来排遣孤寂的时光。一天，她心不在焉地把玩着一只精巧的小茶壶，壶身上刻了一行字——"可以清心也"，她玩着玩着，突然之间发现这五个字不管从哪个角度来看，都可以成一句颇有意趣的话。于是灵感顿至，她设想可以利用这种巧妙的文字现象，来构成一些奇特的诗。

她用了好几个月的时间，将诗织在锦缎上，这副锦缎长宽都是8寸，上面织有840个字，主要分为29行，每一行都有29字，每个字纵横对齐；这些文字五彩相间，纵横反复都可以成章成句，里面藏着数百首各种体裁的诗，主要还是为了寄托她的相思之情。苏若兰将这幅锦缎命名为"璇玑图"，璇玑，原本指天上的北斗七星，之所以取名为璇玑就是指这副图上的文字，就像天上的星辰一样排列有序，知之者可识，不知者望之茫然。当然，其中也暗寓她对丈夫的恋情。

"璇玑图"织好之后，苏若兰就派人前往襄阳亲自交到窦滔的手中。旁人见到这张图之后，都不知道这里面暗藏着怎样的玄机，但是对于诗文不甚通解的窦滔，捧着"璇玑图"，细细体味，读出的竟然是妻子的深深悔意与一片相思之情，当即，窦滔派遣了一批人马，到长安将苏若兰接过来。自此，夫妻和好，恩爱如初。

后人研究"璇玑图"

一副"璇玑图"让才女苏若兰的名声大震,当时的江南才女数不胜数,然而北国一个才貌俱佳的苏若兰和她的"璇玑图",就使得江南才子才女们皆尽失色,真可谓是月耀中天,群星失灿。

"璇玑图"从问世之日起,就引起了人们很大的兴趣,苏若兰巧织回文锦、千里传情的故事更是被誉为千古美谈。人们争相传诵,试以句读,解析诗体,真正可以弄通读懂的人却廖若星辰。就像苏若兰说的那样,"徘徊婉转,自为语言,非我佳人,莫之能解。"只是因为这样,它虽然是一种杂诗,但是在中国文学史上却有着特殊的地位,1600多年来研究它的人世代不绝。历史上的骚人墨客纷纷题诗注文,不断为这一段传奇故事涂上浓厚的浪漫色彩,例如大诗人李白就写过这样一首诗:

黄鸟坐相悲,绿杨谁更攀;

织锦心草草,挑灯泪斑斑!

北宋时期的黄庭坚也有诗一首:

千诗织就回文锦,如此阳台暮雨何?

亦有英灵苏蕙手,只无悔过窦连波。

曾经写下"开箱验取石榴裙"的女皇帝武则天也对"璇玑图"有着浑厚的兴趣,十分推崇,并且作《织锦回文记》称赞其图为"纵横反复,皆成文章,其文点画无缺,才情之妙,超古迈今。"不难看出,武则天对于"璇玑图"的欣赏之情。

在武则天之后,"璇玑图"越读越广,越读越玄,黄庭坚的"千诗织就回文锦",已经读到了千首;明孝宗时期起宗道人将璇玑图分为七个分图,读诗达到3572首。明代学者康万民刻苦研究一生,并且撰写了《璇玑图读法》一书,说明原图的字迹一共分为五种,用来区分三、五、七言诗体,后来传抄者都是用墨书,没有办法分辨其体,给读者造成了很大的困难。

对于苏若兰的"璇玑图"读得最深最透的还是她的丈夫窦滔,在窦滔

的眼中，闪现的苏若兰日夜构思、苦思冥想、千针万线的情景，从诗中读出的是相思、悔恨和无尽的幽怨。苏若兰创作"璇玑图"的时候，对这841字能够组成的多少诗作自己心里也没有数吧！后人的解读在某种程度上已经演变成为了一种文字游戏模。841个字也可以视作是一个有趣的数学游戏——《棋盘上的学问》。

可以在诗文游戏中出现的，多是一些中性文字，死拼硬凑，虽然可以成诗，但是却也不可以凑出什么传世的名句，当初苏若兰仅仅花费几个月的时间不仅构思好，还要织在锦缎上，当然是她的旷世才情，这种才情并不是人人都可以具备的，最重要的，还是她对丈夫窦滔的一片真情，这份真情，确是后世研究者们不曾具备的。

自从苏若兰之后，经历代诗人的潜心钻研，千姿百态的回文诗成为了中华民族文学史上的一道大餐。

附录

祝英台——古老东方的朱丽叶

美女档案

☆姓名：祝英台

☆民族：汉族

☆国籍：东晋

☆职业：平民

☆出生日期：公元 377 年

☆逝世日期：不详

☆美女纪念

在距离宁波城五十里的高桥乡，依山面水的山坡上，有一座构建精致的庙宇，门题："敕封忠义王庙"，庙内供奉着官服的梁山伯与穿新娘子衣服的祝英台，在庙前还有一段雕着大荷花的石板路，尽头还有一座精巧的石拱桥，名叫"夫妻桥"。庙的右侧是梁山伯和祝英台的坟。庙的后面有两个人的寝殿，仿照卧室进行布置，宝帐绣榻，明镜香橱，床榻前放着男女绣花拖鞋；橱中悬挂梁山伯的袍服冠带和祝英台的罗衣绣裙。庙前的楹联上写着："精忠不二昭千古，大义无双冠五洲。"

相传农历 8 月 21 日便是祝英台殉情的日子，从 1600 多年前的东晋末年开始算起，一直到现在，每年从 8 月初开始一直到月底，来自四面八方的游客，便络绎不绝地前往忠义王庙进香，特别是男女更是结伴进行烧香祭拜，并且在墓地绕行一周。以符合长久以来相传的一个谚语："若要夫妻同到老，与梁山伯、祝英台坟上绕一绕。"

人物简评

祝英台，是一个至情至圣的痴情女子，为了拥有美好的爱情，顽强抵抗，甚至不惜以死明志，只是，在当时重门第、讲阀阅的年代，她的爱情最终没能够与利益和权势相抗衡，而她也最终成为了封建社会的牺牲品。可是，自古以来，梁山伯与祝英台的爱情故事一直令人啧啧称赞，传为佳话。

生平故事

祝英台是东晋末年越州美女，与梁山伯的生死恋被称为"东方的罗密欧与朱丽叶"，列为中国古代四大爱情传奇之一。英台女扮男装、赴杭州读书的途中与梁山伯义结金兰。同窗三年，两个人同床而眠，对梁山伯逐渐产生爱慕之心，梁山伯却浑然不知。后来因为父母之命、媒妁之言难以违背，一直到梁山伯因为相思而死。在祝英台和梁山伯成亲的时候，祝英台"扑墓"成功，终与梁山伯双双化蝶。

不甘平庸　决心求学

祝家的上两代曾经多次为朝廷建立功绩，曾经追随陶侃、祖狄、桓温等大将逐鹿中原，并且收复了原来西晋的都城洛阳，一度进军陕南。在祝英台小的时候，时常听到长辈们讲述征战时的故事，于是小小的心灵便立下了志愿，要成为一个效命疆场的巾帼英雄。

383年，淝水之战，前秦苻坚以锐不可当之势，率领百万大军，大举进攻东晋，东晋宰相谢安一边下围棋一边指挥晋军进行反攻战，区区八万之师，竟然在侄儿谢玄的巧妙运用之下，将敌军打得落花流水，望风而逃，也因此留下了很多美好的故事，例如"八公山上，草木皆兵""风声鹤唳"。祝英台当时还是一个小女孩，巾帼英雄没有当成，但是却熟读诗书，成为了遐迩闻名的才女。祝英台并非属于那种喜欢闺阁女红、娇婉柔丽的女子，相反却是一位活泼爽朗而且略带男孩子气的闺阁人物，而且一心想要外出求学。为了满足她不能驰骋疆场的遗憾，所以极力劝说自己的父母答应她外出读书，但是按照当时的社会风气，女子是不可以在外抛头露面的，所以祝家父母当然不会同意。祝英台见苦劝无益，于是就想到了一个办法，这一天，祝英台命自己的贴身丫鬟银心弄了两身男人的衣服穿上，二人梳理完毕之后，就大摇大摆地走到了大厅前，此时，祝老爷正在前厅喝茶，见到两位风度翩翩的公子前来造访，十分惊讶，一边责怪家丁未能及时通传，一边起身迎接两位公子。

"敢问两位公子是何许人也，来到贵府有何贵干啊？"祝老爷一本正经地问道。祝英台摆出一副老道、绅士的样子，说道："久闻祝老爷大名，却不曾有幸与您见上一面，今日特意上门请教一二，祝老爷莫要吝啬啊？"

祝老爷一听，哈哈笑了起来："请教谈不上，两位公子但说无妨。"

此时，祝英台的心里早就乐翻了天，居然养育自己十四年的父亲都没有认出自己，终于忍不住"扑哧"一声笑了出来，然后将粘在脸上的胡须扯了下来，祝老爷再一看眼前的这个少年，竟然是自己的女儿英台，虽然有些气愤，但是也拿这个掌上明珠没有办法。

祝英台立刻跑到祝老爷面前撒起娇来，"爹爹，我刚才扮得像不像？"祝老爷没好气地说："你说说你，不老老实实做你的大小姐，穿成这样像什么话。"

"爹爹，女儿只是想要逗你开心吗？"

祝英台的心思怎么能瞒得过祝老爷，"为了逗我开心？你值得这样大费周折吗？说吧，什么事情。"

"爹爹，我的好爹爹，看，我连您这样精明的人都瞒过了，还怕瞒不住那些呆呆傻傻的书呆子吗？您就同意我外出读书吧，我保证会老老实实的，绝对不会给您惹麻烦的。"祝英台对父亲说着。

祝老爷无可奈何，只好同意了。

经过父母的同意，祝英台和丫头银心女扮男装，前往杭州负笈游学，此时的她才刚刚满十四岁而已。

梁祝相遇　暗生情意

　　这时正是阳春三月，一路上桃李芬芳，江南草长。祝英台与银心一路缓缓前行，在一个阳光明媚，杂花生树的路旁小亭中，邂逅了从贸城来的梁山伯，双方一见如故，相谈甚欢，于是就结为异姓兄弟，结伴而行，没几天就到了杭州城外的"崇绮书院"，拜师入学。

　　在求学的三年间，梁山伯与祝英台每天形影不离，白天一起读书，晚上合床共寝，祝英台内心暗暗爱慕梁山伯，但是梁山伯的性情憨厚，对于男女之间的事情反应迟钝，始终都不知道祝英台是女儿之身，也没有察觉到她的爱慕之意。有一次清明节放假游玩，两个人结伴外出，一路上祝英台借助眼前看到的各种景物多次暗示梁山伯自己是女儿身，梁山伯这个并不开窍的榆木疙瘩却始终不知道旁人一听就能明白的哑谜，甚至还讥笑祝英台自喻为女子。

　　正所谓"子在川上曰：'逝者如斯夫！'"三年的时间很快就过去了。三年的时间说长不长，说短不短，可是天下没有不散的筵席，终于还是到了分别的那一天。

　　祝家来信，说是母亲生了重病，催促祝英台赶快回家，梁山伯见祝英台就要离开了，十分不舍，决定去送行。一路相送十几里，终于依依不舍地分开了。而祝英台在临行之前，给梁山伯写了一封信，说是家中有一位双胞胎妹妹九红待嫁，希望梁山伯可以在十天之后到祝府提亲，梁山伯将梁山伯留下的哑谜——"二八、三七、四六定"，理解为三个十天相加，所以一个月之后才去提亲。

英台拖婚　等待山伯

　　梁山伯一路风尘仆仆来到祝家，三条消息都具有爆炸性，让他当场昏厥：第一条：同窗三载的祝英台居然是一个女儿身；第二条：所谓的九红竟然就是祝英台自己；第三条：梁山伯和祝英台的同学马文才已经抢先一步提亲，并且已经送上了聘礼。

梁山伯摇摇晃晃、跌跌撞撞地离开了祝家，祝英台担心他会伤心欲绝，跳河自尽，一路相送，万分悲痛。人非草木，孰能无情。梁山伯也无可奈何，事已至此，木已成舟，也只能泪眼相向，凄然而别。真是相见莫如不见，多情还似无情。三年同窗，切磋学问，相互照顾扶持；风鏖展书读，挑灯书写文章；春来花丛温步，秋夜畅谈理想；分享欢乐，关怀疾病。往事一点一滴化作寸寸相思之苦，一点相思，万种柔情，从记忆的深处如同春蚕吐丝，连绵不断。

怪只怪梁山伯不解风情，怪只怪祝英台没有将自己的情谊及时告诉父母，在男大当婚，女大当嫁的情况下，答应了门当户对的马家的求婚。既然婚约已经存在，就不可以随便更改，那时的士族之风盛行，重门第，讲阀阅。祝、马两家都是从北方迁移过来的大户人家，祝家是万万不可能为了照顾小女儿的情谊而丢掉自己的脸面的。

问世间情为何物，只教人以生死相许……。祝英台深知梁山伯是自己的最爱，她看梁山伯迟迟没有来提亲，是因为不喜欢自己才草草答应了马家的提亲，梁山伯向她一吐衷肠，她真是肝肠寸断。人世事，几圆缺。婚约！婚约是不可以废除的，这该怎么办呢？痴情的女子居然用上了"拖延战术"，希望能够用时间来改变一切。主意既定，祝英台就在私下里派人给梁山伯送信，希望他可以暂时隐忍，努力求取功名，借助显赫的声势来扭转一切，并且表示对梁山伯海枯石烂，此情不渝。

时间过得很快，一年，两年……祝英台已经将近二十岁了，过去十四岁出嫁的女子很多，十七八岁就已经到了公认的适婚年龄，虽然马家一再催促，父母也是心急如焚，祝英台就是不肯点头．甚至不惜以死相要挟，终于得到了双方家庭的同意，婚事等到祝英台过了20岁生日再说。

果然，皇天不负苦心人，在爱情这一伟大动力的驱使之下，梁山伯终于获取了功名，又正好被皇上任命为贸城县令，贸城就是现在的浙江宁波。宁波在甬江与姚江汇流的地方，距海大约四十里，江水清澈深泓，无滩险淤沙，便于行舟，到了唐代，这里成为了日本人贸易和入贡的必经之道。东晋时期虽然还没有海外往来，但是商衢繁荣，舟揖辐辏，俨然已经发展成为大商埠了。

梁山伯到任之后，赶着施政听讼，暂时还没有想到自己的私事，等到一切都准备就绪之后，衡情度理又不能贸然前往。想到贸城马家世代为官，梁山伯实在是想不出什么可以横刀夺爱的理由。因爱故生忧，因爱故生怖。忧心如焚，终日闷闷不乐的梁山伯终于一病不起，多次给祝英台写信，希望她可以前来看望，祝家加强了灯火管制，祝英台难以脱身，托丫鬟捎信给祝英台，说今生无缘，是希望两人死后可以一起安葬南山。梁山伯见信，心口郁结，口吐鲜血，终于不治而死。

消息传来，犹如晴天霹雳一般，祝英台先是目瞪口呆，之后放声大哭，不仅哭梁山伯的可怜，也哭自己的可悲，更哭梁山伯的无能。这边是愁云惨雾，此生无趣；那边是催婚使者的喋喋不休。祝英台的父母可以说是用尽了方法，一面好言相劝，一面苦苦哀求，祝英台万念俱灰，而且也再没有任何理由加以搪塞，于是心思一横，就答应择日出嫁。

梁山伯去世之后，他的亲友遵照他的遗愿把他葬在了贸城西郊邵家渡山麓，意思就是要一睹祝英台出嫁喜船路过时的风采。祝英台为了可以再见梁山伯一面，要求在出嫁的时候经过邵家渡，更是提出了往日与窗好友梁山伯的墓上去祭拜一番的要求。笃念旧谊，益见多情，双方家长也不便违拗。

结婚当日　双双化蝶

北方人在结婚的时候，新郎骑马，新娘坐轿；而南方热，尤其是江南水乡，在结婚的时候多乘舟船。祝英台的喜船在经过邵家渡的时候，马家的迎亲队伍，原本想要顺风急驶，让船来不及靠岸就离开邵家渡，若是想要拜墓，等到三朝之后和新郎双双前往也不迟。谁知船刚刚靠近邵家渡，便忽然之间狂风大作，江面上波涛汹涌，喜船无法前行，只好靠岸避风，祝英台见状，便奋不顾身跳下喜船，前往梁山伯的坟前祭拜。一声哀号，伤心欲绝，在刹那之间山石动摇，飞砂走石，白昼灰暝，就在迎亲和送亲的执事人员大惊失色的时候，忽然见到坟前裂开了一条一米多宽的大缝，说时迟那时快，祝英台一跃而入，转瞬之间风停浪消，一切恢复了正常。

其实，祝英台早在答应出嫁的时候，便已经报了必死的决心，她想过投江自缢，总认为不如到梁山伯的坟前撞碑为佳，原本是打算在祭拜之后，一头向墓碑上撞去以结束自己的生命，但是却不料天随人意，反倒省去了很多波折。当时的人都认为是天意，连朝廷都啧啧称奇，倘若仔细想想，那天大概是龙卷风加上地震正好和祝英台拜墓的事情凑到了一块而已。又或者是梁山伯与祝英台早已经暗自商量，梁山伯假装重病不治而死，而事先在这里设下机关，挖好地道，伺机和祝英台一起暗度陈仓吧？蝴蝶很有可能是事先准备好掩人耳目的。

不管怎么说，这件事的确十分感人，宰相谢安奏请孝武帝，敕封该地为"义妇坟"，并且立庙祀奉。

后来邵家渡的山坡上，时不时就有大蝴蝶翩翩飞舞，据说黄色的蝴蝶便是祝英台，而褐色的蝴蝶便是梁山伯。

马文才

马文才，名佛念，字文才，是南北朝时期南方梁国的文官。历史上关于他的出身并没有详细的记载，他是梁朝骑兵"白袍队"的参将，这支部队的主将，就是梁朝赫赫有名的将领陈庆之。这个人精通兵法，对于骑兵的指挥可以说是到了出神入化的地步，汉朝卫青、霍去病也不过如此。依照中国的古老传统，中央对于这种十分善于打仗的将官是又爱又怕，因此会派遣一个文官过去监视，马文才或许就是因为这个原因被安插在陈庆之的军营中的。不过马文才这个文官在军营中以兼职密探的身份居然和陈庆之相处得十分融洽，这实在是让人佩服啊。

马文才的事业高峰期是在大通年间（527年~529）当时中国的政权北魏的朝廷因为帝位争斗产生了严重的内讧，重臣尔朱荣率领军队占据洛阳，杀死了幼小的皇帝和年轻的皇太后独揽大权。而皇族之一的北海王元颢也因为逃到了南梁。当时已经60多岁的梁武帝萧衍同意出兵援助北海王，命令陈庆之护卫北海王回到洛阳。但是他给陈庆之的总兵力是他的本部兵马，也就是所谓的"白袍队"，总计兵力不过7000人。

或许萧衍的意思是先让马文才前去敷衍一下元颢，这种事情原本就是文官比较擅长。但是他万万没有想到的是——陈庆之居然进入了洛阳。七千白袍骑兵首先是在淮阳击溃了七万魏军，之后全军乘坐木筏顺溜而下，一战而克二万军队驻扎的考城，紧接着在荥阳大破魏军的十七万四千的人马，斩首两万，仅仅用了三天的时间就攻破了虎牢关……仔细算来，仅仅花费了142天就破敌四十七阵，攻陷了32座城池，顺利地将北海王护送到了洛阳。

在这所有的战斗中，马文才一直和陈庆之一起作战，同生共死，并且共同进入洛阳。当时他的心情，或许是非常难以自已吧，亲眼见到这等壮举，最重要的是自己也身参其中，这种事情并不是一般人可以遇到的。在这个过程中，马文才已经完全臣服于陈庆之，对于他的才干佩服得五体投地。毕竟从中国传统看来，没有什么会比名垂青史更加吸引人了。

在进入洛阳以后，马文才凭借其文官特有的政治嗅觉，很快就发现南北朝统治者对于陈庆之的猜忌之心，或者说，从历史中发现这种必然会发生的嫉妒之心。他立刻向陈庆之进言说："仅仅用7000兵士就立下了攻破洛阳的功勋，但是也会因此惹来祸端！无论是圣上（萧衍）还是魏主（北海王）都会对陈将军的才干和功勋感到忌惮，您还不如将魏主废了，由陈将军自己在洛阳号令天下。这也不失为一个良机啊！"

当时南齐的最后一个皇族萧宝寅在长安自立为帝而与魏军作战着，和他结盟同样在马文才的考虑之中。若是陈庆之这时接受了马文才的建议，那么南北朝时代的历史将会发生怎样的变化呢？只不过，陈庆之与萧宝寅做出了同样的选择，他微笑着摇了摇头："卿家难道是喝醉了吗？"如此，这一切就这样结束了。就像马文才说的那样，不久之后，元颢断然拒绝了陈庆之请求援兵的建议，南方的梁朝也因为谗言没有增加援兵，而长安的萧宝寅因为缺乏盟友，很快被北魏平定，最后陈庆之逼不得已不得不退到长江以南。大将尔朱荣率领大军在后面追赶，但是这追也追得可笑：追远了就等于没追，追近了他又不敢，两支军队就这样拖着一直到了河南边界一带，陈庆之正准备指挥队伍过河，但是突如其来的山洪无情地冲走了他的士兵，军副马文才也因此身亡。这就是马文才的故事。

梁山伯与祝英台包括马文才，历史上确有其人而且他们都出生孔孟之乡。

但是，我们所痛恨的马文才在历史上并不认识梁山伯，甚至与梁祝二人相隔千年。因此完全可以说，是为了塑造梁祝之间的完美爱情故事，马文才才会无辜受到牵连。他在梁祝中仅仅是一个衬托梁山伯和拆散梁祝的卑劣角色。